中国物流专家专著系列·2018
ZHONGGUO WULIU ZHUANJIA ZHUANZHU XILIE

基于实习基地模式的物流实践性人才培养研究

章 竟 著

中国财富出版社

图书在版编目（CIP）数据

基于实习基地模式的物流实践性人才培养研究 / 章竟著. —北京：中国财富出版社，2018. 12

（中国物流专家专著系列）

ISBN 978－7－5047－6754－7

Ⅰ. ①基… Ⅱ. ①章… Ⅲ. ①物流管理—人才培养—研究 Ⅳ. ①F252. 1

中国版本图书馆 CIP 数据核字（2018）第 198009 号

策划编辑 郑欣怡　　**责任编辑** 邢有涛　赵雅馨
责任印制 梁　凡　郭紫楠　　**责任校对** 杨小静　　**责任发行** 敬　东

出版发行	中国财富出版社		
社　　址	北京市丰台区南四环西路 188 号 5 区 20 楼	**邮政编码**	100070
电　　话	010－52227588 转 2048/2028（发行部）		010－52227588 转 321（总编室）
	010－52227588 转 100（读者服务部）		010－52227588 转 305（质检部）
网　　址	http://www.cfpress.com.cn		
经　　销	新华书店		
印　　刷	北京九州迅驰传媒文化有限公司		
书　　号	ISBN 978－7－5047－6754－7/F·2924		
开　　本	710mm×1000mm　1/16	**版　　次**	2018 年 12 月第 1 版
印　　张	13. 75	**印　　次**	2018 年 12 月第 1 次印刷
字　　数	240 千字	**定　　价**	68. 00 元

前 言

中国物流业迅速发展已经20多年了，其发展水平已成为衡量中国现代化程度和经济发展效率的重要标志。物流人才的需求增长迅速，特别是对于高端的、实践能力强的物流管理人才仍然供不应求。为了加强物流教育，解决现代物流管理人才短缺的问题，许多高校相继开设了物流管理专业，为社会培养了一大批优秀的物理管理人才，但是物流管理专业具有较强的实践性和跨专业性，在传统教学模式下培养出来的人才往往存在理论素养优良但实践能力不强等问题，学生毕业后难以直接胜任物流管理岗位的工作。因此，产学研相结合的物流实习基地的实训，成为高校学生实践能力培养的新模式。实习基地是校企合作的结合点，可以促进学校和企业就物流管理应用型人才培养展开更加紧密的合作。实习基地可以使企业与高校学生零距离长时间接触，便于考察和录用更为适合的优秀人才，为企业的可持续发展注入新的活力；而高校则通过基地实习环节增进对企业用人和培养人才的了解，不仅培养学生的实践动手能力、分析问题和解决问题能力，还相应调整人才培养模式和环节，建立以社会需求为导向、以成果应用为核心的人才培养和开发模式；对学校内部的实践教学方面的机制改革，也起到了推动作用。

同时，物流案例教学也成为实践型人才的培养方法之一。物流案例教学是高校多样化教学中的主要方法。通过物流案例教学，使学生能够处在工作环境中发现问题，调动自身所学知识和潜能来分析问题和解决问题。本书就是为了适应高校学生物流实践的需要，根据近年来在北京交通大学物流实习基地实训教学的研究成果而编写的。本书案例根植于基地企业物流的实践，设计为教学案例的形式可以启发更多的学生，使其了解企业和分析企业，对前任学生的研究思路、方法进行思索和探讨，从而加深理论知识的理解和运用，丰富自身的物流实践经验。

本书将实习基地实训和案例教学结合起来，力求给读者一个科学的、多层次的物流实践性人才的培养研究内容。全书共分 13 章，前 2 章介绍了实践型人才、基地和案例教学的基础理论；后面的章节，先是简单地介绍理论概述和背景，然后将学生的成果报告设计成案例，最后提出思考的问题。

本书在纂写过程中，得到了很多教师和学生的大力支持和帮助。理论方面的写作得益于宋志刚、兰洪杰、唐孝飞、卞文良等教师的成果经验，而相关案例则是在各位学生的实习作业和报告的基础上完成的。他们是苏磊、孙翀、汪敏、刘茜茜、郁淑雅、蔡锦文、胡楠楠、陈显鑫、黄皓钰、孙仲达、曹斯琪、赵博帅、陈其臻、王紫嫣、宋昭仪、胡祺瑜、李星辰、宁怡璇、李爽阁、程乾、邢蕊蕊、乔佳元、谭环宇、刘玥、武昕凝、董相臣、张庆莹、佘明珍、唐嘉欣、范文武、刘贺、杜雨、杜愈、段思远、李昌博、李欣欣、洪芝静。他们不仅提供了企业的调查资料，还提出了一些研究的方法。在此向这些教师、学生表示衷心的感谢。

在本书写作的过程中，作者参阅了国内外专家学者的著作和研究成果，还参阅了报刊和专业网站等的资料。谨向这些资料的作者表示深深的谢意。

本书内容有待不断完善，水平有限，疏漏之处在所难免，欢迎广大专家和读者批评指正。

作　者
2018 年 5 月

目　录

1 物流实践能力概述

1.1 实践能力的概念

高校学生实践能力的培养一直是高校和社会关注的重点。通过实习实践，学生可以认识社会、开阔视野和提高职业技能；实践能力也是企业接收高校毕业生所看重的主要因素之一。高等教育的根本任务是培养能够满足社会需求的各类高级人才。人才质量的最核心内容，不仅关系高等学校的生存与发展，更直接影响高校毕业生的就业和其工作后的潜能的发挥，而在校大学生创新意识和能力的培养则是通过实习实践和社会实践环节来实现的。

实践能力从词组的构成看是“实践”与“能力”两个词的组合。要认识实践能力，应分别对两个词有正确的认识。

“实践”一词源于古希腊的 Praxis，其基本意义是指“行动”“行为”及其后果，与 Logos（理性、理念）相对立，指向外部的活动。中国古汉语中有“知行”的概念，知与行并提始见于《左传》和《尚书》。荀子即明确提出“不闻不若闻之，闻之不若见之，见之不若知之，知之不若行之。”中国明代哲学家王守仁提出知行合一的认识论和道德修养学说，指出客体顺应主体，知是指科学知识，行是指人的实践。

“能力”是心理学研究的主要范畴，在众多的心理学研究中，能力被定义为“人顺利完成某种活动所必须具备的那些心理特征。”能力构成中的心理特征不同于其他心理特征，它是对活动的进程及方式直接起稳定调节控制作用的那种个体心理特征。但是在人们面对实际问题时，仅有心理特征是不够的。能力是直接影响活动效率的、使活动能够顺利完成的个性心理特征。

1. 一般实践能力

美国著名心理学家斯腾伯格在 20 世纪 80 年代和 90 年代先后出版了

《超越 IQ：人类智力三元论》和《成功智力》两本专著，从一个全新的视角来阐述智力，斯腾伯格把能力或智力分成学业性智力和非学业性智力，非学业性智力包括分析性能力、实践能力和创造性能力。对于实践智力，他做了这样的解释："实践智力是一种能够很好地适应环境的能力，能够确定如何成功达到目标的能力，一种能够向你周围世界展示自己意识的能力。实践能力的形成是一个涉及生理成熟、获得经验等多种因素的复杂过程。"他还提出，缄默知识（又被译为未明言知识）与实践能力有很大的关系。他认为"具有学业智力的人通常容易获得和运用'正式的学业知识'，这些知识可以从智力测验及类似测验中找到许多。而具有实践性智力的个体，其标志是易获得并运用'未明言知识'"。"所谓未明言知识指的是以行动为导向的知识，它的获得一般不需要他人的帮助，它能使个体达到个人追求的目标"。"未明言知识具有三种特性：第一，未明言知识是关于如何去行动的知识，从本质上说，它是程序性的；第二，它与人们所推崇的目标实现有关；第三，这类知识的获得一般很少需要别人的帮助。"未明言知识不是与生俱来的，它必须从经验中获得，而且具有可迁移性。对此，斯腾伯格曾经做过一系列实验加以证明。这样一来，斯腾伯格以缄默知识为切入点，证明了实践能力必须从个体实践过程中形成和发展。

实践能力表现在能有效地完成某种实践活动。所以，实践能力的发展体现在人的实践活动的发展，表现在实践主体完成的实践活动越来越复杂和效率越来越高。而且，实践能力的发展具有叠加性、继承性，个体随着年龄的增长，经验在增加，实践能力也在逐渐发展。

2. 专业实践能力

能力是与市场经济的内在本质相适应并作为其文化价值基础的核心理念，这种理念已成为应用型人才培养的基本理念。实践能力的培养可以深化学生的专业知识和技能，使其更好地为一线生产服务。总结起来，应用型人才的实践能力主要分为以下两类。

一是关键能力。即完成职业任务应具备的基本职业素质，如合作能力、公关能力、解决矛盾的能力、心理承受能力等。它是由德国社会学家梅滕斯于 1974 年首先提出的，是那些与具体工作任务和专门技能或知识无关的，但是对现代生产和社会顺利运转起着关键作用的能力的总称。关键能力又可以分为方法能力和社会能力两部分。方法能力是个人对在家庭职业和公共生活中的发展机遇要求和限制做出解释、思考和评判并开发自己的智力设计发展道路的能力和愿望，特别指独立学习获取新知识技能的能力。社会能力是经历和构建社会关系，感受和理解他人的奉献和冲突，并负责任地和他人相处的能力和愿望，它是与他人交往合作共同生活和工作的能力，包括工作中的人际交流、公共关系、劳动组织能力、群体意识和社会责任心。关键能力与专门的职业技能或知识无直接联系，当职业发生变更，或者当劳动组织发生变化时，劳动者所具备的这一能力依然存在，是一种跨职业的能力。

二是专业实践能力。专业实践能力是在特定方法引导下有目的、合理利用专业知识和技能独立解决问题并评价成果的能力。它是职业业务范围内的能力，包括单项的技能与知识、综合的技能与知识。它主要是通过学习某个专业的专业知识技能、行为方式和态度而获得的，包括工作方式方法、对劳动生产工具的认识及其使用和对劳动材料的认识等。专业实践能力是劳动者胜任职业工作赖以生存的核心本领。

实践能力具备三个基本特征。其一，实践能力是个体在实践过程中形成和发展起来的，实践能力的形成是一个涉及生理成熟、获得经验等多种因素的复杂过程；其二，实践能力可以在人的一生中保持持续的发展态势；其三，实践能力虽然与认识能力有一定的关系，但智商高并不意味着个体实践能力强。

1.2 物流实践能力的内涵

1.2.1 实践能力在物流人才培养中的体现

1. 物流学科发展对实践能力的要求

物流学是研究生产、流通和消费领域中的物流活动过程及其规律的科学，也是实践性很强的学科。其学科性质决定了物流学的研究和学习方法，影响了对物流人才的培养。目前国内高校培养物流人才时一般设置物流管理、物流工程两个专业，也有专家学者提出将物流学科划分为物流管理、物流工程和物流经济三个子学科。但是，无论专业设置如何进行，物流学的交叉学科性质都决定了必须安排实践教学，以培养学生的感性认识和综合能力。

与物流学科有最紧密联系的理论基础中，理学提供了物流学科最根本的思维方法和逻辑；工学提供了实现物流系统优化的技术与工具；经济学提供了物流系统资源配置的基本理论，物流系统的资源配置服从经济学的假设、原理和规律；管理学提供了物流系统具体动作的基本假设、原理和规律。在这些学科的学习过程中，经济学、管理学侧重实证分析、案例分析等实践方法，工学、理学侧重观察、模拟、实验等实践方法。基于此，物流学科学习和研究也要通过实践方法，才能促进学生更好地掌握物流交叉学科知识。

2. 物流功能要素对实践能力的要求

物流功能要素包括运输、存储、包装、装卸搬运、流通加工、配送和信息处理。这些物流功能要素具有技术性、实务性等特征。物流功能要素特性也需要通过实践环节增强学生的感性认识。物流功能要素技术性是指各类物流功能要素的实现都需要借助一定的设施设备，使用相关的专业技术才能完成。物流专业的学生在理解物流功能要素的同时，需要对相应的要素所涉及设施、设备、器具的功能、技术参数、结构特点和运用范围有所了解，才能进行物流装备的合理选择、优化配置、正常使用和规范化管理。物流功能要素的实务性是指企业物流、国际物流、供应链物流等都需要按照一定的流程和业务规范进行操作和管理。例如国际物流需要掌握物流要素类理论——采购管理、储存保管管理、包装管理、装卸搬运、运输与配送等。教师在教授这些内容时，不仅侧重理论阐述，还应侧重业务操作讲述，如和国际物流相关的实际业务——国际商品的检验检疫业务、通关业务、保险业务、代理业务等。由于物流管理和物流工程的实用性、操作性很强，涉及大量的设施、设备和业务规范，教师应以物流要素理论为基础，配合开展实践教学，这样有利于加深学生的感性认识，改善教学效果，还可以提高学生的实践能力。目前，国内物流专业教学主要讲授物流管理、仓储管理、运输或包装操作实务、设施设备、成本管理、国际物流、物流营销、物流信息等课程。无论是物流本科还是高职高专，都需要教学实践环节，只是侧重点不同，高职高专更侧重实务操作，而本科需要理论实务并重。

1.2.2 物流实践能力的定义

1. 物流实践能力的相关研究

美国学者 Murphy（墨菲）和 Pist（皮斯特）经过广泛调查和文献研究，指出物流管理人才的技能包括商业技能、管理技能和物流技能三个方面；物流管理人才的专业技能则应包括客户服务、库存管理、运输管理、仓储管理、需求预测、采购管理、设施选址等方面的能力，而且中高级物流管理人才与刚进入该行业的管理人员的要求不尽相同。Murphy 和 Pist 的研究结论受到普遍认同。

中国学者周艳军将学生需要培养的实践能力分为基本技能、专业技能和综合技能三大模块，基本涵盖了物流职业所需能力。另外王辉等将企业对物流管理专业人才的能力要求分为通用能力与专业能力，其中后者包括物流设计与规划能力、物流信息管理能力、成本分析能力等。根据《物流师国家职业标准》，该职业对物流管理人才的要求主要包括采购管理、仓储管理、运输与配送管理、生产物流管理、国际货运管理、物流信息管理、供应链管理、物流系统规划、物流战略管理等方面的能力。唐丽敏等调查了中国 20 余所知名大学的物流管理专业（方向）的培养目标，并进行分析和对比，提出物流实践能力的培养方向，即：①体现物流管理专业特点；②体现学生毕业后适合的就业领域；③体现本校专业、方向特色；④体现对专业人才的层次定位。近年来，很多高校纷纷开设物流管理专业，并提出了物流人才的培养方向和层次，从中我们也可以看到高校的广大教育工作者对于物流实践能力的深刻理解。如，南开大学、郑州大学、云南大学致力于培养跨学科的复合型人才，武汉大学、东南大学则提出具有良好的科学素养、坚实的数理基础和较高的分析解决问题能力，而且具有现代经营意识和战略眼光的物流人才。

2. 物流实践能力的定义

既然要培养学生的物流实践能力，目的就是让学生快速、较好地适应和满足物流相关岗位的要求，那么，在谈到培养物流从业人员的职业能力之前，我们首先要对物流相关岗位进行了解和划分。物流相关岗位，粗略地可以包括以下三大类：操作层次的物流岗位、物流管理层次岗位和物流决策与规划层次的物流岗位。其中，操作层次的物流岗位包括司机、叉车工、库管员、理货员、订单员、采购员、质检员、保管员、拣货员等一线岗位；物流管理层次包括仓储经理、运输经理、物料经理、物流营销经理等中层管理岗位；物流决策与规划层次包括物流企业高层决策岗位、供应链管理经理、供应链规划经理等高层物流管理岗位。

通过对物流相关岗位的划分，我们可以发现这些岗位大多要求有较强的动手能力和实际操作经验，即物流实践能力。然而，目前部分的本科教学过程中，重视的多为讲授专业知识，对于学生的物流实践能力的培养尚有欠缺。因此，我们要针对学生未来职业的发展需要，挖掘影响物流实践能力的相关因素，体现在教学方式方法中的培养上，加强实际的模拟与操作，以物流实践能力培养为重点，进行课程开发、设计，对教学方法手段进行不断完善和改革，充分体现了实践性的要求。

综合以上分析，本书将物流实践能力定义为：具有综合运用理论知识的能力，较强的动手能力和社会实践活动能力、分析问题和解决问题的能力。简单地说，就是在特定方法引导下有目的地合理利用专业知识和技能独立解决问题并评价成果的能力。

1.3 物流实践能力的构成因素

有很多学者对于物流实践能力构成进行了研究，中国学者傅维利认为，个体的实践能力在不同活动中的表现有一定的相通性，即个体在某一领域体现出较强的实践能力，在其他领域也表现出较好的适应能力。据此，他认为实践能力除了存在一个共同的构成因素，称为一般实践能力之外，还包括专项实践能力和情境实践能力。本书结合傅维利对于实践能力构成的研究，提出物流实践能力的构成，并将某一子能力进一步细分为要素能力。如图1－1所示。

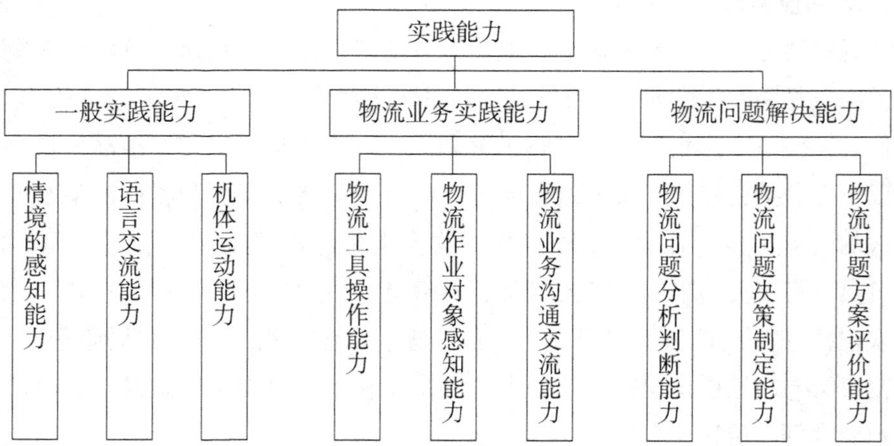

图1－1 物流实践能力的构成要素

1. 一般实践能力

根据傅维利的研究，一般实践能力因素包括情境的感知能力、机体运动能力和语言交流能力。情境的感知能力是指个体通过视觉、听觉、嗅觉、触觉以及空间、深度知觉和知觉整合获得周边事物第一手信息的能力；机体运动能力是运动所需的身体和心理上多种能力的总称；语言交流能力，是能准确地向他人表达自己的思想，包括发出信息和接收信息。一般实践能力的测量指标有感知、机体运动的灵敏性、精确性、定时性以及各种感知、机体运动的协调性和稳定性，还有语言表达的流畅性和准确性。一般实践能力的发展水平与人的身心成熟紧密相关，即随着个体身心成熟，一般实践能力因素逐渐达到高峰水平，随着个体身心衰退而逐渐下降。

2. 物流业务实践能力

物流业务实践能力是指个体在处理具体物流业务活动中所表现出来的专门的实践能力。物流活动中任何一项具体任务的解决都包含某些专项实践能力因素。如采购人员辨别产品质量的能力、叉车司机使用叉车的能力、拣货员在配送中心完成订单拣选时规划行走路线的能力等。它是在认识指导下的运用各种感知能力和机体运动能力来完成具体任务的能力，包括物流工具操作能力、物流作业对象感知能力和物流业务沟通交流能力。物流业务实践能力中的各个专项能力适用于解决物流业务中的特定问题，解决问题的方法相对固定，受外界环境因素的影响比较小。所以，物流业务实践能力是一个练习至熟练的过程，其发展是一种可观察的典型的动态曲线。它是以一般实践能力发展来实现的，但并不是一般实践能力的简单组合，而是复杂程度不同的完整的且有目的的操作系统。

3. 物流问题解决能力

物流问题解决能力是指在具体真实的物流管理活动中，实践者根据现实情境的相互关系，有效分析物流管理活动中出现的问题，提出解决策略，恰当地决定行动路线并指导个体整个实践行为的能力要素。它包含非常复杂的、重要的认知成分，如分析、判断和决策、监控等。物流问题解决能力更侧重于将理论方法与现实经济发展环境以及企业具体情况相结合，有针对性地提出解决策略和指导个体的行动，并对行动过程进行监控，随时调整活动计划、步骤和方法。

以上三者的功能指向是不同的，一般实践能力因素不指向解决具体问题，却是在多个实践领域中运用频率较高的那部分能力因素；物流业务实践能力包含着解决特定物流问题的专门取向，是解决某一问题所需要的专门能力要素，实践者如果没有这些能力要素，问题是很难解决的；物流问题解决能力是个体实践能力水平的综合体现，所面对的问题更加宽泛、复杂和不易控制，解决这些问题所使用的能力也比物流业务实践能力更加宽泛与复杂。因此，它是评定个体实践能力水平的主要衡量依据。

1.4　物流实践能力的获取方式之一——校外人才培养基地

物流实践能力的获取方式是指获得物流实践能力过程中所采取的方法和形式。物流实践能力通常可以通过校外人才培养基地、校内理论教学实践实训环节以及个人实践等方式来获取。

校外人才培养基地则是指具有经校企双方协商（有协议），由企业（泛指校外合作单位）向学校学生提供稳定的实践场所或虽没有协议但已经连续三年在同一个企业实践实习的场所。作为企业，最现实的人力资源策略是直接选用已具备相关知识、技能和能力的专业人才，即人力资本的直接获取和使用；作为高校，因其社会公益性决定了其主要使命是培养社会所需人才，即人力资源的培养。这种校企之间的差异，是客观存在的矛盾。解决这种矛盾的主要途径，在于高校方应该着力于培养学生对生产和社会的实践能力。走校企合作的道路，建立校外人才培养基地，发展产学合作教育和科研，则是培养学生实践能力的有效途径。另外，学生个人和社会是统一的，个人的全面发展只有在社会中才能获得真正的实现。突破单一的、只在“象牙塔”内培养人才的模式，寻求学校、社会两种教育环境，特别是注重社会环境培养创新人才，已成为世界各国高等教育界关注的焦点。从学校的角度看，校外人才培养基地能够提高学生的职业认知能力、创新能力和综合素质。

目前，我国高校这种校外人才培养基地的培养模式主要包括以下几种。

第一，“双挂牌”模式。它是指高校在合作企业挂牌建立“大学生就业实习基地”，参与合作的企业则在高校挂牌创建“人才储备及培训基地”。这种模式更强调了教学实践内容的针对性和现场性，也兼具了教学信息的前沿性。高校在合作模式下能够有利于找准教育定位，根据企业等单位实际需要把握人才培养的大致方向，设计出更加符合行业、企业、市场需要的人才培养体系。

第二，产学研区域共享模式。产学研区域共享中的三方主体为：高校、企业和区域政府。产学研结合模式是指高等学校根据培养目标，创办与专业密切相关的产业，融教学、生产、科研、经营、服务于一体的校企合作模式。即在当地政府的协调和引导下，企业一定程度地享用高校的技术资料、人力资源等，而高校结合企业的资金、设备、工艺技术及材料、应用推广等优势，开展实地调研，数据合作，进行科研课题和项目的设计和研究等。高校与企业的紧密结合对带动当地区域开发、就业和科技发展与进步有着不可或缺的推动作用。

第三，"一二六"式新型校企合作互动机制。这是一种新型的校企合作互动机制，包含完整的系统及其子系统，在这种良性互动机制中，高校与企业可以达成多层次、全方位的合作，并逐步发展为利益互惠、资源共享的联合体。新型校企合作互动机制"一二六"体系构成，即 1 套保障机制，围绕 2 个利益主体（高校和企业），运行 6 个子机制（运行条件、运行方式、运行内容、运行规则、管理行为、评价预警与反馈）。在完整的政策框架下，在互惠的利益基础上，6 个子机制才能稳定运行。

校企合作共建校外人才培养基地的必要性，有以下几点。

1. 提高学生的实践能力和就业能力

学生通过实习能亲身体会到作为一名员工在实际工作的辛苦。这样有助于培养学生敢于担当的精神，使其从思想上、身体和心理上做好准备就业。通过实习，学生可以将书本中的理论知识和企业的实践相结合，加深对专业理论的理解，增强观察和思考能力，提高发现、分析和解决问题的能力。通过实习，有的学生对企业的管理、操作、建设方面提出了中肯的意见，有的学生写出的实习报告详细而生动，具有参考价值。而且，学生有了学习与体验的机会，实践能力、组织能力和创新能力也有所增强，对于他们今后毕业设计和就业都具有一定的积极影响。

2. 促进高校实践教育方面的改革和创新

近年来，各高校都在不断加强专业学习和实习实践等重要环节，推进实践内容和实践模式改革和创新，培养学生的实践动手能力、分析问题和解决问题能力，通过与企业合作，巩固、扩大和发展校外人才培养基地。校外人才培养基地使企业可以与高校学生零距离、长时间接触，便于企业考察和录用更为适合的优秀人才，为企业的可持续发展注入了新活力。而高校则通过校外人才培养基地实习加深对企业用人和培养人才的了解，可以相应调整人才培养模式和环节，建立以社会需求为导向、以成果应用为核心的人才培养和开发模式；而且，对高校内部的实践教学方面的机制改革，也起到了推动作用。例如，北京交通大学就根据物流专业培养目标和市场对人才的需求，对实习计划的制订、实习的形式、实习的组织、指导教师的资格、实习的考核等有明确规定，制定了《本科生实习工作条例》《北京交通大学校企合作委员会章程》《北京交通大学校企合作管理办法》《中铁快运股份有限公司管理办法》等。

3. 合作可以促进企业经济效益与社会效益最大化

由于高校与企业建立了长期合作关系，企业逐渐开始有了一套实习生培训的体系。目前企业都具有一套入职教育体系，包括入职前和入职后的人才培养，已形成了一套成熟的体系。企业在以往的培养经验上，进一步强化了这种针对高校实习生的培训体系，逐渐成为一种制度化规程。通过合作，企业支持与利用高校相关课题的科学研究成果，整合双方的人力、物力和财力等，不仅有利于企业相关产品的设计、开发、技术的改进，产生一定的经济效益和社会效益，还得到了后备人才和机会。企业高技能人才短缺的问题可通过挑选优秀实习生来解决，通过实习能让学生很快地补充到科研技术人才的队伍中，有利于企业的持续发展。

总之，通过高校和企业的产学研合作模式，双方能够互信互补，资源共享。这种理论与实践相结合的模式与关系长期发展，才能做到“三赢”，培养出优秀的物流应用型人才。

1.5 校外人才培养基地的特点和实习流程

1.5.1 校外人才培养基地的特点

作为校外人才培养基地场所的提供方，企业应具备如下几个特征。

1. 企业的规模较大

大规模的企业具有庞大的有形资产和无形资产。学生实践具有很强的针对性，而且学时较长，通过校外人才培养基地使学生能够在专业理论方面得到实际运用。因此，企业规模结构较为完整的大企业涉及的专业岗位较多，物流设施设备较为齐全，物流操作管理较为多样，有形资产的产出效率基本稳定，能够使学生在商务管理、商品包装、装卸搬运、货物运输、物品配送、仓储管理、物流信息管理等多方面的专业管理技术上得到有效培养。

另外，规模较大的企业还具有较大的社会影响力，无形资产转化为效益的能力很高。这种能力表现为：一方面校外人才培养基地的建立容易得到地方政府相关部门的大力支持，另一方面物流实践人员的培训成效容易得到社会的认可。

2. 企业有较长的发展史

物流企业管理是物流管理专业所需掌握的一个重要内容。较长的企业成长轨迹，所含内容丰富，在企业员工的变迁、组织规模的变化、物流技术的研发应用、物流管理方式的柔性变革、应对物流市场变化的决策等方面上，对于学生应用企业管理理论，都是一个非常生动的现实案例学习材料。

另外，具有较长历史的企业有着较为深厚的文化底蕴，具有良好的自我发展意识，有较强的社会责任感，能够积极根据社会经济的发展情况，结合本企业对高级技术、管理人才的实际需求，与相关院校联合制订培养计划，筹集充足的教育培养经费，提供实习场地，选派实习指导教师，组织学员参与企业日常关键问题的研究。

3. 企业有适合自己的培训技术和模式

作为校外人才培养基地，需要具备专业的培训技术和培训模式，既能对新入职员工进行企业发展历程、技术沿革、管理创新、安全生产、生态文明建设等知识的培训，也能对一线员工、班组长进行生产技能的强化培训，还能对中高层管理人员进行管理新理论、生产新技术等方面的培训，也是企业提升员工工作技能、业务知识、思想教育水平和对外展示的集中平台。

专业化的培训需要企业有专门培训基地和模拟训练场。在相关的培训部门，具有明确的实践教学的目的和任务，有稳定的教师和辅助人员队伍，有实习的项目，场地、设施能够满足人才培养的需要。这样一来，规模较大企业的资源转化成效益的能力就相当高了。

1.5.2 北京交通大学校外物流实习基地

与企业合作共同建设校外的实习基地，是加强实践教学的一个重要举措。

通过组织学生到校外基地接受实训或实践，不仅可以使学生把书本知识与企业物流业务的实际相联系，而且打破了以往只到企业参观学习这种“走马观花”式教学模式，促进学生对社会、对物流企业或企业物流的了解，同时也拉近学校与企业之间的距离。物流管理人员的工作大多比较艰苦，学生到基地参加实践，同时能磨炼其意志和培养其吃苦耐劳的精神。北京交通大学经济管理学院为了使物流管理专业的学生在毕业前较充分地了解物流企业和社会实际，特地在其大学三年级的时候开设了“物流专业实习”的必修课程，学生可以在校外人才培养基地进行集中实训。这是根据北京交通大学物流管理专业实习课程和实践类人才培养体系，结合培养计划和要求，初步形成了一个固有模式。这种模式是在“双挂牌制”实习、顶岗实习、个体分散实习等的基础上，长期探索并建立起来的，效果不错。

校外人才培养基地的建设是为教学服务、为培养人才服务的，因此必须要有一定的量，一方面，使之与物流专业的办学规模相适应；另一方面，还要注意企业的代表性，以使实训的内容基本涵盖物流业务的主要方面。表 1－1 是北京交通大学物流管理系的校外人才培养基地及企业类型。多年来，学校一直与相关企业共建校外人才培养基地，完善人才培养体系。实习实施企业在实习基地的共建过程中，不仅提供难得的物流管理现场，还组织富有经验的实习指导师傅或辅导员，以一对一式或小组式对学生进行精心指导，并组织相关专题的培训，培训授课的都是理论知识和实践经验丰富的高层管理人员。

表 1－1　北京交通大学物流管理系的校外人才培养基地及企业类型

序号	校外人才培养基地	企业类型	实践能力培养
1	北京嘉和嘉事医药物流有限公司	连锁企业配送中心商贸批发、零售企业	药品仓储、配送中心运作及管理、分拣及装卸搬运设备
2	北京西南图书物流中心	物流企业（物流中心）	各种图书物流服务模式的业务管理，尤其是第三方物流业务的运作与管理
3	中铁吉盛物流有限公司	物流企业（车站、堆场、货代）	各种载运设施设备、装卸搬运设备
4	二商集团东方食品物流有限公司	食品储存、流通加工、配送	食品仓储、配送中心运作管理、食品运输管理

续　表

序号	校外人才培养基地	企业类型	实践能力培养
5	苏州工业园区物流商贸人才实训基地	国际货代、船代、港口	国际物流业务的运作及管理、多式联运模式的运作与管理
6	诚通集团中国储运总公司	流通企业	商贸物流服务

1.5.3　物流实习基地的实习流程

我国很多高校学生的毕业前实习，无论是“挂牌职”“顶岗制”还是其他的产学研基地形式的实习，其实习时间、实习流程都各不相同。以下以北京交通大学物流管理专业为例，其“物流专业实习”课程，虽然仅仅是6～12天，但从基地的选择开始到学生们作业成绩出来为止，经历了3个多月的时间。他们在基地实习过程的总流程，包括实习基地的选择、实习动员、业务讲座、岗位分配与培训、现场实操、实习研讨、实习报告、实习答辩8个环节。

1. 实习基地的选择

实习基地应选择有一定物流水平和技术能力的物流企业，或者是有物流环节的工商贸易实体企业，不宜选择无实际物流业务的单位。实习对象应选择具有典型物流业务的中型及以上规模的单位，所选具体操作物流环节，应尽可能选择在物流高峰时期，以一个环节为主要实习对象并兼顾其他物流环节，实习期间应参加两个以上物流环节的实际操作。实习基地应具备中级以上技术职称的物流技术与管理人员。选择时最好突出铁路特色，如连续三年来都是带领学生到“中铁吉盛物流有限公司”进行集中实习。学生通过调查，可以较系统地了解其中铁快运的传统、背景和发展的契机，了解铁路货运、接发车作业、调度组织指挥、基地管理服务、行包专列安全管理、装卸搬运、仓储保管、配送服务等。

2. 实习动员

实习动员主要包括实习的目的、对实习学生的具体要求、过程管理以及实习进程，通过动员讲座，使学生对实习有进一步的了解，也能进行更充分的准备。参加者为学院或系里的领导、带队教师和实习学生。

首先，告诉学生实习的目的是在初步了解物流组织及其各方面的基础上，能够利用所学进行物流管理活动的初步分析，并希望能通过这次实习取得一定的进步。

其次，实习时的具体要求。老师们都希望学生能够通过实习了解到物流组织的机构设置和运作方式，通过理论联系实际，把他们在学校所学的东西运用到实习中去，培养他们的创新能力、独立工作能力以及社会实践能力。

最后，最重要的还是要严格遵守纪律，服从领队老师的指导，务必保证自己的人身安全，遵守实习现场的规章制度。因为学生代表了学校的形象，通过学生的良好表现，不仅能给公司的工作人员留下好印象，还能让以后的北京交通大学物流管理专业的学生在实习过程更容易被工作人员接受。

3. 业务讲座

在实习基地进行岗位实践前，由实习指导老师或者实习基地领导，介绍实习基地概况与物流业务流程，便于学生对实习内容初步了解和熟悉。如在中铁吉盛物流有限公司，全体实习成员在会议室参加安全培训，由中铁吉盛物流有限公司的相关人员做关于基地概况、业务概况和安全管理的讲座；在北京嘉和嘉事医药物流有限公司实习时，主要介绍的是北京嘉和嘉事医药物流有限公司的基本情况、主要仓库的功能布局、医药物流主要业务流程，以及药品相关知识等；在东方食品物流配送公司时，则是介绍食品冷链物流的相关知识。

4. 岗位分配与培训

根据学生的实际情况，由实习基地企业依照实习基地规章制度以及实习协议，合理安排每个学生的实践岗位，并指派企业正式工作人员作为学生的实践导师。岗位知识的培训由基地实践导师负责实施，一般是由企业的部门经理来担任实践导师。

岗位培训内容因企业而异。如中铁吉盛物流有限公司的培训内容是介绍行（邮）包专列的接发车作业、调度组织指挥、基地管理服务、行包专列安全管理、装卸搬运、仓储保管、配送服务等业务，具体 1 号库业务规章制度、库区管理规定及作业时间，了解计划室工作职能，计划清单的应用等。

5. 现场实操

学生实习基地岗位实践是由实习基地指派的现场实践导师负责安排和管理的，学校带队教师全程参与、协助，并监督具体实施。具体来讲，企业通常对学生进行分组，到企业各部门进行参观和操作，每组均有自己的任务，与带队的实践导师、基层师傅一起完成所分派的任务。这种轮岗制在以往的实习企业较为多见，表 1－2 是 2015 年中铁吉盛物流有限公司的实习安排和主要任务。

表 1－2　2015 年中铁吉盛物流有限公司的实习安排和主要任务

<table>
<tr><th>日期</th><th>时间安排</th><th>实习人员</th><th>实习地点</th><th>主要任务</th></tr>
<tr><td>7.5</td><td>10：30</td><td>全体实习人员</td><td>一层前台</td><td>前台报到，安排入住房间</td></tr>
<tr><td rowspan="2">7.6</td><td rowspan="2">14：00—
18：00</td><td>全体实习人员</td><td>5 楼会议室</td><td>1. 公司领导讲话
2. PPT 培训宣传演示，内容：基地概况、业务概况、安全管理</td></tr>
<tr><td>全体实习人员</td><td>基地库区</td><td>1. 参观门禁、汽车衡、安检仪、监控室、计划室岗位
2. 参观 1 号库区，介绍主营业务情况；行（邮）包列车性能参数及优势；客户情况及管理模式</td></tr>
<tr><td rowspan="3">7.7</td><td rowspan="3">8：30—
19：30</td><td>实习 A 组</td><td>门禁、汽车衡、安检仪</td><td>了解门禁、汽车衡、安检仪岗位职能、作业流程及工作模式；熟悉操作流程</td></tr>
<tr><td>实习 B 组</td><td>1 号库区、计划室</td><td>1. 了解 1 号库业务规章制度、库区管理规定及作业时间
2. 了解计划室工作职能，计划清单的应用
3. 跟班实习作业流程，熟悉现场运作模式</td></tr>
<tr><td>实习 C 组</td><td>2 号库</td><td>1. 了解 5100 项目成立的背景和意义
2. 了解 5100 作业模式
3. 熟悉 5100 作业流程</td></tr>
<tr><td rowspan="2">7.8</td><td rowspan="2">8：30—
19：30</td><td>实习 A 组</td><td>2 号库</td><td>1. 了解 5100 项目成立的背景和意义
2. 了解 5100 作业模式
3. 熟悉 5100 作业流程</td></tr>
<tr><td>实习 B 组</td><td>1 号库区、计划室</td><td>1. 了解 1 号库业务规章制度、库区管理规定及作业时间
2. 了解计划室工作职能，计划清单的应用
3. 跟班实习作业流程，熟悉现场运作模式</td></tr>
</table>

续 表

日期	时间安排	实习人员	实习地点	主要任务
7.8	8：30—19：30	实习 C 组	门禁、汽车衡、安检仪	了解门禁、汽车衡、安检仪岗位职能、作业流程及工作模式；熟悉操作流程
7.9	8：30—10：00	全体实习人员	5 楼会议室	实习总结与答疑
	10：30—11：00	全体实习人员	1 层前台	退房，返程

此外，从 2016 年开始，为了进一步加强实习生的能力培养，实施实习的企业领导和各科室主任，都有针对性地为实习学生出题。题目现场感非常强，可以收集到实际资料，都需要实习生结合所学知识分析和思考。学生以小组的形式一边观察、操作，一边思考和做记录，努力完成小组作业。

6. 实习研讨

实习结束时，召开由实习基地相关负责人、实习带队老师以及全体学生参与的集中研讨会，就学生实习过程中所碰到的一些问题进行集中讨论。通过实习研讨会，学生在与实习基地管理层进行交流学习的过程中，既培训了学生利用所学物流专业知识发现问题和解决问题的能力，又使学生将某些有兴趣的知识点与实习过程结合起来，加深学生对于自己实践工作的思考与认识，从而大大提高了实习的质量。一般在最后一次实习研讨中，公司的相关领导和学生们进行座谈交流，学生发言述说自己最近几天在基地实习的体会与感想；近几年有了小组作业后，小组报告也是在这时向领导和师生等展示，共同对课题进行探讨交流。

实习研讨会后，由实习基地给出每个学生实习评语和现场成绩，填写实习鉴定表。另外根据答疑和讨论结果，学生对小组作业进行修改和完善。

7. 实习报告

实习报告既是反映学生个人实习成果的重要组成部分，也是学生最终实习成绩的主要依据。它由 5 大部分组成：实习计划、实习日记、实习报告、实习论文，以及相关的附录。附录包括实习考勤表、实习鉴定表、实习的相关图纸资料等。

学生在实习过程中应该勤动手、善动脑，对于现有岗位的相关问题在实习结束后应有比较完整和清晰的认识，并对其中某方面的问题需要进行深入思考，运用所学的通识知识和物流专业知识以及动手技能，收集查阅相关的学术资料，给出对该问题比较完整的论述，并形成实习专题论文，为后续的专业毕业论文打下良好研究基础。

8. 实习答辩

实习答辩既是反映实习效果的重要组成部分，也是评定这门专业实习课程成绩的又一重要依据。通过实习答辩，能够清楚学生是否真正进入了实践岗位的角色，能否快速、正确、有效地使用合理的所学专业知识来理解和解决实习过程中遇到的实际问题，同时也起到了检测实习基地建设和人才培养效果的作用。

专业实习应进行严格的考核并评定成绩。评定成绩的主要依据是专业实习成果的质量、专业实习的态度和完成的工作量，以及在专业实习过程中的主动性和创造性。实习成绩评定依据 5 个方面：实习考勤表、实习日记、实习论文、小组作业、实习答辩。

2 物流案例概述

2.1 物流案例的概念和种类

物流是物质资料从供给者到需求者的物理性运动和时间转换，主要创造时间价值、场所价值或一定的加工价值的经济活动。物流的主要功能包括运输、储存、包装、装卸搬运、流通加工、配送及信息处理等；物流活动是物流诸功能的实施和管理过程。物流过程不仅有基础理论的支撑，还有实践性很强的物流活动；企业物流是生产和流通企业在经营活动中所发生的物流活动。

案例分析方法是1870年由哈佛大学法学院院长兰德尔开创的。他首次将案例分析方法引入法学教育，后又被引入医学和商学教育。案例分析教学不同于传统的教学方式，它是一种启发式、讨论式、互动式的教学形式，主要特点是将某一实际工作中的问题带入课题，将教学双方带到矛盾的冲突之中，力图将枯燥单调的理论变成解决实际问题的公开讨论，而从战略性理论总结出具体的操作性实践。案例分析方法的教学目的并非提供问题的答案，而是告诉学生解决问题的各种可能性方法。因此它是开发学生潜能的一种教学方式，能有效地调动每个学生学习的积极性和创造性，从而达到更好的教学效果。

所谓案例，就是借助文字、符号等对某一情景、状态所做的记录和描绘；管理案例，是对某一特定的管理情景的客观书面描述或介绍。它取决于企业内发生的一组事实或一串对话、一些数据，提供一个或数个问题供学生思考；物流案例则是根据一定的教学目的的需要，对企业物流或物流企业的管理实际状况进行调查研究，围绕着一个或数个物流管理问题对特定的管理情景所做的客观的书面描述；物流案例研究，是学生对案例的分析和研讨，对案例情景中所描述的信息和状况进行思考分析，并整理加工、判断比较，最终做出决策的过程。

总而言之，物流案例是在对企事业单位或物流企业的物流管理实际状况进行调查研究的基础上编写出来的。强调的是案例内容的真实、客观。物流案例主要有以下几种分类。

1. 物流功能案例

这种类型的案例涉及物流活动的基本功能，如采购管理、包装管理、运输管理、流通加工、装卸搬运、库存管理、配送管理、物流信息管理方面，但具体的案例只是包含其中的一个方面。学生必须准确地对这方面的物流活动的业务现状进行分析，找出存在的问题，才能提出恰当的解决方案。

2. 物流流程案例

物流流程主要有物流运作流程和作业流程，物流运作流程是指企业物流活动过程中完成物流目标的所有产生物流价值的行为集合和工作程序，物流作业流程反映物流系统运行过程中某一环节的物料的流动、设备的工作及资源的消耗等情况。物流流程包含了原材料、生产制造、分销配送、最终用户的全部环节的流程，其案例主要包括企业的采购流程、出入库流程、运输流程、配送流程、装卸搬运流程等方面的内容。学生要根据现有流程的问题，进行改进和优化。

3. 物流市场与服务案例

物流市场与服务是伴随着市场经济逐渐发展起来的，它是指为保证生产和流通过程顺利进行而形成的商品在流动和暂时停留时所需要的服务性市场，主要有货物仓储市场，运输市场和包装、装卸搬运等辅助性市场。对这方面案例的分析，是要了解物流市场的总需求量、企业所从事的哪些物流业务、能够提供何种物流服务等。案例主要是诊断物流企业内部优劣势和外部的市场机遇挑战，进行物流市场细分，进行市场定位；选择何种物流产品，确定物流服务数量和类型，选择何种供应商和分销商等。做到优化资源配置，提高物流效率，降低物流成本。

4. 行业物流案例

各个行业、产业都有自己的物流活动。行业物流属于宏观物流，如农产品物流、生鲜品物流、家电物流、汽车物流、冷链物流、服装物流、图书物流、烟草物流、医药物流、电子物流、危险品物流、IT（信息技术）物流等。这类案例涉及整个行业，甚至涉及 3 个产业，内容广泛而丰富，情况也较复杂，在分析时要充分考虑行业特点及在行业的大背景下某种产品的资源储存、生产、加工、流通、分销等环节的现状和发展，强化行业物流管理，提出该行业物流合理快速发展的途径。

5. 供应链物流案例

现代物流都是以供应链为基础的。在研究此类案例时，要对现有的供应链的组织管理结构、功能有所了解，清楚地分析供应链中各个节点（如工厂、仓库等）的结构以及货物在这些节点之间的流动模式。而且对供应链上各个企业之间的关系加以研究，看看如何通过整合来达到系统的最优，如何强化它们之间的合作伙伴关系，对整个物流进行改革和管理等。

除了以上分类，还有物流绩效评估案例、物流系统设计与优化案例、物流信息系统案例、物流成本控制案例、物流营销等专题方面的案例。

2.2 实习基地物流案例及其特点

为了培养大学生的实践能力、创新能力和创业能力，很多高校都与企业携手合作建立教学科研实习基地，使学校的科技基础理论优势与专业的实践方面的优势得到充分的结合。实现产学研相结合，从而达到双赢。在实习基地这个良好的交流平台上，学生不仅深化了知识和锻炼了能力，还与企业共同研究、分析企业面临的实际问题，这样收获了不少的成果。这些成果可以为企业的发展做出参考，成为学校和学生的作业和进一步探讨的科研课题。最重要的是形成了校企合作——理论和实践相结合的宝贵案例。

实习基地的案例，顾名思义就是将学生在实习基地实习的素材、报告或作业整理为案例的形式，供人们思考和研讨。案例的形成过程是，学生在实习基地实训时，通过观察、操作和调研，收集了很多该企业的素材（文字、数据资料），根据这些贴近现实的素材，学生写出了相关报告和作业（包括个人的和小组的）等研究成果。老师将这些成果整理为教学案例的形式，对企业的状况加以描述，将其中的问题摆出来，促使人们分析和讨论，以便找出解决方法的途径。比如北京交通大学物流管理专业学生在西南物流中心实习时，研究开发畅想供应链，帮助西南物流中心由图书物流向服装物流战略转型所做的市场调研，都取得了较好的经济效应和社会效应。后来将这个成果编制成案例并带入课堂，并设计成容易引起争论的几个难题，促使学生思考和辩论；还有些物流管理类的课程应用到了中铁吉盛物流有限公司和其他部门的实习作业和案例（包括业务、图片、学生的视频作品等），使坐在课堂的学生有身临其境的感觉，并积极参与讨论和问题的分析之中，提出了很多有益的建议措施。

与其他案例形式相比，实习基地的案例具有以下特征。

1. 具有原创性、前沿性和实践性

例如，北京交通大学物流管理专业的专业实习课程的内容涉及物流的基础理论，包含物流市场、物流产业、物流服务、仓储管理、运输与包装、货物配送、装卸搬运等各方面，在掌握了相关的物流理论知识后，学生通过实习循序渐进地了解了实习基地物流企业的基本情况、管理模式和各项业务流程，还经过了一些基地的知识培训（如铁路货运、医药等方面的基本知识），另外，还了解到企业所在行业日新月异的变化。这些详细的实际业务在书本上是学不到的，更增加了学生成果的独有特色。因此总结出来的实习基地案例带有原创性，还体现了前沿性和实践性。

2. 鲜明的教学目的性和问题性

实习基地案例虽然来源于基地企业，但它是根据课程的教学目标，适用于教学的需要而编写的。案例分析是一种教学活动，它可以使学生在课堂上接触到企业实践，并将基础理论和技能应用于企业实际中。学生的开发能力、理解能力和实践能力也得到了培养。

另外，实习基地案例客观描写当时企业真实的情景，总是带有一个和几个企业管理方面的问题。有的问题比较突出，有的问题则是隐含在一般的阐述中。在案例中，有的问题已经得到解决，有的尚未解决或只字不提，这要求学生自己去观察发现，去思考和分析；可以有自己解决方法的思路和途径，也可以对别人的方法加以评论。案例分析是开发学生潜能的一种模式，解决问题的方案也具有各种可能性，不一定有绝对正确的答案。虽然学生的知识水平有限，解决问题的方法略为浅显，甚至有不足之处，但他们可以对案例问题进行深入地开发和研究，直至提出自己认为满意的解决方案。

3. 高度摹真性

实习基地案例是对基地单位的业务管理实际情况进行调研的基础上编写出来的。它首先是真实、客观的，但在实习基地实习时师生签订了保密协议，因此案例中的某些地方，比如企业名称、数据等都有虚拟、掩饰的成分，有些资料还做了处理。尽管如此，案例的基本内容和大致事实仍然具有真实性。在教学中展现给学生的案例，可能是一些信息碎片，并带有疑问性的情景内容，这种模拟真实的特点，更促使学生去粗取精，透过现象看本质；分析过程中可以假设，但假设也必须符合客观实际。这样将进一步培养他们在复杂多变的企业环境中进行思考、判断和决策。

2.3 物流案例分析方法及步骤

物流案例分析的基本方法，主要分为以下 5 个步骤。

2.3.1 现状分析

1. 行业背景

首先对案例的大环境进行研究和分析。案例中如果是企业物流，那么企业所处的行业背景怎么样，还有内部的各个部门之间有怎样的关系都需要学生去思考；如果是物流企业，那么与企业货物有关的行业物流的发展现状是怎样的；行业背景包括经济、社会、技术等方面，侧重于发展态势和竞争态势。

2. 企业现状分析

企业现状分析是指对企业的性质、规模、业务范围、经营目标和经营成果、企业组织和管理结构、企业绩效等进行分析。

3. 企业物流分析

企业物流分析是指对企业的货物的实际流动情况，包括物流流程、物流业务与运作、物流绩效、物流成本、物流政策、物流服务等进行分析。

4. 企业供应链结构分析

企业供应链结构分析是指对企业供应链上物流活动的物资流动节点、路线、各环节情况、合作组织协调关系、管理层次等进行分析。

2.3.2 找出问题

大部分案例要求学生阅读后能够发现企业的物流活动中存在的问题，并针对问题设计解决方案。一般企业物流运营存在的问题很多，少的几个，多的十几个，因此应厘清问题的逻辑关系，识别出关键问题并清楚问题产生的根源。确定问题之后，需要对这些问题进行分类。

2.3.3 解决方案分析与评价

问题解决方案的设计应该针对不同层次的问题体现出层次性。一般解决方案考虑 3 个层面：一是职能层面，如采购、运输、库存等；二是企业层面，如企业的生产、销售和配送等；三是供应链层面，如一条供应链上的上下游企业之间的配合，改善供应商关系，改善流程等。

通过对方案的分析，就能够筛选掉不切实际的或不合理的建议，提出 2 ~ 3 个比较现实的备选方案，对每个方案进行描述，从而从操作要求、成本、效益方面进行评价。还需要从企业的实际情况出发，考虑方案的可实施性，之后选定首选方案并说明理由。方案的分析工具和评价方法，可以运用诸多定量方法和模型，进行分析、对比、判断和归纳。

2.3.4 方案实施

考虑到的具体实施方面包括：一是资源方面。由谁负责实施？人、财、物怎么安排？二是时间方面。实施的顺序是什么？有何种时间要求？三是管理方面。如何衡量方案的成本和效益？如何监管和评价？评价方案的标准是什么？等等。

2.3.5 最终报告

案例分析报告应当叙述清晰、简明扼要、易于阅读。如实习基地的案例，是在学生作业成果的基础上总结和编写的，所以在分析中，除了对案例中的企业现状进行分析外，对原有的问题和答案也应进行分析和研讨，然后提出自己的新问题和见解，最后经过总结和概括，成为报告。报告要材料丰富，论点突出，论据充足。

通过实习基地案例的研读，不仅加强了学生对案例分析和解决问题的能力，还将物流理论和基地实践密切结合起来，为培养物流应用型实践人才做出贡献。以下的章节，将重点介绍北京交通大学物流管理专业学生在实习基地的研究成果。这些文章或报告，有学生个人的也有小组的，都将转换为案例的形式供大家分析和思考。

3 中铁集团某物流公司的经营战略研究

3.1 案例研究背景

铁路货物运输是指利用铁路线路进行运输生产活动，目的是使货物发生空间位移。在我国，铁路是国家重要的经济设施，也是国民经济的大动脉。随着我国社会主义市场经济的发展，铁路系统受到了来自其他运输方式越来越大的竞争压力，铁路企业已由过去的卖方市场进入买方市场，传统的铁路运输企业必须运用现代物流理念，对现有的管理体制、经营模式、营销策略、服务质量等进行改进，才能使铁路货物运输业发展壮大。

一直以来，我国铁路物流面临着如下几个主要问题。

（1）铁路运输零散货物的市场份额较低。铁路运输的大宗工业品主要包括煤炭、铁矿石、钢材、焦炭和石油等。而铁路货运过于依赖大宗工业品，随着我国经济结构调整优化，大宗工业品运输需求呈现下降趋势。之前对农产品和零散货物的需求不够重视，使得现在铁路运输品类结构单一化。

（2）铁路货场的集货与配送服务欠佳。铁路货场主要承担运输货物的集货和配送等体现铁路物流服务满意度的物流活动，但由于铁路货场在软硬件设计方面主要考虑铁路运输，较少考虑物流服务，使铁路货场的集货与配送服务欠佳，客户满意度不高。随着铁路物流基地的建设完工，需要建立一套规范的物流服务标准，主要包括铁路物流技术标准体系、管理标准体系和工作标准体系。

（3）铁路物流服务创新不足。铁路物流服务功能比较单一。目前互联网、移动互联网的发展，加速了物流业的创新与变革，相对于现代物流企业来说，铁路物流信息技术应用不足，无法实现全路网物流信息的互联互通和共享共用，无法满足客户的全程物流追踪等需求。组织协同运作能力差、资源配置效率低、市场竞争力弱，影响和制约了铁路货运电子商务平台下物流服务功能的实现和发展。

（4）铁路物流管理有待进一步完善。铁路货运组织改革以来，推出一系列诸如“一口价”“门到门”、95306 网络平台等方便货主的措施，受到企业货主的青睐。而在铁路物流定价方面，目前没有完全融入物流行业的价格体系，与市场联系不紧密。铁路物流管理还需要改革僵化的体制，进一步以市场需求为导向，融入客户供应链，以满足复杂多变的市场需求，为加快铁路向现代物流转型提供动力。

在以上铁路货运的行业背景下，对中铁集团某公司现存的问题进行研究。

中铁集团某物流公司成立于2004 年5 月18 日，为中铁快运股份有限公司旗下全资子公司，主要负责行（邮）包专列的接发车作业、调度组织指挥、基地管理服务、行包专列安全管理、装卸搬运、仓储保管、配送服务、培训、5100 水等业务。

该物流公司的物流基地占地面积 20 万平方米，总建筑面积 10 万平方米，建有三个大型库房以及办公大厦。一号库位于基地东侧，库区面积 $36000m^2$，南北长 500m，东西宽 72m，建有四条铁路线三个作业站台库，物流疏散能力充裕，是目前亚洲最大的封闭式站台库，主要用于行邮（包）专列始发作业库。二号库位于基地西侧，北临三号库，东临一号库。仓库建筑面积 $28000m^2$，使用面积 $26000m^2$，建有地上一层，地下一层，为门式轻钢结构，现为中铁快运分拨中心和 5100 矿泉水中央库；“5100”西藏冰川矿泉水物流项目是由中铁快运股份有限公司承担“5100”项目的物流配送工作，同时承担“5100”项目的铁路总经销业务。作为中铁快运股份有限公司旗下一员，该物流公司承担该项目的铁路运输、装卸作业、短驳中转及配送服务。三号库现为邮政华北分拨中心，建筑面积 2 万多平方米。现已成为华北最大的邮件分拣处理中心、行邮总包转运和物流集散处理中心。

该物流公司所在基地是有行（邮）包专列的配套设施，主要负责行（邮）包专列的接发车作业、调度组织指挥、基地管理服务、行包专列安全管理、装卸搬运、仓储保管、配送服务、培训等业务，承担北京至上海、广州、哈尔滨、乌鲁木齐、成都、东孚、沈阳、棠溪八对行（邮）包专列的始发到达作业服务任务。

基地以货物配送为主，基本是比较大宗货物。每日装货卸货，发车调度，安全检测等的日程安排都比较满，业务非常繁忙。对业务运作的要求也比较高，以降低差错率，提高货运装载和发运的效率。另外基地工作有一定的危险性，特别是在装卸搬运时和穿越铁轨时，因此安全管理比较严格，安全责任落实到各地（库区、设备、消防）和个人。还有规范的考核制度，主要包括安全管理、标准化作业、班组建设、职工业务、遵章守纪五个方面的内容。

3.2 案例主要问题分析

3.2.1 企业资源与主要问题分析

该物流公司北临南六环路，西靠京开高速，毗邻京哈、京九、京广、京沪等干线铁路。该公司承担了很多条线路的铁路资源，包括北京至上海、广州、哈尔滨、乌鲁木齐、成都、东孚、沈阳的行（邮）包专列的始发、到达作业服务。根据调研可知，其日装卸车辆数目为206 辆，日均货物装卸量为5240t，日均装卸件数为23 万件。公司拥有四条铁路线和三个作业站台库，主要用于行邮（包）专列始发作业库。二号库位于基地西侧，仓库使用面积26000m^2。公司现有 4 条铁路线路，具体为：货 1 线（696m）、货 2 线（680m）、货 3 线（653m）、货 4 线（653m）。该物流公司的仓库面积为36000m^2，分为 A 站台（500m × 20m）、B 站台（500m × 25m）、C 站台（500m ×20m）三个站台。公司现有 4 条行邮线、5 条行包线，如表 3 – 1 和表 3 – 2 所示。

表 3 – 1　　某物流公司行邮线

序号	起止站（车次）	运行（km）	运行时间（h：min）
1	黄村至上海西（x102/1）	1398（京沪线经徐州）	12：06
2	黄村至哈东（x105/6）	1278（京哈线经双桥）	11：16
3	黄村至棠溪（x103/4）	2295（京沪、京广线）	21：40
4	上海西至深圳北（x117/8）	1658（京九线经向金华西）	16：32

表 3-2　　某物流公司行包线

车次	起止站（车次）	运行路程（km）	运行时间（h：min）
x183/4	黄村至乌鲁木齐东	3374	53：25
x287/8	黄村至成都东	1936	46：30
x258/7	黄村至东孚	2377	43：29
x216/7	黄村至沈阳东	3067	48：31
x218/5	黄村至棠溪	3067	33：47

目前，该物流公司货运能力虽然充足，但没有开展自己的物流业务，而是把货运专线出租给大的承包商，如中国邮政等物流公司，该物流公司方只负责监管。由于物流业务的操作盈利空间极大，远高于资源出租的盈利，所以该物流公司的资源并没有得到充分的利用，在业务拓展和利润增加上不是很明显。在运输的附加值已大幅降低，市场和客户对物流业务的附加值和期望逐渐升高的今天，该公司确实面临着业务模式上的挑战。若对现有业务模式不进行进一步的探索和革新，该公司很可能会在未来失去市场竞争力。因此，该公司在传统货运向现代化物流企业发展的基础上，需要进一步引进供应链一体化的物流理念，需要重新考虑资源外包与自营业务的比例，使铁路货运不再满足于仅仅提供车站装卸货的基础业务，而是可以提供“门到门”、采购等物流增值服务，实现铁路到用户间物流业务的无缝连接。

3.2.2　自营与外包的物流成本模型

当物流企业具有某项重要运输资源（车辆、铁路）时，可以采用两种业务模式来经营企业，即将资源出租进行外包业务和利用资源进行自营物流业务。作为物流资源的拥有方，如何利用本企业的优势资源成为经营过程中争论的焦点。关于经营业务的选择，着重要考虑的是维持合理的业务范围、较低的成本和较高的收益方面。根据经济学原理可知，如果外包资源的边际效益大于边际成本，应该采取外包物流策略；反之，则采用自营物流业务。在物流经营策略的选择上，自营与外包都具有一定的优势，需要结合企业的经营业务来进行细分。另外，虽然企业掌握某些资源优势，但还需要考虑国家政策、集团政策和关系企业间的协议，不能完全进行资源垄断，必须以一定的分配比例来开展业务。

以下通过数学建模，从物流成本的角度来研究该公司自营和外包发展战略的选择。铁路物流企业可以按成本最低、收益最高的原则，灵活地采取相应的运营模式。

1. 模型因素

对于资源的拥有方，如何利用自己的资源，并根据业务进行整合呢？首先对其物流成本进行分析。物流成本由物流固定成本、交易成本、佣金以及单位物流可变成本组成。根据该公司调研情况显示，企业各项资源数目如下。

有火车 N 辆，设每辆车的标号为 n（$n=1, 2, 3, \cdots, 18$）；

C_i——第 i 列火车需要的资产固定成本（万元/年）；

M_i——第 i 列火车需要的列车日常维护成本（万元/年）；

R_i——第 i 列火车需要的人力作业成本（万元/年）；

I_i——第 i 列火车租金（原则上相等，随公司合同而改变，其单位为万元/年）；

O_i——第 i 列火车需要的附属运送资源成本，$O_i = p_i c_1 + q_i c_2$（万元/年）；

p_i——第 i 列火车需要的托盘数目（辆/个），c_1——托盘的磨损成本（万元/年）；

q_i——第 i 列火车需要的配套叉车成本（辆/个），c_2——托盘的磨损成本（万元/年）；

J_i——第 i 列火车的监管成本（万元/年）；

H_j——第 j 列火车需要行包业务收入，（$j=1, 2, 3, \cdots, 8$）（万元/年）；

H_k——第 k 列火车需要行包业务收入，（$k=0, \cdots, 8$）；

ε——该物流监管风险成本（包括管理费用等各项费用）（万元/年）；

δ——租用资源的物流公司货物丢失成本（万元/年）；

α——租用资源的物流公司货物滞留时间成本（万元/年）。

2. 模型分析

对于该物流公司，主要进行以下成本分析。

（1）公司经营总成本。

$$A = \sum_{i=1}^{n} (C_i + M_i + R_i + O_i + J_i) + \varepsilon + \delta$$

约束条件：

$$\sum_{i=1}^{14} j + \sum_{i=15}^{18} k = \sum_{i=1}^{14} n \quad O_i = p_i c_1 + q_i c_2$$

该公司经营利润：$Q = nI_i - A$

（2）公司业务收入。

$$Z_1 = \sum_{i=1}^{l} (H_k) + \sum_{i=1}^{l} (H_j) - \delta_l - \alpha_l \quad (l = 1,\cdots,3)$$

公司业务收入：$l(l = 1,\cdots,3)$

（3）租赁后的业务比例。

该物流公司的业务租赁需要向中铁集团总公司申请任务，会有一定的总额限制，需要注意其配额比例。自营业务的比例为 p。

$$Q^* = (1 - p)\sum_{i=1}^{n} I_i + p\left[\sum_{i=1}^{l} (H_k) + \sum_{i=1}^{l} (H_j) - \delta_l - \alpha_l\right] - A$$

3. 关键指标分析

（1）物流基础设施成本。

物流固定基础设施成本包含两个部分，一部分是资源拥有企业的固定资产成本，如该物流公司具有一定的车辆数目、铁路干线等其他资源；另一部分是物流基础作业附属设施成本，包括物流基础作业设施（拖车、叉车等）、仓库、火车等。

（2）物流操作人员成本。

如果企业选择自营物流模式，在开展相应业务运营时会产生物流人力成本佣金。该公司作为中间层组织者，可以租用别家公司的人力，进行装卸与搬运业务，可以节约一部分人力成本。

（3）物流业务可变成本。

物流可变成本与物流固定成本构成了该公司的物流总成本，本案例对两种模式进行相应的假设。业务全部自营，单位物流成本较高，而且当货源不充足时，会造成资源限制；在部分外包模式下，单位物流可变成本介于自营与外包模式之间，因此建议该公司的部分业务进行自营。

（4）物流政策限制。

作为铁路的拥有方，该公司需要遵守中铁集团总公司的各项章程，按照公司规定的业务配比进行政策规划。对于运输资源具有一定程度的限制，需要照顾原有大客户的利益，在确定合作伙伴关系的前提下，开展部分自营业务。

4. 计算结果

通过以上模型进行计算，可以得出以下的结论，由于公司的有些数据保密，所以采用以下的估计值，其中省略了部分数据的计算，主要结果如表3－3所示。

表3－3　某物流公司历年物流业务费用与成本

年份	业务量计算（t）	业务费用（万元）	外包车辆数量（车辆）	成本收入（万元）
2006	1800	870	20	2200
2007	2600	1200	20	2600
2008	2800	1200	21	3100
2009	3000	1100	22	3100
2010	3200	1300	25	3200
2011	3500	1400	26	3300

根据以上模型的计算结果，利用经济学原理中的相关知识，绘制出该公司的物流资源数量—利润曲线（见图3－1）。

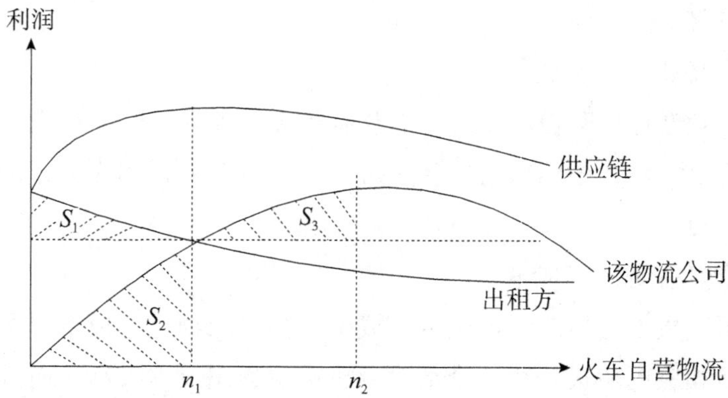

图3－1　某物流公司物流资源数量—利润曲线

3.3　案例解决方案

根据以上物流成本数据和物流资源数量—利润曲线图，公司所开展的外包或者自营业务及进度可以分为以下几点，如表3－4所示。

表3－4　　业务增值业务

业务类型	业务开展时间	业务进度	业务盈利点
采购业务（自营）	订单收取，货物查询，订单确认等	2	2
货物运输业务（部分自营部分外包）	货物验收、货物回收及替换等	1	1
信息化业务（部分自营部分外包）	集中采购管理、仓库托管、市场咨询、供应链管理等方面的各类服务	1	1
维护业务（自营）	车辆、集装器具辅助服务	2	2
金融服务（自营）	电子结算、代办货物保险等各种服务	2	2
生活配套服务（自营）	商品展览、市场交易服务等	3	2

该公司要进一步发展现代化的物流中心货运经营，还应考虑以下几点：

（1）重视“最后一公里”，开展“门到门”业务物流服务。

该公司要以铁路货运营业站为基础，开展从火车到用户家中的业务，即“门到门”物流服务。“门到门”物流服务有利于加快铁路现代物流设施的规划与建设，完善原有仓储的功能，并延伸企业配送业务的覆盖范围，提高企业的效益。

（2）加快信息化铁路技术进程。

信息系统是开展物流业务的重要依托，具有战略性价值。因此该公司需要加快自己铁路的信息化系统的建设。以现有通信设施为基础，依托铁路的TMIS（智能信息管理出库）系统，积极开发业务电子商务信息平台，为今后业务的发展做好铺垫。

（3）加强与合作企业战略关系。

该公司具有固定的合作伙伴，在开展部分自营业务的时候应建立稳定伙伴关系，通过业务往来与接触，租赁伙伴的相关物流资源（如人力成本）开展自己的物流业务，这样有利于公司充分利用现有资源，实现规模效益。通过长期合作关系的确立，公司可以针对对方企业的各种物流需求，按照不同的运营模式向市场提供多功能的复合服务。

3.4 案例结论

总之，中铁集团某物流公司利用资源开展部分自营和部分外包物流，有利于业务拓展增加公司的收入，同时由于对闲置资源的利用又能保持与原有客户的合作关系。在物流监管等基本服务的基础上，利用自身资源优势开展“门到门”等货物增值服务，将有利于企业综合实力的提升。在未来的 2 ~ 3 年，当该公司的发展到业务高级阶段，具备提供高端的物流增值服务的基础与经验后，可以陆续开展库存分析与控制、销售预测、供应和经销商的协调等方面服务，进一步加强自己的控制力，实现中铁集团总部的发展目标。

3.5 课后思考

货物运输资源是铁路物流企业发展的重要条件，具有运输资源的物流企业可以选择出租或自营物流资源发展业务。如何科学选择两种策略为企业决策需要考虑的重要问题。本案例以中铁集团下属的某物流公司为例，对其目前货运业务及资源状况进行分析，并基于物流成本理论，为该公司经营策略选择提供了依据。

根据以上案例，思考以下问题：

（1）你认为铁路企业如何优化服务种类，提高服务功能？

（2）如何运用“互联网 +”经营理念，将传统的“站到站”运输服务升级为“门到门”物流服务，增强铁路物流基地的区域集货能力与配送能力？

4　降低邮政某分拣中心分拣的能源消耗

4.1　自动分拣及批量分拣理论

4.1.1　自动分拣及设备

分拣是指按不同的单位或顾客的订货要求，将货物按一定方式进行分类、集中并分配到指定地点的过程。

按分拣的手段不同，分拣可分为人工分拣、机械分拣和自动分拣。其中，自动分拣是指在从货物进入分拣系统直到将货物送到指定的分配位置的过程中，货物的运送都是按照一定的指令，依靠自动分拣设备来完成。

自动分拣系统通常由输送装置、分类装置、分拣道口装置以及分拣信号输入与控制装置等组成，图 4－1 是一个典型的自动分拣系统示例。分拣信号输入有人工键盘输入（见图 4－2）、声音识别输入、光学识别输入（见图 4－3）、传感器输入、射频识别输入等方式。

自动分拣机可分为以下类型：①带式分拣机；②托盘式分拣机；③翻板式分拣机；④浮出式分拣机；⑤悬挂式分拣机；⑥滚柱式分拣机。

其中，翻板式分拣机是邮政快递企业常用的自动分拣系统，如图 4－4 所示。翻板式分拣机与翻盘式分拣机类似，均属“倾翻型”。它的传送部分是由并列的窄状翻板所组成，翻板宽 200mm，长 600～900mm，由3～6块翻板组成一组“承载单元”，翻板的块数取决于被分拣货物的长度，翻板可向两侧倾翻 30°（见图 4－4）。在分拣货物时，每一承载单元前后的翻板陆续倾翻，使长件货物能平稳地转向翻入分拣道口。这类分拣机的特点是能分拣长件货物，分拣传送线也能转弯和倾斜。传送线速度最大达 150m/min，最大分拣能力达 12000 件/h，分拣货物重量最大 75kg，最小 0.2kg；包装尺寸最大 750mm × 650mm × 500mm，最小 100mm × 50mm × 10mm。

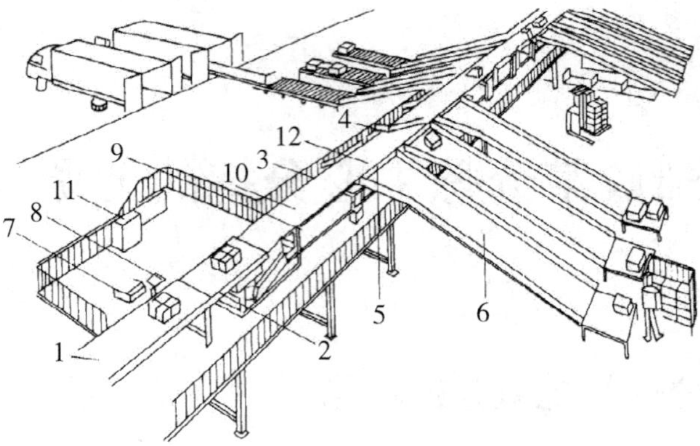

图 4－1　自动分拣系统的主要结构

1—输入分拣带；2—喂料分拣带；3—钢带分拣带；4—刮板式分流器；5—送出辊道；6—分拣道口；7—信号给定器；8—激光读码器；9—通过拣出器；10—磁信号发生器；11—控制器；12—磁信号读取器。

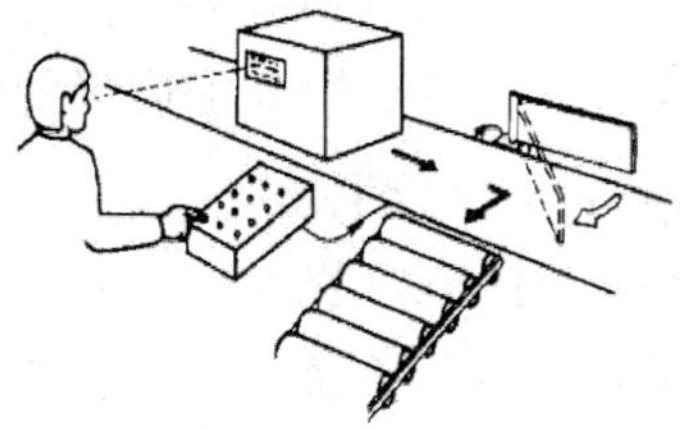

图 4－2　人工键盘输入

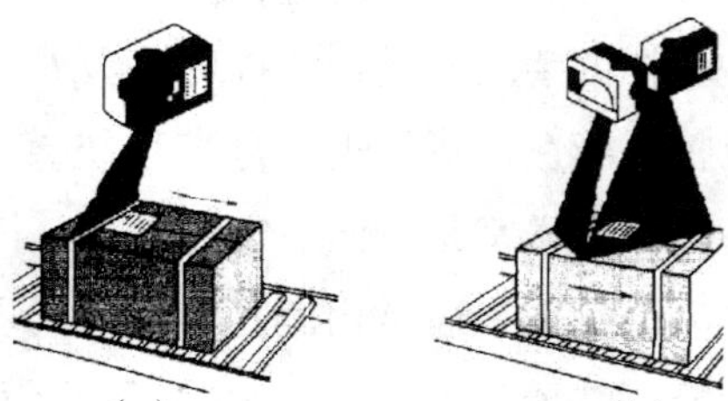

（a）　　（b）

图 4－3　光学识别输入

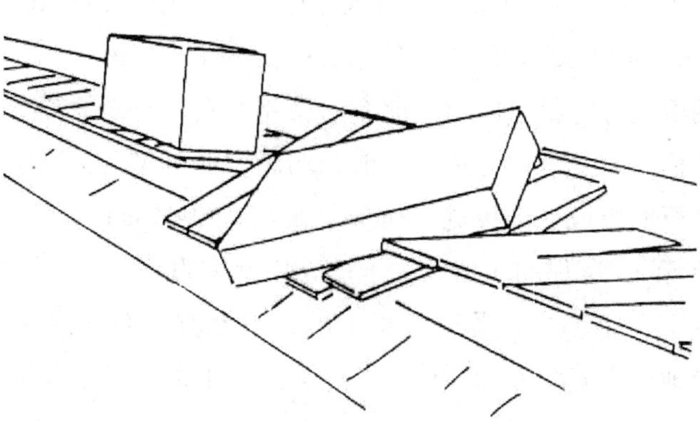

图 4－4　翻板式分拣机

4.1.2 批量分拣原理及特点

批量分拣主要是指操作者同时分拣多个订单，主要好处是操作者在仓库中走一趟就可完成多个订单的分拣任务。

而本案例中的批量分拣是指对客户订单中的共同需求进行统计整理，然后再进行拣选的方式，该批量分拣的特点如下。

（1）批量分拣可以更好地发挥规模效益。通过降低传送带的空载率来提高运作效率，发挥规模效益。

（2）流程复杂，错误率相对比较高。通过现场观察，传送带上的货位间距很小，而在实际操作中，每件货物的大小、体积、形状都不可能达到统一的标准，于是要想让每个传送带上的翻板上都装载货物进行分拣，那么分拣错误率也将大大提升，同时，如果分拣设备每天都是满载运转，也势必会降低其使用寿命。

（3）灵活性较差，存在停滞时间。批量分拣运作中，必须等待订单达到一定数量才做一次处理，因此存在一定的停滞时间，对到来的订单无法做出及时反应，只有根据订单到达的状况等候分析，决定出合适的批量大小，才能将停滞时间减至最低。另外，对于紧急订单，很难插入到正在进行的拣选运作中，不能灵活地调整配货的先后次序。

4.2 案例分析与问题

4.2.1 中国邮政某分拣中心

中国邮政某分拣中心位于中铁快运股份有限公司旗下的某子公司的物流基地内，建筑面积2万多平方米。现已成为该地区最大的邮件分拣处理中心、行邮总包转运和物流集散处理中心。2003年9月16日，铁道部和国家邮政局签署《战略合作框架协议》，“开发以行邮专列为主要载体的运输产品”。2008年，中国邮政某分拣中心进驻中铁快运股份有限公司旗下的某子公司的三号库，形成铁邮联运的战略合作平台。

该邮政分拣中心的分拣机规模很大，共有4个工作台，多个档口。每个工作台处理邮件的作业速率为300袋/台时，而不同的档口则对应着不同的发件目的地。分拣机采用光电识别原理，以邮包上机的扫描时间差来识别邮包，以及承载邮包的小车，并在正确的档口倾斜小车，将邮包推下。无法扫描识别的邮包则会被直接推下分拣机，改由人工进行分拣。小批量的邮包则不会用到分拣机，直接由人工进行分拣。邮包分轻、重件，普、中、快包，不同的邮包上有不同的标签标识。整个邮政分拨中心的分拣作业整齐有序，各个档口码放着分拣好的邮包，虽然人工也占了分拣作业中的一部分内容，但可以看出，大型分拣机的使用是分拨中心能够快速处理大批量邮件的重要支持。

4.2.2 分拣中心自动化分拣设备运作情况分析

通过参观中国邮政某分拣中心，第一次见到了正在运转中的大型分拣设备。分拣中心采用的是半自动分拣设备，为翻板式分拣机（见图 4 – 5）。翻盘式和翻板式分拣机的优点是：布置灵活；能从多处送入货物；分拣道口可两侧布置；道口间距极小，故可布置较多的道口，位置灵活，经济性好；能分拣极小的货物。缺点是：对货物有撞击、噪声大、营运费用高，不适宜较大、较重、较高的货物。

图 4 – 5　中国邮政某分拣中心的翻板式分拣机

每天大约有 25 辆运送邮包的专门车辆到达邮政分拣中心仓库，平均每车运送 280 ~400 件货物（根据每件邮包的重量和大小调整每车装载邮包的数量）。大型分拣设备每天运转 24h，每小时大约耗电为 22kW，即每天耗电量为 528kW · h。每日平均共分拣 11000 件货物，其中由大型分拣设备分拣 8000 件，同时在暑期学生返家、春节假期等邮件数量高峰期甚至能达到每天 20000 件。大型分拣设备运送皮带上共有 166 个分拣货位，每个货位最大承受的重量为 40kg，若超过限重，则通过人工分拣方式进行分拣。另外，每件货物从投递开始计算，72h 内必须送达目的地。

但是据观察在设备运作时，并不是每个输送皮带上的货位都会运载货物，而是小到每隔 4～5 个、大到 15～16 个货位才有一个邮包出现在分拣传送带上。鉴于以上情况，我们认为分拣设备虽然自动化程度高，且省时省力，但存在一定的空耗情况。因此，通过查阅相关文献，我们建议中国邮政某分拣中心可以通过批量分拣的方式改进设备持续运转的状况，降低能耗，实现绿色、低能耗、高效率的运转。

4.3 案例解决方案

针对案例，批量分拣是指在该分拣中心分拣设备利用率不高的情况，通过适当积攒待分拣货物，根据合理计算得出的时间间隔进行货物分拣，更有效地利用设备。

在批量分拣货位间隔优化方案中，根据现场收集到的数据，计算出目前的运转状况。

货位间隔出现概率如表 4－1 所示。

表 4－1　货位间隔出现概率

间隔个数（个）	出现概率（%）
5	20
10	50
15	20
20	10

平均间隔个数为 $5 \times 20\% + 10 \times 60\% + 15 \times 15\% + 20 \times 5\% \approx 11$（个），即大约每 11 个翻板货位会运送一件货物；

传输皮带每转一圈可以分拣 $166 \div 11 = 15.09$（件）；

每天分拣设备的分拣量为 8000 件，那么分拣设备每转一圈所需的时间约为：$(24 \times 60) \div (8000 \div 15.09) \approx 2.72$（min）；

平均处理一件货物需要：$2.72 \div 15.09 = 0.18$（min）；

那么，如果将每个装载邮包的翻板平均间隔降低为 10h 可以得到：

分拣设备每转一圈可处理货物 166 ÷ 10 = 16.6（件）；

处理 8000 件货物需要运转 8000 ÷ 16.6 = 481.93（圈）；

每天所需运作时间总和为 481.93 × 2.72 ÷ 60 = 21.85（h）。

每天所需电量为 21.85 × 22 = 480.7 kW · h，每天则可节约 528 − 480.7 = 47.3 ≈ 47 kW · h。

根据以上的计算思路，可以列出表 4 − 2。

表 4 − 2　　合理优化后每日可节约电量

翻板间隔（个）	每圈处理货物量（件）	每天运转圈数（圈）	每日运转时间总和（h）	每天所需电量（kW · h）	每天可节约电量（kW · h）
10	17	482	22	481	47
9	18	434	20	433	95
8	21	386	17	385	143
7	24	337	15	336	192
6	28	289	13	288	240
5	33	241	11	240	288
4	42	193	9	192	336
3	55	145	7	144	384
2	83	96	4	96	432
1	166	48	2	48	480

根据表 4 − 2，我们可以较清楚地看到通过降低翻板间隔、降低每日的操作时长来起到最终降低能源消耗的方法还是很有效果的。但我们更应该注意到实际操作中的种种限制因素，最终确定最适合的优化程度。

需要考虑的限制因素如下。

（1）每日平均共分拣 11000 件货物，其中由大型分拣设备分拣 8000 件。每日货物分拣总量峰值有时会达到 20000 件。

（2）每件货物从投递开始计算，72h 内必须送达目的地。

鉴于以上限制因素及优化选择，本案例认为将翻板平均间隔降低到 8 个较为合理。同时通过加大每小时的分拣数量，可以在一定程度上降低每日人工操作的时间。调节后，适当将人员抽调到手工分拣及核实等岗位工作，实现更合理的分配。

具体分拣批次与时间安排如下。

大型分拣设备平均每小时运转22.705 ≈ 23圈，每圈可分拣大约21件货物，则每小时可以分拣23×21 = 483（件）货物。假设分拣设备以每3个小时为一个作业时间单位，那么每3个小时可以处理483×3 = 1449（件）货物。

通过了解到的情况，每个运送包裹的车辆平均装载340件货物，那么每到达4辆运送车辆，将会产生340×4 = 1360（件）货物。此时大型分拣设备开始运作，进行分拣作业。

4.4 案例结论

批量分拣的操作程序在调整间隔后，在整体消耗方面有了比较明显的节约，但是由于通过积攒一定批量货物后再进行操作，整体分拣在操作流畅性及高峰时期分拣效率方面，稍显不足。

1. 操作流畅性及场地安排

在应用批量分拣方式后，势必会影响人员的调动以及产生每个流转循环之间货物的处理问题。比如在货物积攒数量未达到规定的批量（如1449件）时，工作人员应将货物进行怎样的摆放处理。目前的分拣场地安排，比较适合货物一到达就进行分拣的“即时”处理方式，即分拣最初环节的存放区域比较小，而分拣之后的长时间存放区域位置较大。如果要实行新的分拣策略，场地安排问题势必要成为一个比较大的制约。

2. 高峰时期分拣效率

通过工作人员的讲解我们得知，以上得到的数据都是没有季节、假日等特殊因素的平均值，但是每年的春节前后以及大学生开学放假前后都是大型包裹运输的高峰时期，有时每日的分拣作业量甚至能达到每天20000件，是平均水平的两倍。每到这个时候，工人们采取的是加班加点以及增派人手进行手工分拣的方式进行解决，也就意味着批量分拣的方式在这个时间段将不再适用。

3. “72小时”的时间限制

国家对包裹在邮政流转时间做了非常严格的规定，规定其集中收取包裹后，必须在72小时之内将包裹送至邮寄地址所在的区域分拨处，之后再进行最后的派发。这个给批量运转的实行造成了一定的限制。

在每个运送车辆中，不可能保证每个货物都具有相同的剩余流转时间，有的货物需要马上分拣并且发出，以保证达到国家对货物“72 小时”流转时间的要求，而有些货物则有充足的时间等待稍后分拣。如何将这些剩余流转时间不同的货物分开并且合理规划分拣批次，也是我们之后需要解决的一个问题。

4.5 课后思考

近些年通过将各种大型分拣设备应用到分拣作业中，在节约人力的同时极大地提高了分拣效率，但机器运作总会出现空载或不能及时反馈出错等问题。在半自动化过程中，人工可以灵活地发现问题、反馈问题和处理问题。比如在了解了邮政华北分拨中心的分拣情况后，建议可以通过合理优化分拣处理的过程来达到节约能源、降低消耗的目的。

根据以上案例，思考以下问题：

（1）谈谈本案例是运用何种方法，来优化分拣过程、逐步降低能耗的。

（2）在现实中找一家物流企业，通过了解机器设备的能耗情况，来提出节约能源的方法。

5 某医药物流公司的规划建设

5.1 我国医药物流业的现状及趋势

近年来我国医药物流发展迅速。随着我国医药分销领域的对外开放，医药流通企业直接面对拥有雄厚资金实力、先进营销策略和成熟管理体制的国外企业的竞争。受国家对药品价格调控力度加大以及市场竞争激烈的影响，医药行业已进入微利时代，国内许多企业将投资方向转向了医药物流建设上面，通过重组联合加大了对医药物流的建设和投入。

我国现代物流已经由起步阶段进入了向理性、务实、快速发展的新阶段。但医药物流尚处在初期阶段，医药物流运作管理还不成熟，许多方面有待完善，所存在的主要问题有以下几个方面。

（1）医药物流企业缺乏核心竞争力。近年来，我国医药物流虽然有了很大发展，但依然存在规模小、实力弱、服务差、市场占有率和市场集中度低等问题，多数医药企业基本上采用的是分散型物流体系，缺乏市场开发和市场服务能力，与国际医药同行业相比差距很大，企业的经营成本高，整体经济效益低下。我国制药企业、医药批发企业以及医药零售企业都在投资建设自己的物流中心，大多各自为政，分散管理，据资料显示，由于物流有效需求不足，中国物流中心平均空置率高达60%。这种形式的物流中心造成了物流资源不能被充分利用，物流管理的各环节不能有效联结，不能形成核心竞争力，建设及经营成本较高，造成医药物流资源的浪费。

（2）我国医药企业的信息化程度较低。由于医药商品的特殊性，医药企业存在缺少医药物流管理、医药物流网络体系、医药物流的增值服务等软件，医药商品没有统一的药品标准编码等问题。这就成为国内现代医药物流发展的障碍，物流经营者不能对供应商、零售药店、医院药房进行有效管理，配送效率不高，没有竞争力。

（3）医药物流企业管理人才紧缺。目前，我国从中专到博士的物流学历教育体系已经形成，为我国物流业的发展创造了良好的环境，但医药企业需要既具备现代管理科学知识，又具有医药知识的物流管理人才，其培养体系还没有形成。所以，培养医药物流管理人才是发展现代医药物流的关键。

我国医药物流的发展趋势如下。

（1）医药企业进一步重组联合，发展“一体化战略”经营。美国医药商业市场经过自由竞争，目前已经形成了高度集中的产业格局，而中国医药流通企业普遍存在着企业多、规模小、效率低、费用高、效益差等问题。由此，医药流通企业重组联合已成为趋势，通过“一体化战略”的发展，企业共同组建物流中心对药品进行整体的物流作业管理，对加快药品的流通速度、提高医药流通效率、降低医药物流成本有重要的意义。例如，目前有些高端的医药企业正在并购一些小型的医药物流公司，扩大企业规模和经营区域。

（2）发展电子物流，做好信息管理。信息的传递在医药物流中起着重要作用，物流信息网络加强了用户与供货方、供货方与供货方之间的信息联系，它在为生产企业提供产品及客户服务需求信息的同时，也为医药企业及时反馈市场动态，以达到改进产品质量、提高服务水平、适应市场需求的目的。所以，实现医药行业的物流信息化已成为发展医药物流的重要趋势。就目前而言，尽管一些医药信息系统已经比较先进，但是仍然可以进行一些完善以达到最佳的信息处理水平。

（3）充分利用“第三方物流”，降低企业的流通成本。长期以来，我国许多医药企业都自有一套“大而全”、信息闭塞的物流系统，造成了大量的人力浪费和设备闲置。而社会“第三方物流”快速发展后，医药企业可以根据需要随时选择购买第三方外包物流服务，将医药企业自有物流与第三方物流有机合理地配置起来，进一步降低物流成本、增强企业的竞争能力。已有一部分第三方物流业务的医药企业，其发展第三方物流业务的拓展空间还很大，所以在这方面要发挥自身进一步的潜力，做好规划，加强硬件基础设施和装备方面的建设，以及信息化、配送网络方面建设，拓宽服务功能，引进优秀人才，将医药物流企业发展成为现代化的医药物流配送中心。

5.2 仓储设施规划理论

5.2.1 库场选址概述

所谓选址，是指运用科学的方法决定库场的地理位置，使之与所属的仓储或物流企业整体经营运作系统有机结合，以便有效、经济地达到企业的经营目的。

库场选址包括两个层次的问题：一是选位，即选择什么地区（区域），如南方还是北方等；二是定址，即地区选定以后，具体选择在该地区的什么位置设置库场。

对于企业来说，库场选址对企业的采购成本、服务成本、服务质量都有极大的影响，一旦选址不当，它所带来的不良后果不能通过建成后的加强和完善管理等其他措施弥补。因此在进行库场选址时，必须考虑多方面的因素，慎重决策。

库场选址必须定性与定量分析相结合。定性分析的原则如下。

（1）费用原则。建设初期的固定费用、投入运行后的变动费用等，都与选址有关。总目标是追求成本最小化。

（2）接近用户原则。许多企业将仓库建到服务区域附近，以降低运费、提高对客户需求的反应速度。

（3）长远发展原则。选址工作要考虑到企业服务对象的分布状况及未来发展，要考虑到市场的开拓。

5.2.2 选址方法介绍

1. 重心法

重心法是一种模拟方法，是配送中心选址的典型方法之一。重心法也称为网格法或者精确重心法，它是用来解决单一物流设施选址问题的模型，只需要考虑的一个重要因素是运费，还有就是物流节点间的直线距离与运量。为了减少运费，配送中心应该尽量建立在运输量大的物流节点附近，这种方法的原理类似物理学中对一个二维封闭图形求解重心的原理，因此称为“重心法”。这种方法把系统中的需求点和资源点假设在同一个平面范畴里，并且物流系统中的需求量与资源量就是物品的重量，要求解的最优点为系统的重心，这就是利用求物理重心的方法确定最优点的位置。

重心法的假设条件如下。

重心法模型是基于理想情况下使用的，具有一定的局限性。重心法模型是在以下假设条件下成立的。

（1）各点的需求量是汇总了分散在特定范围里众多的需求量。

（2）各需求点的位置及需求量已知且不变。

（3）物流成本以运输成本为依据，而且不考虑城市的交通状况，运输成本只和配送中心以及需求点间的直线距离成正比。

（4）在使用重心法进行选址决策时，不考虑由于地理位置不同所带来的成本差异。

（5）决策环境假设相对静止，即不考虑企业经营可能造成的未来收益和成本的变化。

毫无疑问，从以上 5 个假设条件中，可以看出重心法必然存在许多局限性，不过这些局限也成为重心法模型有自由选择的长处。其实一个合适的选址模型关注的是得出的结果对事实的敏感程度，而不是关注这个模型有多么复杂。对限制条件进行简化，如果最终得出的选址建议没有影响或者影响不大，那么就可以说明简单的模型比复杂的更有意义，其模型如图 5－1 所示。

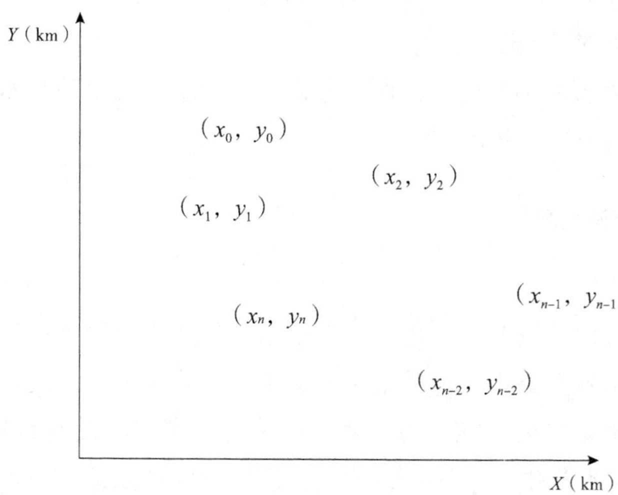

图 5－1　重心法的基本数学模型

如图 5－1 所示，设有 n 个货物需求点，坐标为（x_j,y_j）($j = 1,2,3,\cdots,n$)，物流设施坐标为(x,y)，h_j 是从配送中心到需求点 j 的发送费率，w_j 是从配送中心到需求点 j 的发送量。

设 C_j 为配送中心到各需求点的运费，则总运费表示为：

$$H = \sum_{j=1}^{n} C_j \tag{5-1}$$

而 C_j 又可用式(5－2) 表示为：

$$C_j = h_j \times w_j \times d_j \tag{5-2}$$

公式中，h_j—— 从配送中心到需求点 j 的发送率；

w_j—— 需求点 j 的需求量；

d_j—— 从配送中心到需求点 j 的距离。

d_j 也可写成以下形式：

$$d_j = [(x - x_j)^2 + (y - y_j)^2]^{\frac{1}{2}} \tag{5-3}$$

把式(5－2) 代入式(5－1)，得到：

$$H = \sum_{j=1}^{n} h_j w_j d_j \tag{5-4}$$

从式(5－3) 和式(5－4) 可以求出使 H 为最小的 x 和 y。解决这个问题的方法是运用下面的计算公式。令：

$$\frac{\partial H}{\partial x} = \sum_{j=1}^{n} [h_j w_j (x - x_j)/d_j] = 0 \tag{5-5}$$

$$\frac{\partial H}{\partial y} = \sum_{j=1}^{n} [h_j w_j (y - y_j)/d_j] = 0 \tag{5-6}$$

从式(5－5) 和式(5－6) 可以分别求得最适合的 x^* 和 y^*，即：

$$x^* = \frac{\sum_{j=1}^{n} (h_j w_j x_j / d_j)}{\sum_{j=1}^{n} (h_j w_j / d_j)} \tag{5-7}$$

$$y^* = \frac{\sum_{j=1}^{n} (h_j w_j y_j / d_j)}{\sum_{j=1}^{n} (h_j w_j / d_j)} \tag{5-8}$$

因为式(5－7) 和式(5－8) 右边还含有 d_j，就是仍存在要求的未知数 x 和 y，但是要从两个式子的右边消去 x 和 y，计算起来非常复杂。所以，采用迭代法来计算。

2. 聚类法

聚类法是按照一定的特征将对象分成许多由相似类对象组成的多种类的分析过程,它是一种多元分析方法。当聚类所涉及的事物间的边界具有模糊性时,则需要用模糊聚类方法对这些事物进行分类。

模糊聚类分析可具体分为以下几步。

第一,数据标准化处理。

(1) 建立数据矩阵。

设被分类的对象集合 $U = \{x_1, x_2, \cdots, x_n\}$,各对象均有 m 个表示其现状的指标,可表示为 $x_i = \{x_{i1}, x_{i2}, \cdots, x_{in}\}, (i = 1, 2, \cdots, n)$,由此可以将初始的数据矩阵表示为 $X = (x_{ik})_{n \times m}$ 。

(2) 数据变换。

不同的数据往往会具有不同的量纲,在处理实际的问题时,为了使具有不同量纲的数据差别不大并具有比较意义,则需要对数据进行标准差处理变换,标准差变换是常用的变换方法之一,变换公式如下:

$$x_{ik} = \frac{x_{ik} - \overline{x_k}}{s_i}(i = 1, 2, \cdots, n; k = 1, 2, \cdots, m)$$

其中,$\overline{x_k} = \frac{1}{n}\sum_{i=1}^{n} x_{ik}, s_i = \sqrt{\frac{1}{n}\sum_{i=1}^{n} (x_{ik} - \overline{x_k})^2}$ 。

经过数据变换之后,各变量均值变为 0,标准差变为 1,且数据量纲的影响也能得以消除。

第二,得出模糊相似矩阵。

为对象集合建立模糊相似矩阵,则需要首先确定模糊相似系数 r_{ij},它表示的是对象 x_i与 x_j之间的相似程度。相似系数确定的方法较多,相关系数法是较为常用的方法。其公式如下所示。

$$r_{ij} = \frac{\sum_{k=1}^{m} \left| (x_{ik} - \overline{x_i}) \times (x_{jk} - \overline{x_j}) \right|}{\sqrt[2]{\sum_{k=1}^{m} (x_{ik} - \overline{x_i})^2 \times \sum_{k=1}^{m} (x_{jk} - \overline{x_j})^2}}$$

其中,$\overline{x_i} = \frac{1}{m}\sum_{k=1}^{m} x_{ik}$,$\overline{x_j} = \frac{1}{m}\sum_{k=1}^{m} x_{jk}$ 。

通过上式计算得到相似矩阵如下所示。

$$R=\begin{bmatrix} r_{11} & \cdots & 0 \\ \vdots & \ddots & \vdots \\ r_{n1} & \cdots & r_{nn} \end{bmatrix}$$

其中两个对象的相似程度越高，其相似系数的值越接近1。

第三，聚类分析。

聚类是对模糊相似矩阵做处理，常用的方法有模糊等价矩阵法与直接聚类法，其中，直接聚类法是根据矩阵中相似系数不断改变阈值1的大小，来进行分类，直到整个集合都成为一类的算法，其具体的步骤为：

（1）令 $\lambda_1 = 1$（r_{ij} 的最大值），得出每个 x_i 的相似类为 $[x_i]_R$，$[x_i]_R = \{x_i \mid r_{ij} = 1\}$。

该相似类由满足 $r_{ij} = 1$ 的 x_i 与 x_j 组成。若出现相似类间存在公共对象的情况，即 $[x_i]_R = \{x_i, x_k\}, [x_j]_R = \{x_j, x_k\}, [x_i]_R \cap [x_j]_R \neq \phi$。

则需要将含有公共对象的相似类进行合并，从而得到 $\lambda_1 = 1$ 时的分类结果。

（2）令 λ_2 取相似系数中的次大值，将相似系数满足 $r_{ij} = \lambda_2$ 的 x_i 与 x_j 归为一类，并将该分类结果与 $\lambda_1 = 1$ 时的分类结果进行整合，将含有公共对象的类进行合并，从而得到阈值为 λ_2 时的等价分类。

（3）依此类推，直到整个对象集都可合为一类。在对一个区域的需求点选择配送中心时，需要考虑的不能只有运输费用这一个因素，还应当包含周围地理环境、经济水平等限制条件。在此，可引用模糊聚类算法，综合考虑各约束条件的前提下对区域内的多个需求点进行模糊聚类的分析，将相似程度高的需求点归为一类，通过分析解算，将选址区域分为几个部分，再分别为这几个区域中的需求点选取配送中心。通过引入聚类法，对传统重心法只考虑距离而忽略其他对选址产生影响的因素的这一缺陷进行了改进，从而提高了选址的精确性。

5.2.3 仓库存储规划的内容

商品的存储规划是根据现有仓储设施和存储任务，对各种商品的存储在空间上做出全面安排，如对存储场所进行分配和布置、建立良好的保管秩序、对货位进行合理规划等。存储规划的任务在于把使用或者要出货的物料做保存，还要善用空间，注意存货管理。目的是物得其所，库尽其用，地尽其力。

存储规划的对象主要是货物的存储空间。存储空间是物流空间中发挥保管功能的部分，包括物理空间、潜在可利用空间、作业空间和无用空间。在进行存储空间的布置时，首先要考虑的便是储存货物的大小及其储存形态，以便提供适当的空间来满足需求，规划好大小不同的位置，来对应不同尺寸和数量货物的存放。规划的最终目的是寻求方法来提高现有可利用空间的利用率。

仓库内部的总平面区域规划，是根据现代仓库总体设计要求，在规定的范围内进行统筹规划、合理安排，最大限度地提高仓储和作业能力，降低各项仓储作业费用。仓库一般划为生产作业区、辅助作业区、行政生活区；库房存储区域可划为待检区、待处理区、不合格品隔离区、合格品存储区等。

5.3 案例企业与问题分析

北京某医药物流公司是专门从事医药物流的企业。公司一期工程于 2005 年 2 月 27 日开工进行厂房建设，2005 年 11 月投入使用。在一期工程，占地 53000m^2，14m 四层货架拥有 5000 个储位，25 部 RF 手持终端，1500 个电子标签负责 6700 多种商品，德国进口叉车 5 台，冷库 300m^3，8700m^3 储位，200m 长的自动分拣流水线。拥有自己开发的物流信息系统，同时配备 RF（射频技术）、DPS（电子标签拣货）系统，实现了进货、来货验收、入库、出库等的信息化的过程。公司现在采用 ABC 分类法对商品进行保管。二期工程将引进日本大福医药物流设备，设 8 个巷道，拥有自动分拣合流系统和快速拣选系统。有 16000 多个储位，运营面积 30000m^2，拣货时不用叉车，完全自动化。

该公司的业务情况：目前全市医疗客户达到 600 多家，主要是海淀、石景山、门头沟地区；其中三级医院开户率达到 86%，直营门店 200 多家，农村网点 200 多家。医院配送占北京市医药配送的 1/3。公司具有较强的核心竞争力。①快速反应能力，做到安全、及时、准确、高效、低成本运营。从接受订单—发货—送达，市内 4h 内送达，控制在 6h 内，但是实际一般为 4h；②集成稳定运行，在降低物流成本和运营成本的基础上，在客户可以承受的价格范围内，吸引客户；③提供优质的物流服务，满足客户的基本要求。

该医药物流公司目前已经成为国内比较先进的现代化医药物流中心，但在发展过程中，仍然面临着以下两个问题。

1. 仓库内部布局问题

作为医药物流企业，其一期工程的现代化程度相较于国内其他医药物流企业来说已经很高了，但是通过实习观察，我们认为它的一期工程还没有达到真正意义上的现代化医药物流中心。内部布局有一些不合理之处，比如仓库前半部分的验收空间稍小，并且验收区、备货区、存货区、出货区没有严格区分开，使得商品放置混杂，码放得不规则，致使日常作业受到影响。另外，设备使用也仅仅处于一般的现代化程度，很多先进的物流设备并没有被采用，这样导致相关作业效率低下、差错率高。鉴于该公司一期工程的一些不足之处，又将开始计划筹建二期工程，我们认为其二期工程规划建设与布局应该真正定位于“中国现代化的医药物流中心”，只有这样企业的后续竞争力才能有所保障。

2. 未来的选址问题

目前该物流公司在北京市拥有 4 个仓库，其中东冉村的器械库不用作储存药品，所以目前由位于石景山区的医药物流中心、位于房山区的良乡库和位于通州区的本部仓库来满足北京市内药品的配送（见图 5－2）。根据地图上的位置可以看出，东北方向缺少物流仓库布点，另外三个仓库要实现全北京市的配送所花费的路途较远，增加了许多成本。因此，应当选出北京市区其他的最适合自建或租赁仓库的地点。

图 5－2 某医药物流公司在北京的仓库地点布局

5.4 案例解决方案

5.4.1 某医药物流公司二期工程的内部规划

1. 整体布局设计

二期工程的设计本着先进性、实用性、可操作性和经济性的原则。

其中，先进性就是保证医药物流中心在该地区处于领先水平。具体体现在设计理念、管理流程、物流信息系统、条码技术、RF 技术、分拣技术等达到国际同类水平，当然先进性不是一味追求最先进的设备和高度的自动化，要考虑实用性。实用性就是充分考虑国情、行情以及公司情况，不做面子工程，在规划许可范围内最大限度利用土地资源。

如果该公司通过分析和计算发现建设自动化立体仓库的经济效益很高，那么二期工程就可以建设自动化立体仓库；如果通过分析和计算发现当前的物流量不需要建立自动化仓库，按照高架库来设计的话，担忧将来物流量增加后再建成自动化仓库又要花费巨大代价。因此经过权衡博弈，我们可以按自动化仓库设计地基和库房，按高架库来配置，将来一旦需要可以方便改建成自动化仓库。根据这一思路，其他部分设计既要考虑高架库作业，又要兼顾自动化立体仓库作业需求。虽然增加很多设计工作量但保证设计方案实用可行。

目前，该医药物流公司一期工程沿用的一期工程的 U 型设计（见图 5－3）。这种设计使得进货口和出货口在一边，在进货量和出货量很大时造成仓库前半部分堆货区域异常拥挤，影响作业效率，并且验收组也挤在前半部分那个狭窄区域，导致空间使用更加紧张。所以公司的二期工程可以考虑变换仓库整体模式，使用 I 型。这样使得进货口和出货口在仓库两边互不影响，也方便各自的相关作业（见图 5－4）。库房的 I 型设计的内部布局如图 5－5 所示。

此外，二期工程可以考虑充分利用地下空间，即设立地下仓库。将现在的输液等体积大、重量大的药品以及第三方存储的发货频率很低的货物存储在地下仓库，通过升降机或者自动堆垛机进行拣选作业，既减少部分大体积货物对地面仓储货位的占用，也通过自动化拣选重量大的药品，从而降低拣

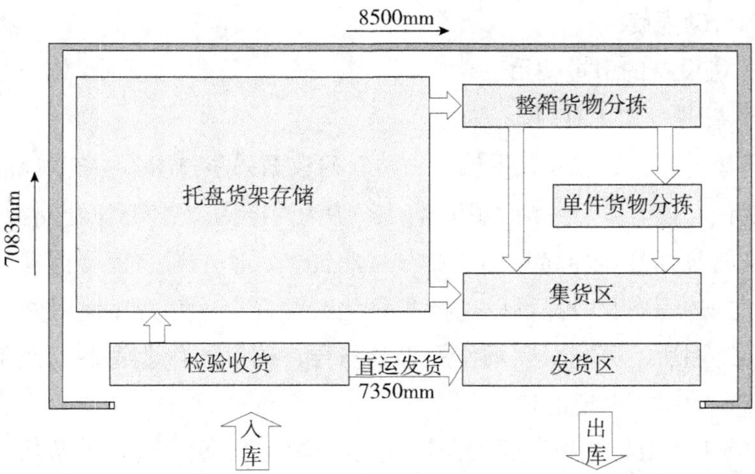

图 5－3 某医药物流公司一期工程库房内部的 U 型设计

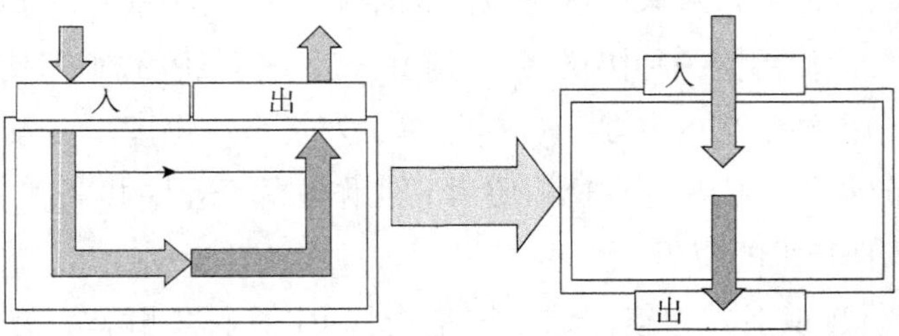

图 5－4 某医药物流公司二期工程库房内部的 U 型变为 I 型设计

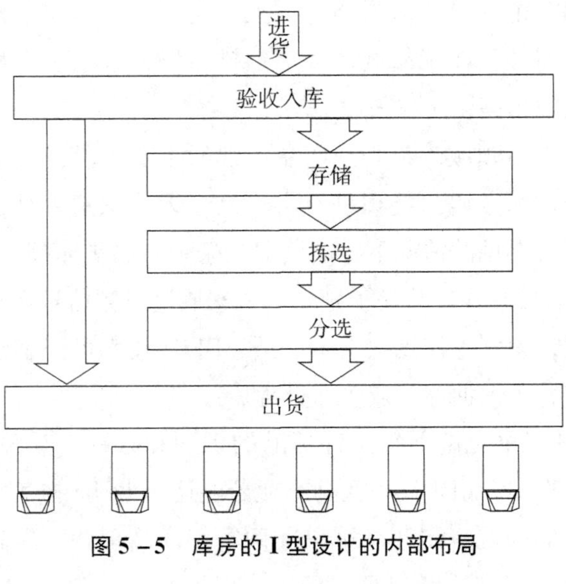

图 5－5 库房的 I 型设计的内部布局

选人员的劳动强度。

2. 先进设备的引进使用

（1）条码和 EDI 应用。

条码作为数据的载体，提供了一种新的数据采集技术，它有着准确性高、输入速度快、投入少、灵活实用的特点。使用物流条码来标识药品物流过程，其所带来的益处是显而易见的。在收货验证、入库上架、货物拆零、仓库盘点、出库拣选等作业中都可以进行条码化数据采集。尤其在使用先进的无线数据采集终端后，更能对现场作业起到指导、调度和作业管理的作用，由此来提高作业效率，保证准确。

EDI（电子数据交换）是按照协议的结构格式，将标准的经济信息，经过电子数据通信网络，在商业伙伴的电子计算机系统之间进行交换和自动处理。当整个医药供应链中有两家或两家以上的企业，彼此同意使用 EDI 作业，并互换协议书（或使用同一种协议书），定义今后进行 EDI 作业所使用的文件类别及其形式；各种信息的共享，包括订单、发货单、出库单、收货单、验收单等单据中的各种信息都将在这些使用 EDI 作业的企业中共享。

（2）RFID 技术的使用。

RFID（射频识别）库存跟踪系统是指将 RFID 标签贴在托盘、包装箱或元器件上，进行元器件规格、序列号等信息的自动存储和传递。RFID 标签能将信息传递给 10ft 范围内的射频读卡机上，使仓库和车间不再需要使用手持条码读卡器对元器件和在制品进行逐个扫描条码，这在一定程度上减少了遗漏的发生，并大幅提高了工作效率。

目前在商品流通领域，条码是产品识别的主要手段，但条码存在许多无法克服的缺点。例如条码只能识别一类产品，无法识别单品；条码是可视传播技术，必须在看得见的情况下才能读取；条码容易被撕裂、污损或脱落等。而 RFID 是一种非接触式的自动识别技术，它通过射频信号自动识别目标对象并获取相关数据，识别工作无须人工干预，RFID 技术可识别运动物体并可同时识别多个标签，不怕油渍、灰尘污染等。

RFID 能实现对供应链上每一件单品的识别和跟踪，其关键是每个 RFID 标签中都有一个唯一的识别码。医药行业若能运用 RFID 技术，将会解决许多生产和销售方面的问题。制药者可以准确掌握产品现状，提高生产效率，减少人力成本，缩短产品质量保证时间，实时监控产品制造过程的所有情况，快速应对市场，减少过期产品的数量损失。另一个是供应链的应用领域。应用 RFID 技术的供应链系统，可将库存管理准确率大幅提升至 100%，并可提高分销中心 10% ~20% 的生产力。此外，使用 RFID 技术还可以减少仓储和分销中心人力成本；有效评估需回收产品，并迅速在销售环节中找到产品；减少仿冒，实时监控库存和分销情况，减少生产周期。

（3）自动堆垛机的使用。

二期工程可以考虑使用自动堆垛机实现自动化上架以及地下仓库的自动化拣选等业务，提高工作效率。

（4）其他先进设备使用。

二期工程还可以引进自动化打印扫描条码并打印标签的验收手持终端设备，以及平置库系统、自动分类系统、自动分拣系统等其他先进物流设备。

5.4.2 某医药物流公司在北京的其他区域的布点

1. 布点设计

结合某医药物流公司在北京其他区域的现有顾客情况，我们针对北京东北区域（包括朝阳区、东城区、顺义区、密云区以及怀柔区）的大多数三甲医院、二甲医院以及较大规模的医药物流公司进行调查和数据收集。对于医院，以其日门诊量作为其月需求量的折算依据；对于医药公司，以现有同等规模的医药公司月均配送量作为类比依据，所有需求量进行标准化处理后再进行计算。经过广泛调查，共收集到 171 家潜在顾客，根据月均需求量的规模最终选出 41 家潜在顾客作为配送中心选址的参考依据。以天安门为原点建立直角坐标系，将 41 家潜在顾客的经纬度坐标转换为直角坐标系的坐标，以重心法进行建模计算。潜在顾客数据资料如表 5 - 1 所示。

表 5 - 1　　潜在顾客数据资料

序号	名称	区位	经度	纬度	x	y	标准化月均需求量
1	中日友好医院	朝阳	116.433	39.980	4.90	14.50	6.57
2	首都医科大学附属北京安贞医院	朝阳	116.409	39.979	0.81	14.28	4.18
3	首都儿科研究所附属儿童医院	朝阳	116.447	39.920	7.37	1.21	5.11

续 表

序号	名称	区位	经度	纬度	x	y	标准化月均需求量
4	首都医科大学附属北京妇产医院	朝阳	116.447	39.920	7.37	1.21	3.44
5	北京朝阳医院	朝阳	116.460	39.932	9.52	3.68	5.58
6	首都医科大学附属北京地坛医院	朝阳	116.533	40.029	21.96	25.41	2.19
7	中国医学科学院肿瘤医院	朝阳	116.453	39.879	8.43	-8.05	1.10
8	中国中医科学院望京医院	朝阳	116.480	39.988	12.96	16.20	3.19
9	北京中医药大学第三附属医院	朝阳	116.415	39.985	1.87	15.43	2.19
10	中国人民解放军第306医院	朝阳	116.386	40.001	-3.05	19.17	4.18
11	中日友好医院西区	朝阳	116.375	40.016	-5.01	22.39	0.95
12	北京市第一中西医结合医院	朝阳	116.478	39.922	12.74	1.61	1.69
13	北京朝阳中西医结合医院	朝阳	116.438	39.990	5.77	16.74	0.95
14	北京协和医院	东城	116.422	39.918	3.13	0.73	10.00
15	首都医科大学附属北京同仁医院	东城	116.424	39.909	3.37	-1.35	5.71
16	北京医院	东城	116.422	39.910	3.00	-1.09	7.17
17	首都医科大学附属北京天坛医院	东城	116.410	39.883	1.07	-7.19	7.17
18	北京中医医院	东城	116.415	39.938	1.82	5.13	7.17
19	北京军区总医院附属八一儿童医院	东城	116.437	39.936	5.64	4.66	3.44
20	北京中医药大学东直门医院	东城	116.435	39.943	5.29	6.13	3.35
21	北京市和平里医院	东城	116.420	39.965	2.69	11.10	2.27
22	陆军总医院	东城	116.436	39.937	5.49	4.77	4.68
23	首都医科大学附属北京妇产医院西院区	东城	116.411	39.926	1.15	2.49	3.44
24	顺义区医院	顺义	116.663	40.135	44.12	48.99	5.93
25	北京市顺义区中医医院	顺义	116.661	40.133	43.74	48.49	3.62

续 表

序号	名称	区位	经度	纬度	x	y	标准化月均需求量
26	顺义区肿瘤医院	顺义	116.672	40.135	45.61	48.89	0.32
27	北京顺义区空港医院	顺义	116.550	40.113	24.94	44.03	0.58
28	顺义区第三医院（牛富路）	顺义	116.661	40.215	43.81	66.78	0.58
29	顺义区第二医院	顺义	116.842	40.160	74.70	54.67	1.85
30	顺义区法医院	顺义	116.653	40.121	42.52	45.83	0.14
31	密云区医院	密云	116.875	40.380	80.08	103.37	7.80
32	北京市密云水库医院	密云	116.850	40.481	75.60	125.86	0.89
33	密云县妇幼保健院	密云	116.867	40.379	78.69	103.29	1.47
34	怀柔区第一医院	怀柔	116.637	40.320	39.60	89.94	6.76
35	怀柔区中医医院	怀柔	116.642	40.326	40.39	91.21	4.11
36	双鹤药业公司	朝阳	116.488	40.018	14.40	22.78	4.69
37	中国医药对外贸易公司销售分公司	朝阳	116.431	39.992	4.70	17.15	4.69
38	康德乐（中国）医药有限公司	朝阳	116.446	39.913	7.11	-0.52	0.07
39	北京医药股份有限公司	东城	116.415	39.948	1.81	7.41	4.69
40	华润医药商业集团有限公司	东城	116.415	39.948	1.81	7.41	5.09
41	四环药业公司	顺义	116.621	40.159	37.03	54.21	4.69

2. 重心法选址

（1）单一配送中心选址。

针对以上分析，本节使用重心法在北京市东北区域进行医药物流配送中心的选址，首先进行一个目标配送中心的选址分析。根据重心法的计算公式，通过 Matlab 得出在直角坐标系中配送中心的坐标为（5.528，7.818），经纬度为（116.4363，39.95025），如图 5-6 所示。

但是从地图标示的配送中心位置可知，该配送中心位于北京二环内，根

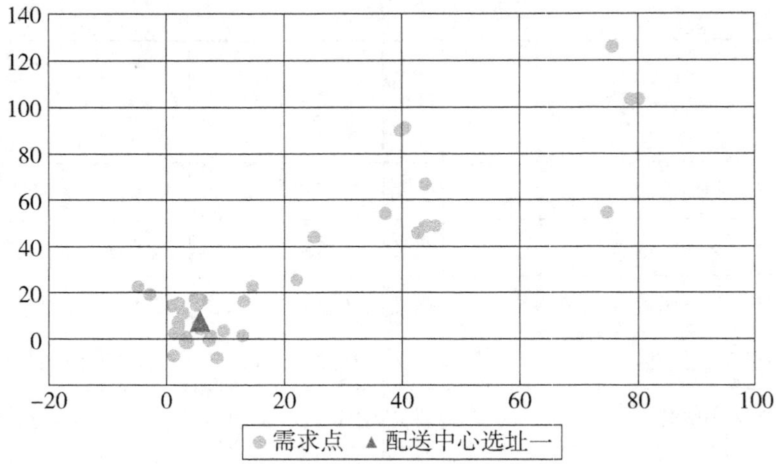

图 5-6 东北区域配送中心选址（方案一）

据《中共北京市委北京市人民政府关于全面深化改革提升城市规划建设管理水平的意见》，五环路内严禁新增建设用地。因此该方案（方案一）不可行，需要增加限制条件重新进行配送中心的选址。

方案二对配送中心的经纬度进行限制，使其位于五环与六环之间（见图 5-7）。

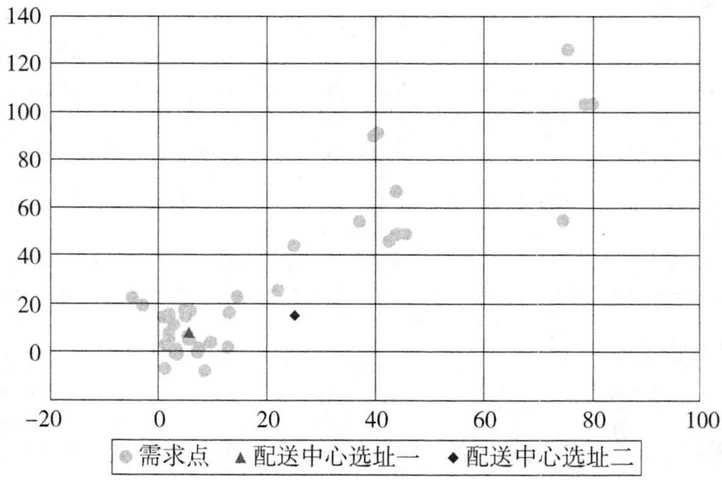

图 5-7 东北区域配送中心选址（方案二）

图 5-7 中菱形的标记点即为方案二中的配送中心待建点，其直角坐标为（25.115，14.901），经纬度为（116.55097，39.98206），在地图中进行标识

（见图 5－8）。

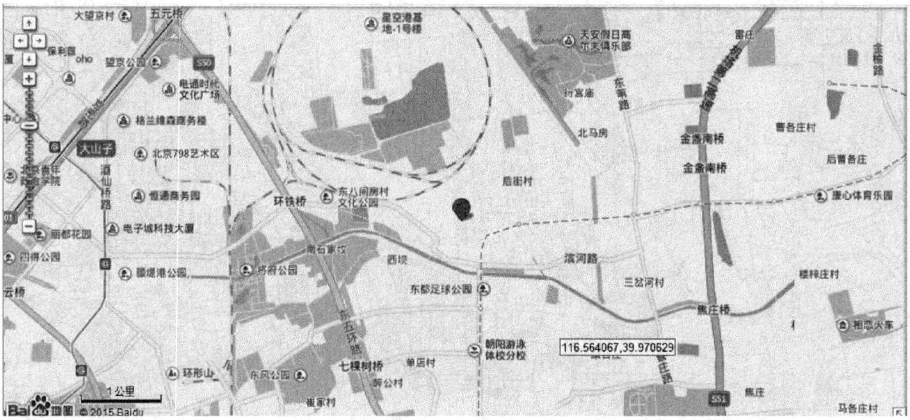

图 5－8　东北区域配送中心选址实图（方案二）

方案二中待建的医药物流配送中心位于朝阳区五环的西门街附近，该区域远离繁华的商业办公区，较为偏僻空旷，西面南面均有公路，交通较为便利。

继续将待建配送中心进行外移。方案三中配送中心外移到六环附近，改变限制条件后，选址结果如图 5－9 所示。

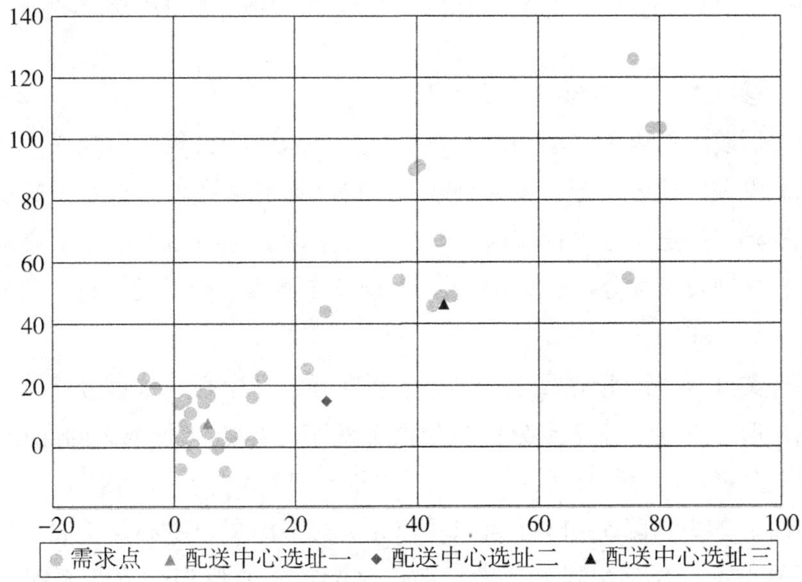

图 5－9　东北区域配送中心选址（方案三）

图5－9中黑色三角形标记点即为方案三中的配送中心待建点，其直角坐标为（44.378，46.362），经纬度为（116.66426，40.12353），在百度地图中进行标识（见图5－10）。

图5－10　东北区域配送中心选址实图（方案三）

方案三中待建的医药物流配送中心位于顺义区顺平南线和顺西南路附近，交通便利，可以发现该区域有设有京东的分拣中心，说明该地较为适合建设配送中心。

（2）多个配送中心选址分析。

三甲医院大都集中在朝阳区和东城区，分布较为密集，而顺义、密云和怀柔区医院和医药公司分布较为分散，可以考虑对潜在顾客进行配送区域划分，分别建立配送中心进行配送。本节（方案四）进行多个配送中心的选址分析。首先通过聚类分析法对现有的41家潜在顾客进行聚类分析，共分为两类（见图5－11）。

在聚类分析法得出结果的基础上分别进行配送中心的选址分析，图中黑色的三角形与正方形标记点分别为分类1的配送中心与分类2的配送中心。在地图上分别标出两个配送中心，分别如图5－12和图5－13所示。

从图5－12和图5－13中可以看出，分类1的配送中心位于北京二环以内，明显不符合政策法规的要求，因此该配送中心应当舍弃，而配送中心二位于怀柔区，符合要求，因此只保留分类2的配送中心。该配送中心北

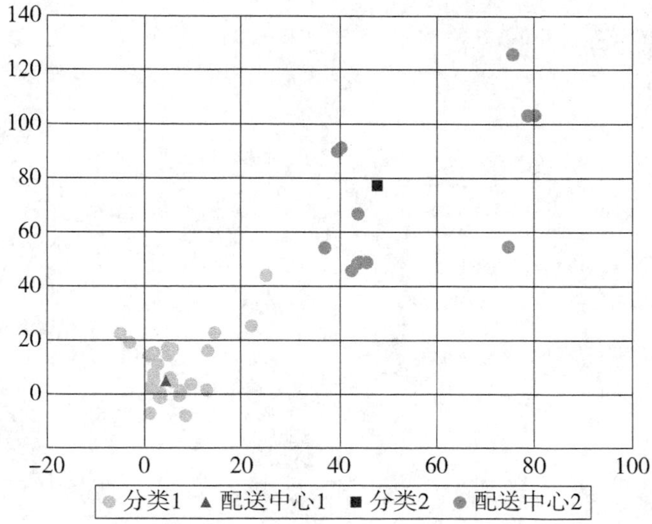

图 5－11　聚类分析结果

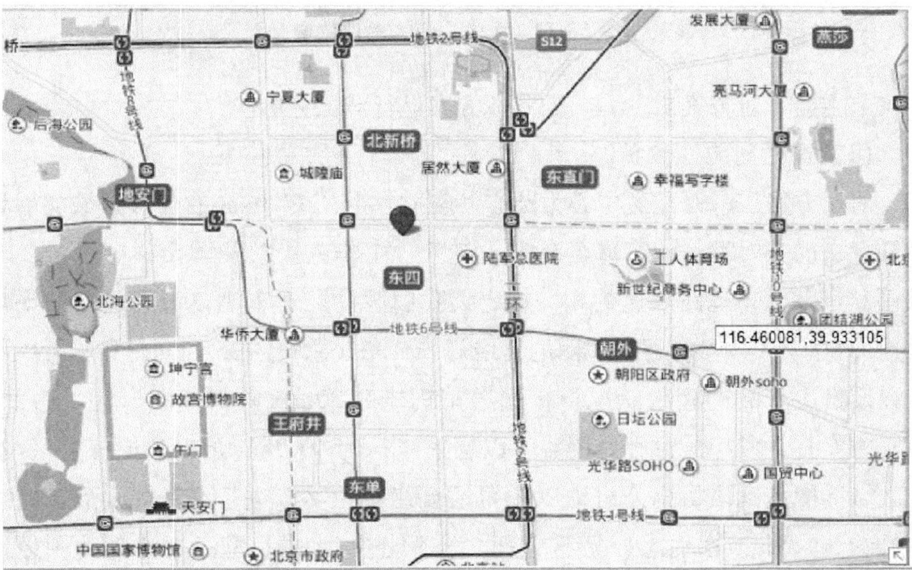

图 5－12　配送中心 1 地理位置

临京承高速，西临京沈线，交通便利，附近并无密集的居民区，适宜建设仓库。

3. 新建布点的配送时效性分析、运输成本分析和地价分析

方案一中配送中心位置不符合相关政策法规的规定，因此不多做讨论，

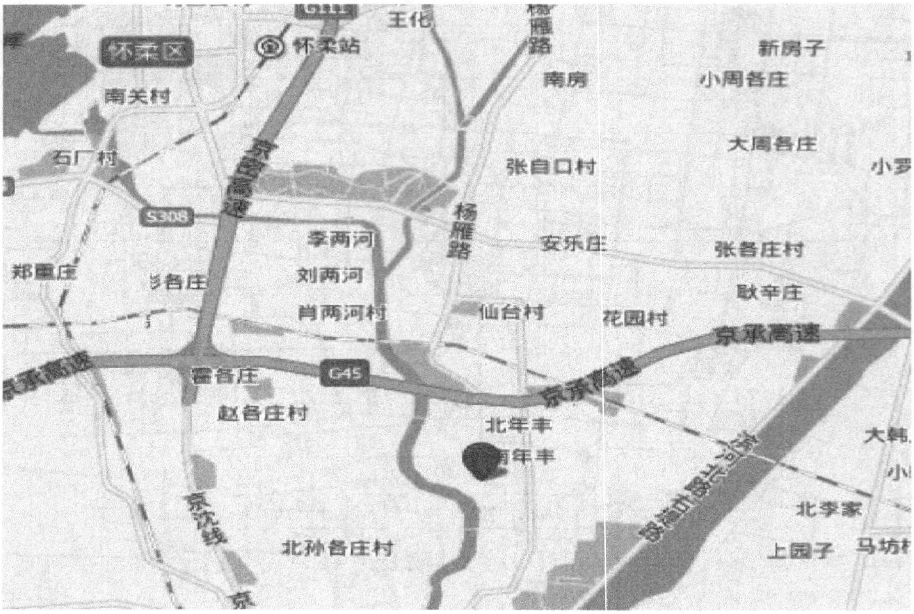

图 5－13　配送中心 2 地理位置

本小节主要针对方案二、三、四和原方案进行对比分析。

（1）配送时效性分析。

对于方案二，以配送中心为圆心，辐射为半径 14. 6km 的圆形区域能够将 60% 左右的主要潜在顾客覆盖在内。参考《中华人民共和国交通安全法实施条例》和北京市道路限速的相关规定，我们假设配送车辆在市内运输的平均时速为 60km/h，参考百度地图的路线规划，路线总长约 25. 8km。在不考虑堵车以及发生事故的理想状况下，配送车辆能在 30min 内到达圆形区域边缘；对于方案三，以配送中心为圆心，以辐射半径为 40. 7km 画出圆形覆盖区域，该区域能覆盖到该物流公司约 90% 的主要潜在顾客。进行路线规划后，路线总长约 50. 8km。在理想情况下，配送车辆能在 1h 内从配送中心到达圆形区域的边缘；同理，对于方案四，只保留一个配送中心对东北区域所有主要潜在顾客进行配送，以该配送中心为圆心，以辐射半径为 46. 9km 画出圆形覆盖区域，该区域能覆盖到该物流公司约 90% 的主要潜在顾客。进行路线规划后，路线总长约 63. 3km。在理想情况下，配送车辆 1h 左右能从配送中心到达圆形区域的边缘。

将我们规划的方案与通州区现有配送中心的配送时效进行对比，假设通过通州区现有的该物流公司本部对东北区域医院进行药品配送。以该物流公司本部为圆心，画出圆形区域覆盖东北区域90%的主要潜在顾客，辐射半径为67. 1km。进行路线规划后，配送车辆在最理想情况下能够在2h内到达密云区医院。

综上，配送时效性分析结果如表5－2所示：可以看出，原有方案与其他方案相比时效性较低。

表5－2　　配送时效性分析结果

方案编号	时效性（min）
方案二	30
方案三	60
方案四	60
原有方案	120

（2）运输成本分析。

假设运输费率为1，我们对各方案进行了总运输成本估算和比较（见表5－3）。其中总运输成本仅考虑运费，不考虑固定资产投资。

表5－3　　运输成本分析结果

选址方案	总运输成本（元）
方案二	5354. 68
方案三	7821. 074
方案四	10627. 28
原有方案	7820. 62

从运输成本角度分析，若配送中心建在朝阳区外围（即方案二），其总运输成本为5354. 68元，相较于其他方案有较明显的优势。对比方案三（顺义），方案四（怀柔）与原有方案（通州）可以发现，新建仓库在运输成本上并无优势。

（3）地价分析。

根据两个备选方案点的坐标，我们可以在地图中标出它们的具体位置，并根据土地成交数据中土地价格进行价格的估计。

如图 5－14 所示，与备选方案 2 较为接近的成交土地位于朝阳区驼房营路和东坝南区，成交记录与结果 1，如表 5－4 所示。

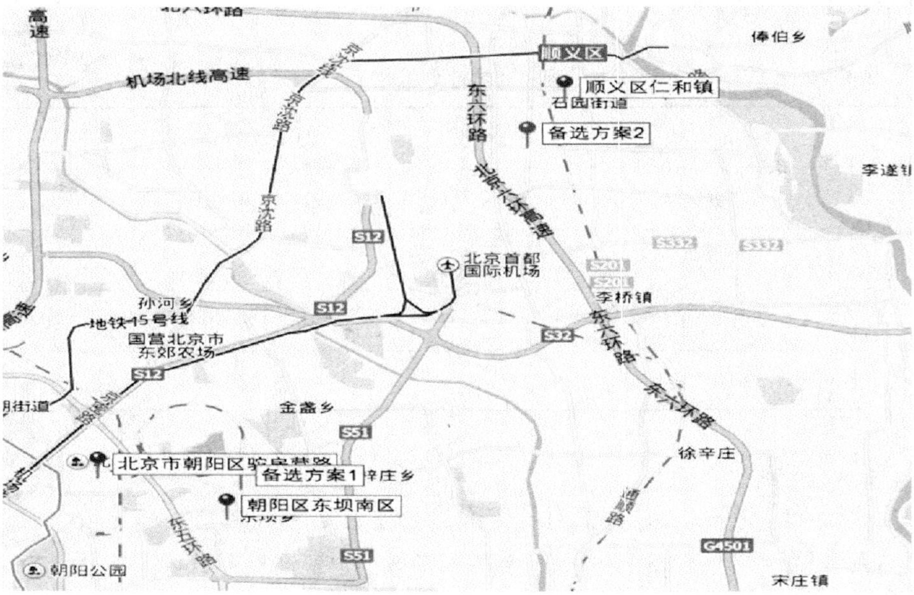

图 5－14　备选点 2 和 3 地图标识

表 5－4　　成交记录与结果 1

地区	信息	总面积（m^2）	成交价（元）	成交均价（元/m^2）	成交时间
朝阳区	朝阳区将台乡驼房营村 1016－34、36、40、41 地块	61023	5135000000	84148.5997	2016 年 2 月
朝阳区	朝阳区东坝南区 1106－657 地块住宅混合地块	63913	2940000000	45999.9305	2015 年 9 月

与备选方案 3 较为接近的成交土地位于顺义区仁和镇，成交记录与结果 2，如表 5－5 所示。

表 5 –5　　　　成交记录与结果 2

地区	信息	总面积（m²）	成交价（元）	成交均价（元/m²）	成交时间
顺义区	顺义区仁和镇 SY00 – 0005 – 6001 等地块	257784	2647500000	10270. 2262	2015 年 11 月
顺义区	顺义区仁和镇 4 – 073F3 其他类多功能用地	76564	750000000	9795. 7110	2015 年 2 月

如图 5 – 15 所示，与备选方案 4 较为接近的成交土地位于怀柔区怀柔新城，成交记录与结果 3，如表 5 – 6 所示。

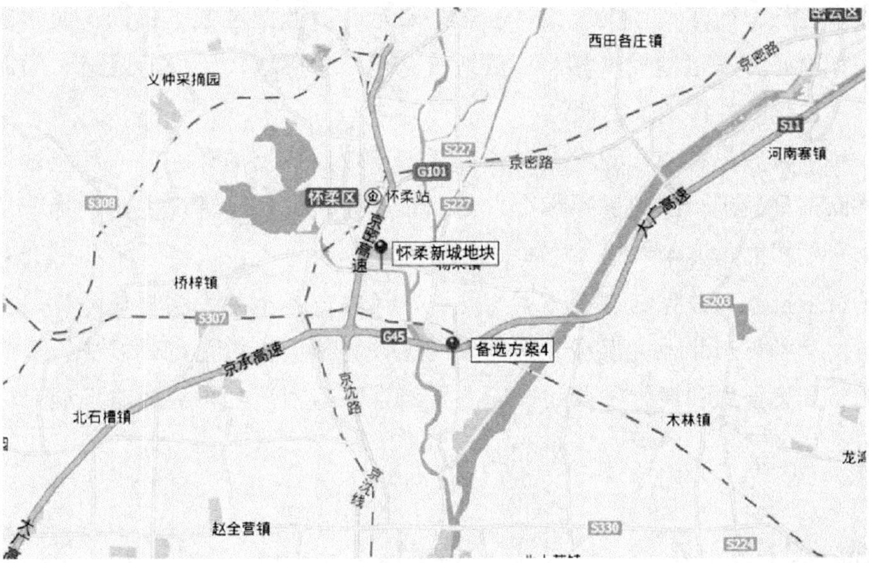

图 5 – 15　备选点 4 地图标识

表 5 –6　　　　成交记录与结果 3

地区	信息	总面积（m²）	成交价（元）	成交均价（元/m²）	成交时间
怀柔区	怀柔区怀柔新城 13 街区 HR00 – 0013 – 6005 地块	44701	224000000	5011. 0735	2015 年 12 月

注：数据来源于中国指数研究院——土地数据。

根据以上信息可估计备选方案点 2 的地价为 65074.3 元/m^2，备选方案点 3 的地价为 10032.97 元/m^2，备选方案点 4 的地价约为 5011.0735 元/m^2。因此从地价角度进行分析，方案 4 的仓库新建成本较低。

5.5 案例结论

通过选址建模，我们发现如果要在东北区域新增配送中心，那么新建一个配送中心是最为合适的，且该配送中心应当建在五环外围。将这些方案与现有方案进行对比，从时效性角度来说，原有方案与其他方案相比时效性较低，将配送中心建在朝阳区外围配送时间最短，建在顺义区和怀柔区差别不大；从运输成本角度来说，因为建在朝阳区的配送中心离客户最近，因此运输成本最低，而建在怀柔区离目标客户最远，因此配送成本最高，而建在顺义区和原有方案运输成本相当；从地价来说，朝阳区离市中心最近，因此地价最高，越往外围地价越低。

每个方案都有各自的优点与缺点，由于效益背反的存在，不可能做到每个方面都是最优，因此需要综合权衡，结合公司的实际情况做出选择。从公司未来发展的角度来考虑，在东北区域新建配送中心，虽然在短期上会有较大的资金投入，并且与现有方案相比，在运输成本上并无明显优势，但长远来看，有利于东北地区潜在顾客的发掘，并为他们提供更好的服务，提高公司的市场竞争力和地位。因此选址需要结合医药物流公司的战略发展目标来决定。

5.6 课后思考

仓库货位规划以及存储策略是仓库管理当中的重要一环，关乎前期的规划和未来的仓储运营效率。合理规划仓库的储存库位，对未来库位进行科学规划，给企业带来的不仅是工作效率的提高，更是企业规范化管理的体现。本案例中的企业在建立新库时，应注意克服旧库中规划不合理的地方，对库区空间和设施进行更为合理的布局和设计，才能够提高平面和空间的利用率，增加效益，降低成本。另外，仓库的选址要考虑多方因素，权衡各方因素和条件，才能制定出合理的规划战略。现代化的新仓库应包含自动化、信息化、智能化方面，因此要引进自动化设备、人工智能技术，加强仓库信息网络建设，这样才能提供高质量的仓储服务，准确、快捷、高效地满足企业和顾客的多方需求。

根据以上案例，思考以下问题：

（1）建立新的仓库，一定要建立自动化立体库吗？为什么？

（2）本案例中的二期库房所提出的规划布局，你认为还有什么问题？

（3）试对案例中的该公司北京地区布点的选址步骤进行阐述。库房的选址方法还有哪些？

6 某医药物流企业冷链包装系统的建立

6.1 医药冷链及包装的有关规定

医药冷链是指为满足人们疾病预防、诊断和治疗的目的而进行的冷藏药品实体从生产者到使用者之间的一项系统工程，包括其生产、运输、储存、使用等一系列环节。药品质量安全是关系国计民生的大事，建立完善的药品冷链物流体系具有重要意义。

商务部在 2011 年 5 月 5 日出台了《全国药品流通行业发展规划纲要(2011—2015 年)》，对医药冷链制定了以下标准。

1. 基本要求

（1）需冷藏的药品从生产企业成品库到使用单位药品库的温度应始终控制在规定范围内。

（2）应采用信息技术和设施，提供温度监控记录，确保冷藏药品在物流过程中温度的可跟踪和可追溯。

（3）应制定确保温度要求的管理制度及温度异常应急处理预案。

（4）需要委托运输冷藏药品的单位，应对委托方的冷链资质进行严格审核合格后，签订合同，合同中明确提出药品在贮存运输和配送过程中的温度要求。

2. 冷藏药品的收货、验收

（1）冷藏药品的收货区应根据药品说明书上规定的贮存温度要求而设置在相应的温度条件下，不得置于阳光直射、热源设备附近或其他可能会提升周围环境温度的位置。

（2）收货时收货方应用温度探测器检测药品及环境温度。

（3）冷藏药品收货时，收货方应索取运输交接单，做好实时温度记录，并签字确认。有多个交接环节，每个交接环节的收货方都要签收交接单。

（4）冷藏药品的验收、收货、转移到待检区应根据药品说明书上规定的贮存温度要求在相应的温度条件下进行。

（5）对退回的药品，接收企业应视同收货，严格按以上收货环节（1）～（4）步进行操作，并做好相关记录，必要时送检验部门检验。退货方应提供药品贮存温度记录证明。疫苗不能退货。

（6）冷藏药品的收货、验收记录应保存至超过冷藏药品有效期1年以备查，记录至少保留3年。疫苗的收货、验收记录应保存至超过冷藏药品有效期2年以备查，记录至少保留3年。

3. 冷藏药品的贮存、养护

（1）冷藏药品贮存的温度应符合冷藏药品说明书上规定的贮存温度要求，未标识具体温度要求的，按冷处2℃～10℃，冷冻－25℃～－10℃的条件贮存。

（2）贮存冷藏药品时应按冷藏药品的批号堆码，不同批号的冷藏药品不得混垛。垛间距不小于5cm，与仓间墙、柱、温湿度调控设备及管道的设备间距不小于30cm，与地面的间距不小于10cm。

（3）在库冷藏药品按质量状态实行色标管理，其统一标准是：待验冷藏药品库（区）、退货冷藏药品库（区）为黄色；合格冷藏药品库（区）、待发冷藏药品库（区）为绿色；不合格冷藏药品库（区）为红色。

（4）冷藏药品应进行在库养护检查并记录。发现质量异常，应先行隔离，暂停发货，做好记录，及时送检验部门检验，并根据检验结果处理。

（5）养护记录应保存至超过冷藏药品有效期1年以备查，记录至少保留3年。疫苗的养护记录应保存至超过冷藏药品有效期2年以备查，记录至少保留3年。

（6）冷藏药品贮存库应根据验证结果配置温度记录设备。

4. 冷藏药品的运输与包装

2013年6月1日施行的《药品经营质量管理规范》（GSP）中，对药品的运输物流环节提出了明确的规定：①医用保温箱必须具有实时监测和记录箱体内温度的功能；②温度数据能够在箱体外部显示；③可以根据要求导出数据。

GSP还要求实行不间断冷链控制管理。即在药品的储存、出库、运输、入库直至销售过程中，全程实施冷链控制，并且要有完整的记录。通常，药品生产企业与经营企业通过采用专用的冷链设施和流程来保证上述环节的冷链温度，常用的冷链设备包括冷库、保温箱、冷藏车、冰柜等。对于这些冷链设施的验证是确保冷链药品能够始终符合温度控制要求的基本前提。在《药品冷链保温箱通用规范》中，将药品冷链保温箱定义为：在冷藏药品运输中，用于装载冷藏药品并控制和监测其在物流过程中温度的蓄冷式箱的统称，主要由冷热媒（蓄冷剂）、保温箱本体和温度监测设备3部分组成。

GSP中对冷链保温箱提出了3方面的重点要求。①第2条：冷藏箱、保温箱具有良好的保温性能；冷藏箱具有自动调控温度的功能，保温箱配备蓄冷剂以及与药品隔离的装置。②第7条：冷藏、冷冻药品运输过程中，应当实时采集、记录、传送冷藏车、冷藏箱或保温箱内的温度数据。运输过程中温度超出规定范围时，温湿度自动监测系统应当实时发出报警指令，由相关人员查明原因，及时采取有效措施进行调控。③第8条：使用冷藏箱、保温箱运送冷藏药品的，应当按照经过验证的标准操作规程，进行药品包装和装箱操作。

冷链保温箱在整个物流过程中，内部的温度数据应当进行实时采集、记录、传送，如果出现超出范围的情况，要求自动监控系统实时发出警报，提醒相关人员及时采取有效措施，确保药品在整个物流过程中的安全和质量。通常采用的形式是冷链保温箱监控信息系统，其主要包括实时监控仪（多功能监控仪、RFID和记录仪等）、温湿度显示、异常报警、保温箱在运输过程中的状态等信息。

图6－1和6－2所示的分别是医药冷库常用的保温箱类型。

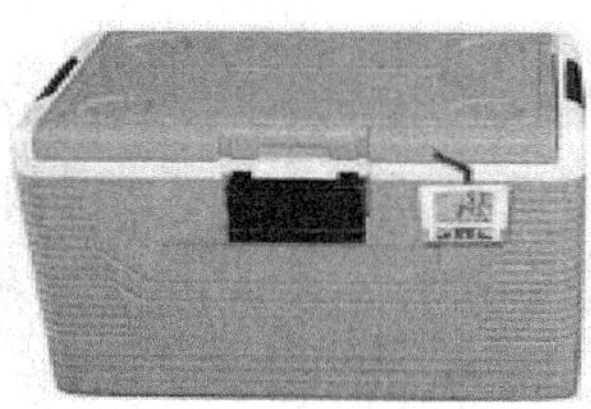

图6－1　医用保温箱
(750mm×750mm)

图6－2　冷链保温箱
(250mm×250mm)

6.2 案例主体分析

6.2.1 企业的冷库情况

某医药物流企业拥有北京最先进的药品冷链系统，冷库面积达 2000m^2。其医药库房共有三期：一期库房是为生产性企业提供服务，它的作用是以整托为主，箱拣为辅，对存储能力要求非常高，产品的特点是大批量、小拨次的，为此一期库房还新增了穿梭货架；二期库房为以经营企业箱拣为主、零拣为辅的客户提供服务；三期库房为以零拣为主、箱拣为辅的客户（如连锁门店）服务，同时结合医改的一些新政策，把服务延伸到医疗单位。

其冷库共有 7 个库区，一个缓冲区和一个装卸区。缓冲区和装卸区的温度控制范围皆为 2℃ ~8℃，两个区域垂直分布，由一个可以上下移动的隔离门分开。缓冲区用于保温箱的包装工作，包装完成的保温箱放置于该区，等待出货。装卸区用于药品的出库和入库作业，将外界和冷库隔离，缓解外界温度对冷库的影响。

冷链运输工具主要为冷藏车、保温箱、冷藏箱运输。其中，冷藏箱由于过重，没有被采用，小规模的冷链运输主要采用保温箱。保温箱的包装方案一般分为春夏两方案，不同的药品形状需要采用不同的保温箱。保温箱的温度由冰排来调节，冰排主要分为深冷冰排和浅冷冰排两种。通过控制两种冰排的数量来调节保温箱的温度，使保温箱能够在 48h 内将温度控制在目标范围内。

6.2.2 冷链包装的流程问题

目前，该医药物流企业的冷链包装主要依靠人工操作。包装业务的流程是：首先，在包装之前，要提前准备好已经预冷 3 天、释冷 60min 的冰排，客户提供的药箱、保温箱等；其次，操作人员将药箱拼好，把药品放入药箱，并将药箱放入塑料袋，用胶带粘好；再次，依据方案在保温箱中放入底部冰排，并把包好的药箱放入保温箱，随后将方案指定的冰排插入四周相应位置或放在顶部；最后，盖上保温箱，决定是否放温度表，用胶带封好，并贴上标签。

就目前的流程来看，操作检验过程主要依靠人工，包装过程和结果的监管缺乏系统性管理，主要体现出的问题包括冰排的预冷、释冷的时间和使用的时限缺少管理，以及冰排的放置不符合方案规定。

通过观察研究，我们认为：对冰排的预冷、释冷的时间和使用时限的管理，可以通过在冰排进入冰库预冷、出库开始释冷以及使用时限这三个时间点进行状态的改变和时间的记录及计算进行系统化管理；而如何验证冰排的放置是否符合方案规定这方面比较困难。因此我们主要针对如何验证冰排的放置是否符合方案规定进行了流程设计。通过充分了解该企业冷链包装系统的需求，对包装过程进行优化，重点对如何验证冰排的放置是否符合方案规定进行改善。研究过程参考相关公司的经验，结合该企业的实际情况，以及合理地对冰排进行放置，为其正在研究的冷链包装系统提出对策建议。

6.3 冷链包装系统的方案

6.3.1 冷链包装系统新流程

我们进行了实地调研，进入冷库对操作人员的工作进行跟踪观察，调查现有工作流程及其辅助系统以及对操作人员的包装过程进行近距离观察；结合该医药物流企业实际情况对包装过程进行分析，提出新的冷链包装系统流程，如图6－3所示。

6.3.2 冷链包装系统流程说明

1. 保温箱准备流程

（1）订单波次确定：以保温箱为单位将包装订单任务细分成多个子任务，同时确定各子任务的包装方案，并按顺序完成。

（2）匹配保温箱，通知取箱：按已分配子任务确定保温箱顺序，并设置一定的子任务间隔时间，通知相关作业人员取保温箱。注意保温箱按其电子标签信息分类存放。

（3）扫描保温箱箱码并确认包装任务：取箱后，自动扫描保温箱箱码，并与数据库已有的包装任务信息进行保温箱与包装任务的匹配确认。

（4）包装任务分配至各作业区：包装任务确认后，系统自动将该保温箱

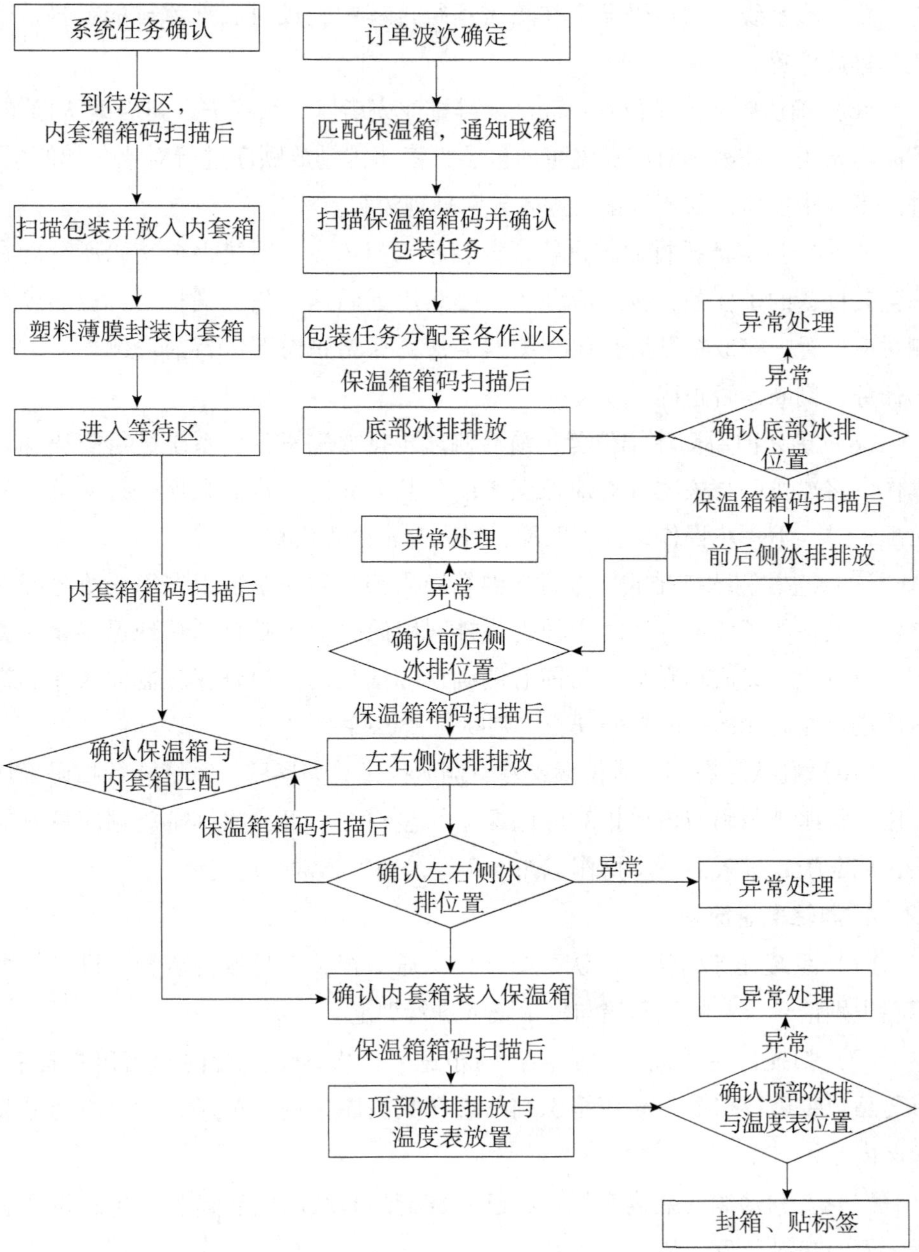

图6－3　新的冷链包装系统流程

各子任务分配至相应作业区域的设备控制系统。注意长边与流水线平行。

（5）底部冰排排放：进行保温箱箱码扫描后，系统根据箱码所分配在该包装设备的子任务，将对应种类冰排利用低温速干黏合剂粘到保温箱底部对应位置。流水线上的扫码器会在箱子运行过程中完成对底部冰排的扫描，确认其排放位置。

（6）确认底部冰排位置：底部冰排排放完毕后，系统进行扫码确认操作。将冰排条码与该冰排对应保温箱的包装方案冰排排放顺序进行对比，如匹配，进入下一步操作，如不匹配，进入异常处理流程。

（7）前后侧冰排排放：进行保温箱箱码扫描后，系统根据箱码所分配在该包装设备的子任务，将对应种类冰排利用低温速干黏合剂粘到保温箱前后侧对应位置。完成粘贴后扫码探测器会伸入保温箱内部进行前后侧冰排的扫码任务，判断是否正确。

（8）确认前后侧冰排位置：前后侧冰排排放完毕后，系统进行扫码确认操作。将冰排码与该冰排对应保温箱的包装方案冰排排放顺序进行对比，如匹配，进入下一步操作，如不匹配，进入异常处理流程。

（9）左右侧冰排排放：进行保温箱箱码扫描后，系统根据箱码所分配在该包装设备的子任务，将对应种类冰排利用低温速干黏合剂粘到保温箱左右侧对应位置。完成粘贴后，与前后侧确认方法相同，扫码探测器伸入保温箱内部进行左右侧冰排的扫码任务，判断是否正确。

（10）确认左右侧冰排位置：左右侧冰排排放完毕后，系统进行扫码确认操作。将冰排条码与该冰排对应保温箱的包装方案里的冰排排放顺序进行对比，如匹配，进入下一步操作，如不匹配，进入异常处理流程。

2. 药箱准备流程

（1）系统任务确认：确认系统任务，通知相关人员取内套箱，设备粘贴标签识别信息，并将该药箱与订单任务进行绑定。

（2）扫描包装并放入内套箱：药箱进入待发区，进行内套箱码扫描后，将药品包装进行扫描并与药箱识别信息在数据库中进行配对，将对应药品装入该内套箱。

（3）塑料薄膜封装内套箱：将已完成药品装载的内套箱利用包装设备进行全面的塑料薄膜封装。

（4）进入等待区：将已完成包装的药箱派发到内套箱的等待区，等待与保温箱进行下一步匹配。

3. 合并处理流程

（1）确认保温箱与内套箱匹配：将保温箱与内套箱分别进行箱码扫描，

根据订单任务与数据库信息，确认两箱对应后放置在一起。

（2）确认内套箱装入保温箱：将内套箱放入对应保温箱内，并确认保温箱有内容物。

（3）顶部冰排排放与温度表放置：进行保温箱箱码扫描后，系统根据箱码所分配在该包装设备的子任务，将对应种类冰排利用低温速干黏合剂粘到保温箱顶部对应位置。流水线上的扫码器会在箱子运行过程中完成对顶部冰排的扫描，确认其排放位置。此后，在封箱前，将温度表放入箱内表槽。

（4）确认顶部冰排与温度表位置：顶部冰排与温度表完毕后，确认温度表已放置完成。系统进行扫码确认操作。将冰排条码与该冰排对应保温箱的包装方案冰排排放顺序进行对比，如匹配，进入下一步操作，如不匹配，进入异常处理流程。

（5）封箱、贴标签：系统进行最终封箱操作，自动粘贴标签，并将该识别信息反馈到数据库，确认订单任务终止。

6.4 案例结论

6.4.1 结论及不足

目前所设计的方案不能在短时间内投入使用，需要一段时间的器械准备、人员培训、系统开发、流程检验等步骤。如果公司需要一个能在非常短的时间内可以解决控制冰排放置问题的方案，那么我们所设计的方案可能会无法达到这个要求。

而且，在没有测试的情况下，我们不能确定此流水线的工作效率，也许在模拟测试后会发现流水线的效率并不比纯人工的效率高，甚至更慢，那么我们就需要考虑此方案的合理性。但是现在由于条件限制，我们不能确定二者之间谁的效率比较高，因此我们姑且认为此方案是可行的。

6.4.2 建议

控制冰排放置位置有两种方法，一是人工放置冰排，用机器检验与系统进行方案对比；二是直接用机器进行冰排的放置，节省检验的步骤。这二者都有各自的优缺点。第一种方法的优点是机器的投入资金较少，成本低；缺点是流水线的效率不确定，可能比人工效率低。第二种方法的优点是效率较流水线快，并且出错率比人工放置机器检验还要低；缺点则是机器的投入成本高，并且安置时间长，在安置期间的机会成本可能会非常高。所以该公司最终采取哪种方法优化其包装方案的控制，还得根据其实际情况进行实际判断，保证方案的可实施性。

6.5 课后思考

冷链包装系统流程，是医药仓库冷链业务流程的重要部分。目前许多医药仓库的包装流程都是人工进行的。也有一些先进的医药物流企业，采用新的技术优化，以减少人员操作。比如使用信息化手段，解决冰排冻制、冰排出库、冰排释冷、设置包装方案、装箱等各个环节的信息记录、操作管控问题。企业通常在现有的条件下权衡利弊，选择降低操作成本，同时又要保证质量的方案。

根据以上案例，思考以下问题：

（1）对本案例中的冷链包装系统的流程进行简单描述。

（2）本案例的冷链包装系统的方案，存在哪些问题？如何解决？

（3）试比较一下冷链包装的人工操作和系统化管理两者的利弊。

7 考虑风险的监管人员分配和设置——以某医药物流仓库区为例

7.1 案例相关的人员规定

我国作为医药需求大国，医药流通一直以来都是一个很大的问题。在仓储和配送过程中，既要保证医药的安全性和及时性，也要降低医药的物流成本。因此，药物的管理以及管理人员或监管人员的责任和素质都非常重要。药品监督管理是指药品监督管理行政机关依照法律法规的授权，依据相关法律法规的规定，对药品的研制、生产、流通和使用环节进行管理的过程。以下是我国的医疗或医药部门保管人员以及监督人员的一些规定细则。

根据《医疗机构管理条例》《医疗机构管理条例实施细则》《中华人民共和国药品管理法》及《中华人民共和国药品管理法实施条例》等法律法规制定，人员管理方面的规定如下。

从事药品质量管理、购进、验收、保管、调配的工作人员应接受药事法律法规及专业知识培训，并建立个人档案。直接接触药品的人员，每年应当在药品监督管理部门制定的医疗机构或者疾病预防控制机构进行健康体检，并建立健康档案。

以下是医院药库的药品保管人员工作职责。

(1) 由药师（士）以上职称人员担任，遵守和执行本部门的工作规程、规章制度和职业道德守则，熟悉药品的性状及相关知识，在部门负责人领导下工作。

(2) 药品入库：与采购人员共同做好入库验收工作，验收项目包括品名、规格、数量、批号、效期、外观质量、包装、价格、批准文号、注册商标等，验收合格方可入库。

(3) 办理入库登记、入账或输入计算机管理系统，入库药品应及时定位，合理码放，杜绝凌乱，必要时建立货位卡。

（4）药品发放：按单发放，保证药品账物相符，发放实行先进先出、发陈储新的原则，保证药品质量。特殊药品的入库验收与发放，严格执行有关规定，及时做好出入库记录。药品每月盘存一次，盘点后账物相符率达 100%。

（5）按规定保证库房药品贮存要求，合理控制库存，防止药品变质、失效、过期、霉烂、虫蛀等，定期检查各种养护设施，确保正常运转。

（6）参加继续医学教育和业务学习，提高自身素质和工作能力，做好实习生和进修生的带教工作。

（7）加强本部门安保工作。

以下是某医药物流企业的药品保管人员的岗位职责。

（1）负责协助保管主管日常管理工作，完成商品日常发货、配送等相关工作任务。

（2）按照 GSP 要求，做好药品的质量管理工作，并做好质量养护记录。

（3）负责到待验区复核已经验收入库商品，协助验收员将商品拉到相关库区，并及时做好商品入库、退库商品上架工作。

（4）做好所负责区域的卫生清洁工作。

（5）负责与物流公司送货员（司机）做好货物、单据的交接工作。

（6）负责非工作时间的值班工作及供应商来货收货工作。

（7）负责协助财务部做好仓库实物盘点工作，保证票、账、货相符。

（8）负责与公司各个部门及本部门各岗位的沟通协调工作，了解部门的综合资源，合理与高效利用各种资源完成工作任务。

（9）严格保守公司经营机密、情报，保证公司经营信息安全。

（10）完成公司或部门交办的其他工作。

目前，医药仓库的管理人员的责任和义务在扩大，他们不仅要对日常药品进行科学养护和账户管理，还要协调各方面关系，即医药流通中的安全问题以及企业间的衔接问题也不容忽视。比如，由于一些药厂在刚开始与医药物流企业合作时，并不是所有厂家都按照物流企业的规则合作，即便有了 WMS（仓库管理系统）也不能完全解决药品的进出量问题。对于不满足 WMS 的货物，需要物流企业的仓库管理人员与药厂等合作单位一同处理。这些就都涉及药品的安全和企业的利润和风险。在这种情况下，仓库管理人员变成了监管人员，他们的数量、素质和能力就变得非常重要，因为这些都影响着药品物流企业的运作和利润等多方面因素。

7.2 案例问题的提出

某医药物流企业是同行业规模较大、现代化程度较高的专业医药物流配送中心，同时也是全国最早通过 GSP 认证的专业第三方医药物流企业之一，是北京市最早具有第三方药品配送资质的企业之一。物流中心占地 5.3 万平方米，总储位 3.9 万个，日出入库箱数超过 30000 箱，年配送能力 90 亿元。物流中心引进整套物流运营设备，仓库实现了 WMS 管理，与发达国家专业物流管理实现同步。配备 24m 高的自动化立体仓库，拥有 8 个巷道，拥有 15000 个含电子标签的零拣选货位、20 多台 RF（射频）无线手持终端等先进物流设备，实现自动分拣合流、快速拣选，库内作业无纸化，全程网上处理。

7.2.1 公司监管人员的责任和能力

该医药物流企业仓库药品监管人员的具体职责内容如下。

1. 仓储管理

对物料收发存管理的检查；完成月度物料盘点、年度清仓查库工作；对仓库进行监督，落实到相关岗位，做好物料保值以及仓储的各项工作。

2. 质量管理

严格按照质量检验标准，加强对入库物料的质量控制，杜绝质量不合格产品入库。

3. 统计专业工作

每月特定日期前完成上月主要物料的收发存统计上报工作；组织对统计专业的各项统计数据进行检查审核。

4. 调度专业工作

每月特定日期前完成上月运杂费使用情况的统计上报工作，按运杂费使用计划指标严格控制，杜绝不合理费用的发生；按专业下达的送检时间组织将计量器具送计控室检验，保证所使用的计量器具符合标准要求。

5. 财务管理

按财务要求的转账时限组织将应转账的各种单据及时分检汇总转出，严格控制本单位材料消耗。

该企业仓库药品监管人员的能力有以下几点。

1. 岗位适应能力

岗位适应能力是企业监管人员的适应能力。它包括监管人员的库存安全意识、货物的价值认知程度、库存的盘点等技能。

2. 监管与控制能力

监管与控制能力是仓库监管人员在作业组织过程中向货物的出库与入库进行盘查的能力，防止货物随意流入、流出；防止货物数量有误。

3. 风险控制能力

风险控制能力是监管人员建立和完善安全事故防治体系的能力，以及对仓库全方位管理控制的能力。其内容是通过对各种可能的风险进行测评、定位、定责和管理控制，保证货物安全的管控方式方法。通过对各种事故风险辨识、评估、定位、定责和风险库建设，执行风险管控措施，以保证企业的各种风险处于可控、能控和在控之中（主要使货物保持安全，仓库不出现事故；数量质量方面的全面掌控等）。

7.2.2 仓库监管人员问题

1. 监管人员问题的引入

虽然该企业的 WMS 可以提供很多服务，但也面临很大问题。最主要的问题是在物流监管仓库中，合作的医药企业水平参差不齐，难以进行统一管理，有的医药企业不能完全结合 WMS。同时，对上游药厂的原有客户关系网络依赖较大，缺乏仓储资源选择与整合的话语权。有的药品厂商不完全按照该企业的 WMS 的流程操作，因此该企业需要额外的监管人员来进行调整。以包装问题为例，由于多数药厂认为物流企业不是货权方，在合作过程中不配合物流企业方提出的货物包装标准化的要求，甚至并不配合物流企业的现代化管理。许多供货方都未按协议要求进行货物包装处理，甚至存在采用快递包装箱等情况，造成该物流企业日常盘点、货权辨认等监管工作很难实行。因此，药品的出库量和入库量很容易由于包装的破坏而出现纰漏。当药品进行转入或转出时，该物流企业并不能仅仅依靠完全的自动分拣统计出真实数量。这意味着该物流企业时刻处于风险之中。该企业必须派出员工对仓库的货物进行直接监管，还要和合作方处理额外的问题，否则影响企业的直接利益。

2. 仓库人员的具体问题

出于对药品的重视，该企业必须要派送相应的监管人员去各厂进行监督。而人员问题也存在着新的困境。企业目前存在的员工问题，既有目前的员工稀缺问题，又有是否具有监管能力的问题，还有配合企业战略的长远员工分配问题。仓库监管人员工作的多样化、协调能力也大大增加。因此，在设定相关的监管人员之前，一定要设立相关的契约，规定监管人员的权力，让监管人员可以正确地对仓库的货物进行盘点、整合、监管，并能及时反映问题。

归根结底，现在的问题主要是该企业仓库管理人才的问题。由于企业承受着较高的风险，如何降低风险是首要的任务。而仓库管理人员扮演了一个监管者的角色，这也是保证企业安全、降低企业药品风险重要的一点；另外，人力资源是企业竞争优势的重要来源，企业能不能有长远的发展也取决于员工的能力。只有不断地提高企业的人力资源，才可以获得竞争的优势以及企业的稳定。

3. 仓库监管人员与风险的关系

仓库是药品储备中心和集散地，而仓库监管人员主要负责监管药品的进出量以及库存的安全程度，在整个监管工作中具有举足轻重的地位。药品具有种类多、数量大、流动快、类别复杂的特点，因此监管人员的任务十分繁重。人员数量配置是否合理直接影响仓库的管理效率以及货物的完好程度。如果监管任务重，而人员数量少，一方面完成任务的时间难以保证，另一方面由于工作量较大，容易造成仓库监管人员长期处于疲劳状态，影响工作的整体效率，增加货物的缺失风险；如果任务量小，而人员数量多，容易产生人员剩余和成本浪费现象，影响仓库整体工作效率。此外，监管人员和合作单位处理业务的协调能力，也提到日程上来，成为仓储活动的一大风险。因此，合理确定人员数量，提高其管理素质，可为监管人员的优化问题提供科学依据。

4. 仓库监管人员的挑选问题

挑选仓库监管人员也面临着很大的困难，从该企业本部直接派送会造成企业主干人员的流失以及人工成本的提升。而直接进行招聘的人员对业务并不熟悉，存在对业务监管不力的风险。因此，对企业本身员工的调配要进行仔细考虑，而对新招聘的员工也要进行仔细的筛选以及相关的专业培训。

员工挑选方面的具体问题如下。

（1）该企业招收员工在数量和渠道上限制得更加严格，如从本科以上院校引入的应届毕业生人数有限。

（2）虽然可以从社会中引入一部分人员，但质量绝对难以保证，很难找到骨干人员。

（3）引入的这些员工基本上都是本部以外的其他区县的工作者，派到本部等地的阻力较大。

（4）即使引入其他药厂的工作人员，人力资源成本也太高，引入一个其他药厂的工作人员的成本足以招用两名以上的普通员工。

（5）由于上述渠道引入的人员一般都是新人，工作经验不足，很难快速转化为生产力，需要几个月关于 WMS 的培养，无法跟上公司的发展进程；而从社会招聘的人员经验和阅历相对丰富，能够较快地为企业创造价值。

该企业在员工挑选上，一方面要保证员工的监管力度，另一方面要慎重考虑员工成本。如何协调两者的关系以及制定相关的平衡点是当前亟须解决的问题之一。但即使要招聘新员工也需要对员工进行一系列系统的培训，才能提高员工质量。

7.3 案例解决方案

通过目前仓库监管人员的数量、质量、能力、风险等因素，来对每个仓库的人员进行合理配备。

7.3.1 监管人员的相关因素分析

仓库监管人员的主要业务工作包括对药品的接收进行监督、盘点库存量、核对账物、检查库房、检验技术以及其他工作。根据工作技术的复杂程度可决定人员需求的类别，工作的任务量决定了人员需求的数量，各类人员具体需求数量还受以下几种因素影响。

1. 年度需求总工时

年度需求总工时就是仓库各项工作在 1 年内总的工作量。主要包括年度监管货物收发的总工时、技术检查总工时、账物核对总工时以及库房检验的总工时等。

2. 人员平均在岗率

人员平均在岗率为1年内人员平均在岗天数与日历工作天数的比值。由于学习培训、探亲休假、执行任务、转业退役等原因，可能出现人员不在岗的情况，因此，在进行人员需求数量预计时，必须考虑人员平均在岗率，才能满足任务的需要。

3. 最小保障组人数

最小保障组人数是指在工作过程需要相互配合的人员数量。很多任务需要多人协作才能完成。例如货物盘点，最少需要2人才能完成，1人负责搬运，1人负责核实并记录。一些规章制度也明确了保管员同时在岗的数量，如库房的“双人双锁”制度，就要求每个库房最少要有2名监管人员同时在岗。

4. 年日历工时

指1年内业务人员工作的总时间，以1年250个工作日，每天工作8h计算，1年内业务人员的工作总时间，即业务人员人均年日历工时（Tw）=250×8=2000h。

5. 任务完成时限

任务完成时限即是完成任务的最长时间，由于监管抵押物需要较强的时效性，对任务完成时限有非常严格的要求。任何一个环节拖延时间，没能及时反映到总公司，都可能会给企业带来风险。

6. 人员属性

人员属性是指人员的来源，包括本地直接招聘的人员以及总公司外派的人员。

7. 其他影响因素

其他影响因素如库房的自动化程度、监管人员专业技术水平等。

7.3.2 仓库监管人员分配问题建模

仓库监管人员的主要任务包括对药品的接收进行监督、盘点库存量、核对账物、检查库房、检验技术等。其中，货物收发的监督过程、账物核对、库房定期检查是有完成时限的，库房检验以及技术的核对可以利用间隙时间完成，没有固定时限。

1. 工作量的具体模型

设第i个仓库的库房总面积为S_i，库存器货物总数为Q_i，年度器材收发比例

为 K_1,收发的次数为 N_1,库房定期检验次数为 N_2。假设平时每单位药品监管人员进行核对平均工时为 T_1,接收或发出货物每吨监管的平均工时为 T_2,每次库房检验每平方米的平均检验工时为 T_3(以上各工时和时限可由仓库近几年各项工作总工时进行估算)。

第 i 个仓库的监管人员数量设定为 r_i,每个人的工作量为 t,得出:

$$r_i = \frac{Q_i \times T_1 + Q_i \times K_1 \times T_2 + N_2 \times T_3 \times S_i}{t}$$

2. 考虑风险的监管人员分配问题建模

人员问题的相关部分，除了与仓库的具体特征相关，现实中还面临着诸多的变量。监管人员的属性（外派还是当地招聘）、不同类别监管人员的监管力度、不同地域的监管程度，都是模型应该考虑的重要因素。在这里我们并没有对所有的影响因素进行考虑，只是挑出了最为关键的几个因素变量来进行分析。

从中我们确定了自变量与因变量。

自变量：监管人员的属性（外派还是当地招聘）、人员数量、人员地域。

因变量：总成本（量化指标）、风险（量化指标）。

由于风险问题下的人员分配模型涉及诸多变量，一些仓库的其他变量不能全部进行考虑，在这里只以各仓库货物的入库、出库量作为参考因素。对于风险问题，不能无限制地降低风险。在模型中，只需保证风险降低到一定比例后就可以达到要求。当把风险降低到一定比例后，最低的成本就是目标值。

相关变量设置:

假设公司的派送成本为 X_i，派送人员的数量为 A_i，任务完成量为 C_1，本地招聘成本为 Y_i，人员数量为 B_i，新招聘的固定成本为 Y_{i1}，任务完成量为 C_2，不同地域每个监管人员的风险为 P_i（派送）、Q_i（当地），各区的工作量（出库、入库量）为 C_i，人员成本为 W，风险为 R，公司外派的最低比例为 θ。

目标函数为:

$$R = \sum_{i=0}^{n} (1 - P_i)^{\frac{A_i}{A_i+B_i}} \times (1 - Q_i)^{\frac{B_i}{A_i+B_i}}$$

$$W = \sum_{i=1}^{n} (X_i A_i + Y_i B_i + Y_{i1})$$

条件限制及说明:

$C_1 A_i + C_2 B_i \geqslant C_i$　　　　工作量完成

$(1-P_i)^{A_i}\times(1-Q_i)^{B_i}\leqslant\beta$　　每个仓库的风险不高于 β

$\frac{R}{n}\leqslant\beta_1$　　总风险不高于 β_1

$Y_{i1}=\begin{cases}0,\ Y_i=0\\ b,\ Y_i>0\end{cases}$　　新招聘的固定成本为 Y_{i1}

$\frac{A_i}{A_i+B_i}\leqslant\theta$　　公司外派的最低比例为 θ

$A_i,\ B_i\in N$　　人数保持为整数为 N

7.3.3　监管人员问题具体分析

1. 出库量和人员分配

首先，根据该医药物流企业某区的仓库出库量和仓库人员情况进行分析，具体情况如表 7－1 所示。

表 7－1　　2014 年某区仓库出库量及该区仓库人员情况

库房各区	所在地	仓库类型	出库量（吨）	总人数
1 区	北京某区	常温仓库	1014314.35	30
2 区	北京某区	常温仓库	72531.431	
3 区	北京某区	常温仓库	29259.908	
4 区	北京某区	常温仓库	228615.018	
5 区	北京某区	常温仓库	779.334	
6 区	北京某区	常温仓库	116194.871	
7 区	北京某区	常温仓库	37003.217	
8 区	北京某区	常温仓库	9118.647	
9 区	北京某区	冷藏库	104154.117	
10 区	北京某区	冷藏库	125246.723	
11 区	北京某区	冷藏库	28611.883	
12 区	北京某区	冷藏库	151492.904	

根据出库量和相关成本，计算出每区仓库人员的工作量，再对人员进行分配。表 7－2 为某区仓库最初的人员分配情况。

表 7 – 2　　　　某区仓库最初的人员分配情况

仓库名称	所在地	仓库类型	出库量（吨）	人员	取整数量
1 区	北京某区	常温仓库	1014314.4	15.870795	16
2 区	北京某区	常温仓库	72531.431	1.1348863	2
3 区	北京某区	常温仓库	29259.908	0.4578245	1
4 区	北京某区	常温仓库	228615.02	3.5770982	4
5 区	北京某区	常温仓库	779.334	0.0121941	1
6 区	北京某区	常温仓库	116194.87	1.8180803	2
7 区	北京某区	常温仓库	37003.217	0.5789827	1
8 区	北京某区	常温仓库	9118.647	0.1426778	1
9 区	北京某区	冷藏库	104154.12	1.6296808	2
10 区	北京某区	冷藏库	125246.72	1.959713	2
11 区	北京某区	冷藏库	28611.883	0.447685	1
12 区	北京某区	冷藏库	151492.9	2.3703823	3

注：一些主观数据受多种因素影响，这里部分数据根据目前大部分企业设定，可能存在一定偏差。本章的数据分析过程主要是为了说明该模型和当前问题。

2. 考虑风险和成本的人员分配

假设公司的派送人员和当地招聘人员的数量分别为 A_i 和 B_i，任务完成量设定为该区仓库的大致工作量。另外根据企业的信息，派送人员的成本和本地招聘成本分别为3a 和 a，新招聘的固定成本估计暂时为0。不同地域每个监管人员的风险为0.9（派送），0.8（当地），各地的任务量为根据实地的转出量为主，人员成本为 W，风险为 R。

根据之前仓储公司平均每个人工的任务量为64000，而新招聘的员工任务量估计为90%，设置本公司的员工安全率为0.9，新员工的安全率为0.8，最终设定每个地域的风险不高于0.15，总风险不高于0.15，人员费用本公司员工为新招聘员工成本的3 倍，每个地域至少有一位外派员工。即：

$$R = \sum_{i=0}^{n} (1 - 0.9)^{\frac{A_i}{A_i+B_i}} \times (1 - 0.8)^{\frac{B_i}{A_i+B_i}}$$

$$W = \sum_{i=1}^{n} (X_iA_i + Y_iB_i)$$

s. t.

$64000A_i + 64000 \times 90\% B_i \geqslant C_i$　　工作量完成

$(1 - P_i)^{A_i} \times (1 - Q_i)^{B_i} \leqslant 0.15$　　每个仓库的风险不高于 β

$\frac{R}{n} \leqslant 0.15$　　总风险不高于0.15

$A_i \geqslant 1$　　公司外派最少为1人

$A_i,\ B_i \in N$　　人数保持为整数

根据以上分析，考虑了风险因素后，某区仓库的最终人员分配如表7－3所示。

表7－3　某区仓库的最终人员分配（考虑风险因素）

仓库名称	所在地	仓库类型	出库量（吨）	外派员工	本地员工	成员风险
1区	北京某区	常温仓库	1014314.4	8	9	14.43%
2区	北京某区	常温仓库	72531.431	1	1	14.14%
3区	北京某区	常温仓库	29259.908	1	0	10.00%
4区	北京某区	常温仓库	228615.02	2	2	14.14%
5区	北京某区	常温仓库	779.334	1	0	10.00%
6区	北京某区	常温仓库	116194.87	1	1	14.14%
7区	北京某区	常温仓库	37003.217	1	0	10.00%
8区	北京某区	常温仓库	9118.647	1	0	10.00%
9区	北京某区	冷藏库	104154.12	1	1	14.14%
10区	北京某区	冷藏库	125246.72	2	0	10.00%
11区	北京某区	冷藏库	28611.883	1	0	10.00%
12区	北京某区	冷藏库	151492.9	2	1	12.60%
总计		总体库房	1917322.4			11.97%

7.4 案例结论

通过人员分配的模型的调整，我们计算出了数据的最终结果。总体来说，人员的大致分配是符合现实情况的。通过该医药物流企业监管人员的布局，使得企业对所有货物有了充分的控制，一定程度上降低了企业的风险，人员分布也是十分合理的。现实中需要协调风险与成本，而风险与成本的关系很

难以数学变量来表示。为了解决这一问题，我们在模型中，将风险与不同人员以及人员数量相对应，而人员又与成本息息相关，最终完成了风险与成本的大致关系。另外，风险的降低是需要进行限定的，不能无限度地降低风险。一味地追求风险的降低，会使成本反而升高，甚至导致企业亏损。因此，在模型中我们将风险设定在了一定范围内，在这个范围内求出成本的最优值。

7.5 课后思考

本案例中的人员分配问题主要是针对监管方面的人员，通过合理的人员分配可以对仓储基地进行有效监管。对企业仓库监管人员风险方面的研究和分析必须是定性和定量化的分析，可以通过建立模型，设计出较优的方案。

根据以上案例，思考以下问题：

（1）本案例中对仓库监管人员的风险方面因素的控制，是否合理以及如何改进？

（2）你认为作为一个现代化仓储企业的管理人员，需要具备哪些能力和素质？

8 东方食品配送公司仓储布局、流程与业务优化

8.1 仓储管理、业务流程与成本结构

8.1.1 仓储管理与业务流程

仓储管理是指运用现代化的管理技术和方法，对储存商品进行科学管理。是提供高效的仓储服务所进行的计划、组织、控制和协调的过程。仓储管理的具体内容如下。

（1）仓库的选址与建筑。

（2）仓库业务作业的选择与配置。

（3）仓库业务管理问题（出入库、盘点、分拣备货）。

（4）现代化库存控制问题。

（5）仓库信息与技术管理。

其中，仓库业务作业和管理是很重要的一环，仓储业务作业是指从商品入库到商品发运的整个仓储作业全过程。其管理是对入库流程、出库流程和库房保管的全面管理。仓库业务作业的全过程包括商品验收和入库作业、商品保管作业、商品盘点作业、呆废品处理作业、账务处理、安全维护、商品出库作业、资料保管等。仓库作业业务的要求是及时、准确、严格和经济。其作业流程如图 8 - 1 所示。

8.1.2 仓储成本构成

仓储的成本开支主要是用于商品保管的各种支出，其中，一部分是用于仓储的设施、设备投资和维护以及货物本身的自然损耗，另一部分则是用于仓储作业所消耗的物化劳动和活劳动。这些在货物存储过程中的劳动消耗是商

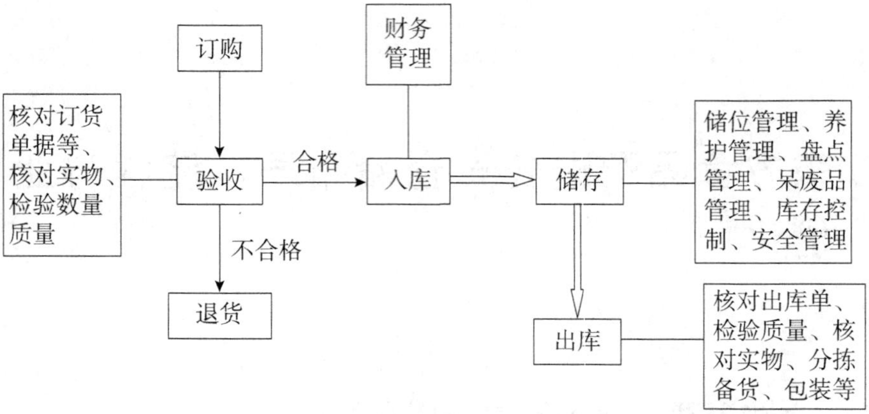

图 8－1　仓库业务作业流程

品生产在流通领域中的继续，它使商品价值得到增长。仓储成本构成如表 8－1 所示。

表 8－1　仓储成本构成

保管费	货物养护、保管的费用
折旧费和租赁费	库房、堆场，机械设备的折旧（自营），租赁费（向外承包租赁）
铁路线、码头的租用费	这些设施的租用费
修理费	设备设施、运输工具的大修理
工资与福利费	仓库管理人员的工资、奖金、各种补贴，基金
动力费、保险费	电力、燃料，保险
其他开支	二次搬运成本，管理费、营销费等

8.2　案例公司布局、流程与成本分析

8.2.1　公司简介

东方食品配送公司隶属于北京市二商集团有限责任公司。以冷藏储运，鲜、冻肉经营和副食批发为主要经营业务。公司拥有职工 700 余人，直属企业 4 个，合资企业 2 个。其中有亚洲第一大冷库——“京城第一大冰箱”之称的北京市南郊食品冷冻厂，低温冷库总储量 45800 吨；有北

京超市第一家——友谊超级市场；有北京市七大肉类集散地之一的西郊肉类、水产品批发市场；还有集生猪饲养、屠宰、加工为一体的瑞和食品有限公司。公司主要经营：冻肉销售、冷库出租、市场出租、水产品批发、副食品批发、零售等。

目前，二商集团的冷链物流项目已在东方食品配送公司启动，低温冷藏食品的冷链物流配送业务已开始运作。公司地理位置优越，周围公路环绕，距离火车站也比较近。

以下对其所属的仓库做详细介绍。

1. 日配流通库简介

日配流通库面积共1584m^2，由外到内共分为装卸区、分拣区、暂存区、存储区4个区域。装卸区温度较高，货物不在此区停留，有7个液压装卸平台快速装卸。货物在分拣区内按线路分拣摆放好等待装车，停留时间不超过6h。暂存区供货物按品类进行分拣，操作高峰期为晚上。存储区负责存储货物。日配流通库目前存储的全部都是味全产品，负责每天接收味全工厂发过来的货物，根据味全每日发来的订单进行分拣、装车。地下库的面积约为500m^2，布局简单，通过电梯上下货物，主要负责商超货物的暂存及少量豆制品的分拣。两个库现共有员工27名，另雇用18名小时工负责味全产品的分拣。

2. 美诺库简介

美诺库是专门为美诺餐饮管理有限公司提供存储、分拣的库房，共有常温库、冷藏库和冷冻库3个部分。由于货物的储存要求和特点，常温库较大，冷藏库和冷冻库较小；货架按品牌或者到货量及出入库频繁程度来确定，没有固定的位置。组织结构为信息部和业务部，信息部主要负责处理订单信息，如接受供货商的订单并进行核对、制作分拣单等；业务部主要负责货品的装卸、核验、存储、分拣等。

8.2.2　仓库布局

以日配流通库为例，它主要分为四个区域，在图8－2中从上至下分别为存储区、暂存区、分拣区及装卸区。其中前三个区域的长宽均为12000cm×36000cm；装卸区有七个装卸门。

存储区主要分为两个库区，左侧为乳酸菌库，右侧为果汁库。整个库区

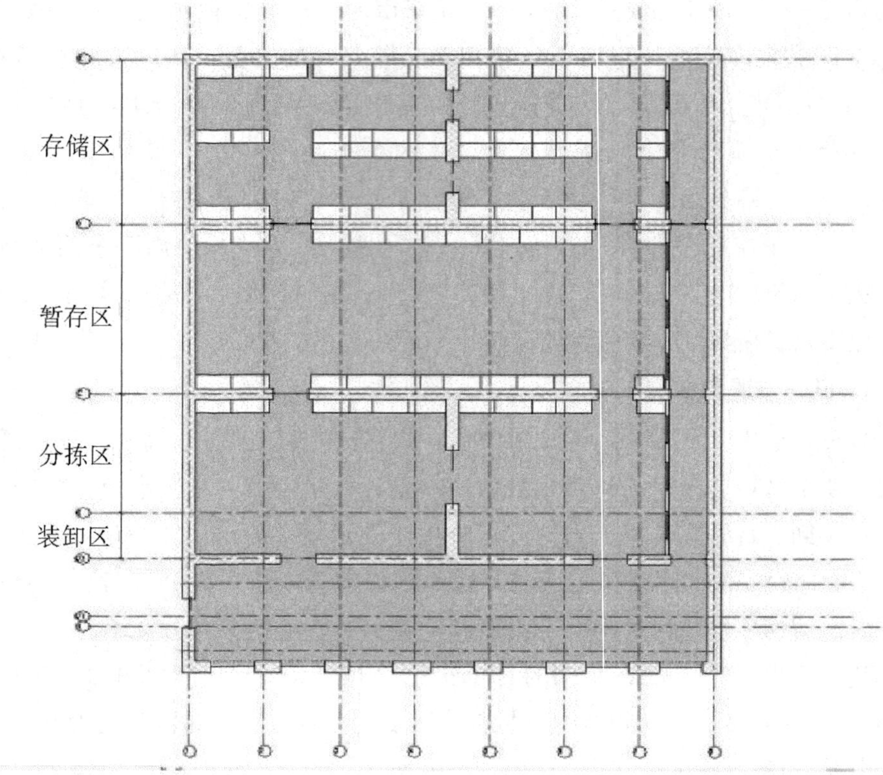

图 8－2　日配流通库平面布局示意

内有 35 个大型货架、3 个中型货架、8 个小型货架。其功能为存储需长期冷藏放置的商品，入库时由叉车送至对应品类的货架处，出库时同样按品类分拣出库，对应货架处有垛卡以登记上架和下架的信息，存储区布局如图 8－3 所示。

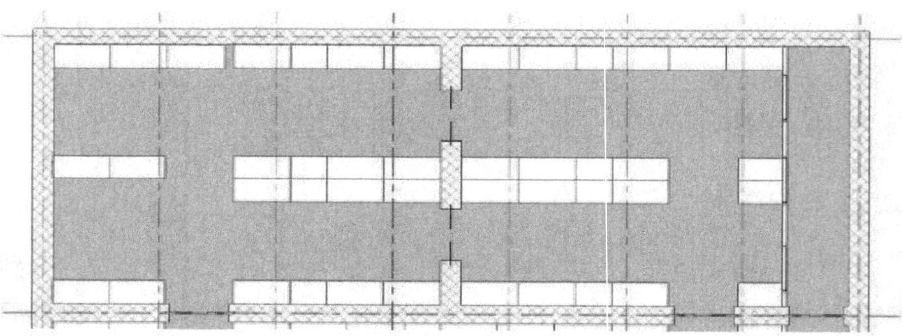

图 8－3　存储区布局示意

暂存区部分货架在货量较大时会作为存储商品使用，但主要功能是在此区域内完成对商品按照线路的分拣，之后将其转移至分拣库。其拥有 18 个大货架、2 个中型货架和 2 个小型货架，暂存区布局如图 8－4 所示。

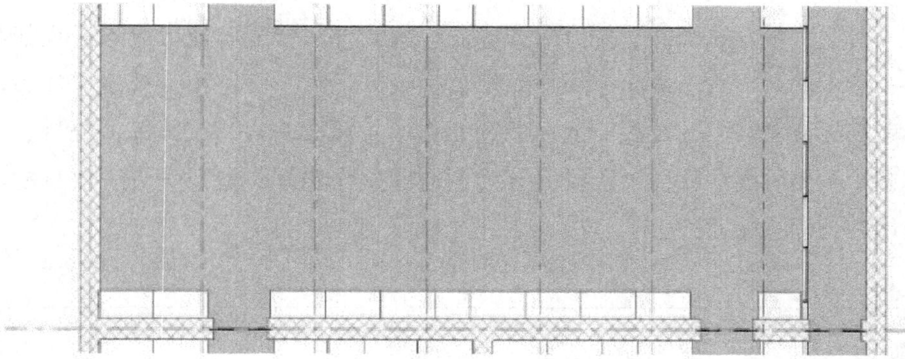

图 8－4　暂存区布局示意

分拣区的货架同时也会作为伊利酸奶等的存储位置，左侧约一半的部分作为退换货处理的区域，其余部分均按线路进行了标识，按线路分拣完的货物会放置到相应线路处，分拣区布局如图 8－5 所示。

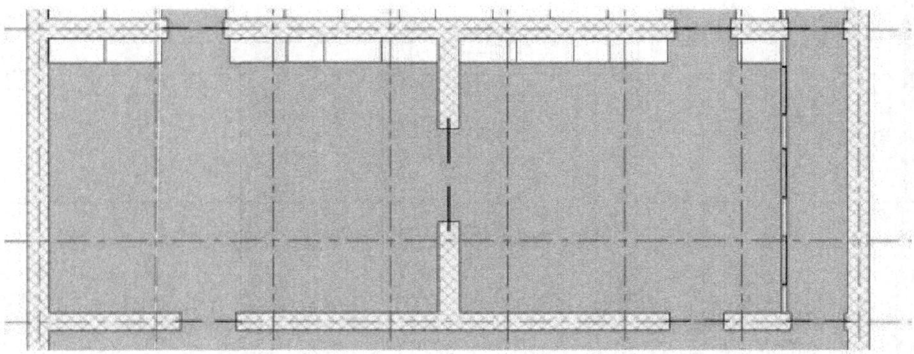

图 8－5　分拣区布局示意

8.2.3　流程现状

1. 日配流通库和美诺库的业务流程现状

首先，明确日配流通库人员安排。日配流通库内共有 27 人，包含 1 名专员、1 名助理、3 名库存管理员组成的库存小组，余下 22 人中，一组夜班 7

人，共两组夜班，一组白班8人。库存小组每日2人出勤，1人休息，3人轮换；夜班每班7人；白班每班6人，2人休息，8人轮换。区别于夜班及白班作业人员，库存小组主要负责盘存、复盘、清点、核查、记录等工作。夜班时，除夜班作业人员外，有6名左右小时工也会参与仓储作业。

其次，根据对于日配流通库作业流程的调查，日配流通库业务流程如图8-6所示。图中对于地面库和地库做出标识，且对于库存小组的作业任务进行明确标注。其中，日配流通库的仓储作业主要分为收货、入库、分拣、出库四个主要阶段。在各个阶段又分为不同的操作步骤，最终完成一次日配流通库的仓储物流业务。

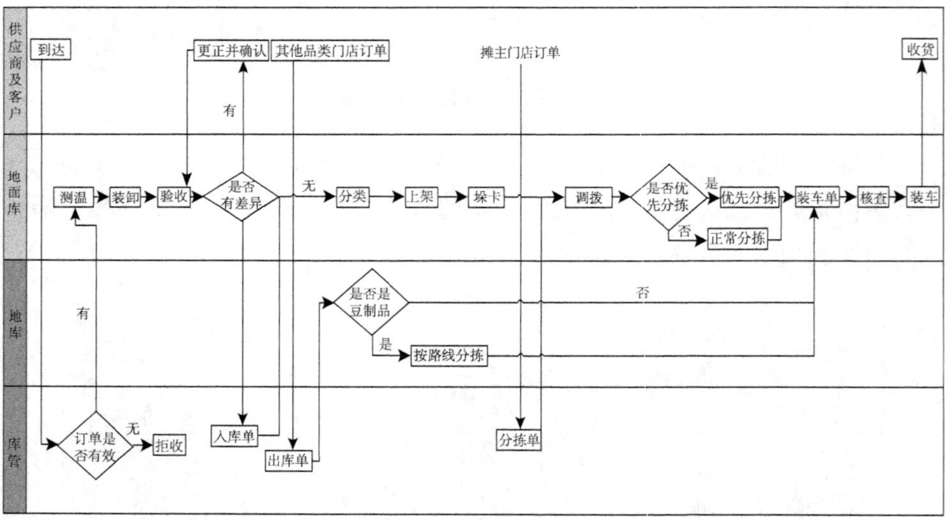

图8-6　日配流通库业务流程

如图8-6所示，货物由供货商到达仓库，仓库作业人员接收货物、确认订单，同时判断订单是否存在或有效，继而测量冷藏车内温度是否符合要求，卸货后放于暂存区，清点数量、进行验收，并核对到货情况与订单相符情况，如果有差异则更正并重新验收，无误则将到货产品按照品类分类上架，用叉车放置到各个指定的货架上，更新垛卡，记录新放置的货物数量和货架上剩余货物总数量，至此收货及入库阶段完成。对于味全产品而言，收到味全公司确认发货信息的味全门店订单后，根据门店订单的货物种类和数量制作分拣单，以分拣单作为依据进行调拨，即将所需货物从货架上搬运至分拣区，移出时在垛卡上进行记录，并根据订单要求的到货时间确定是否要优先分拣，接着按线路进行分拣作业，分拣完成后检查各个线路上的货物有无缺损，司机和仓库作业人员确认并签字，之后装车，将各个线路的货物放置到安排好的冷藏车内，至此分拣及出库操作结束。对于地库货品而言，收到其他门店订单后，库存小组制作出库单，根据是否为豆制品来判断是否需要按线路分拣，如果是，则将豆制品货物按线路进行分拣，如果不是则将已经按线路分拣好的货物按照各个货位拣出，最后以装车单作为依据进行装车，至此出库阶段全部完成。

由于各供货商货品到达时间不同，收货、入库、分拣、出库各阶段操作均会在白班、夜班中进行。因此，作业人员所负责的工序时有交叉。为方便描述，接下来以夜班、白班、库存小组作为分类，分别介绍其不同的具体工作内容及时间安排。

夜班：夜班工作时间为18：00至次日6：00。夜班有7名工作人员出勤，包含2名组长，1名组长管理小时工进行地面库内味全产品的分拣工作；另外1名组长与余下5人在地库内负责其他产品的交接及分拣作业。地面库中，味全产品的分拣从21：00开始至次日1：00左右结束，装车时间由24：00开始至次日6：00左右结束。地库中，21：30开始豆豆厨产品的收货，分拣由22：30开始至次日2：00左右结束，之后与地库其他产品搬运至地面库进行汇总装车。此外，其余夜班时间均进行其他产品的收货、发货作业，人员从6名作业人员中协调安排。

白班：白班工作时间为8：00至18：00。白班有6名工作人员出勤，8：00至16：30由3人负责货物接收及自提车辆货物的交接，8：00至12：00由1人负责清理库房卫生，8：00至15：00由2人负责全时门店固定出库货品的分拣，15：00开始负责大润发等门店货品的分拣操作，此操作在17：00结束。16：00至17：00由2人从一期地库取味全企划用品。17：00至18：00清点库内设备，交接回空车辆。

库存小组：每日2人出勤。其一，工作时间为5：00至15：00；其二，工作时间为10：00至17：00。库存小组人员负责对库内货品进行盘点，录入计算机，核对手工账，复盘，对到货产品进行清点、核对、登记、入库，并对库内货品进行整理。

对于美诺库而言，流程较日配流通库简单，如图8-7所示。美诺公司将采购订单同时发送给供应商以及美诺库信息部，供应商以订单作为依据发货，货物到达仓库，信息部对美诺公司采购订单与供应商出库单以及收到货物进行审核，审核通过后由业务部进行库房审核，如果审核不通过则拒收相应货品并修改单据，之后由信息部进行验收，产生其他单据及票根交由供应商带回，验收完成后信息部进行入库单制作，业务部根据入库单对收到货品进行分类，然后放置于相应货位，至此收货及入库操作完成。美诺公司将门店订单发送至信息部，信息部据此制作分拣单，业务部根据分拣单对货品按线路分拣，分拣完成后由信息部进行审核，并制作调拨单，业务部根据调拨单进行装车及发货作业，至此分拣及出库操作完成。

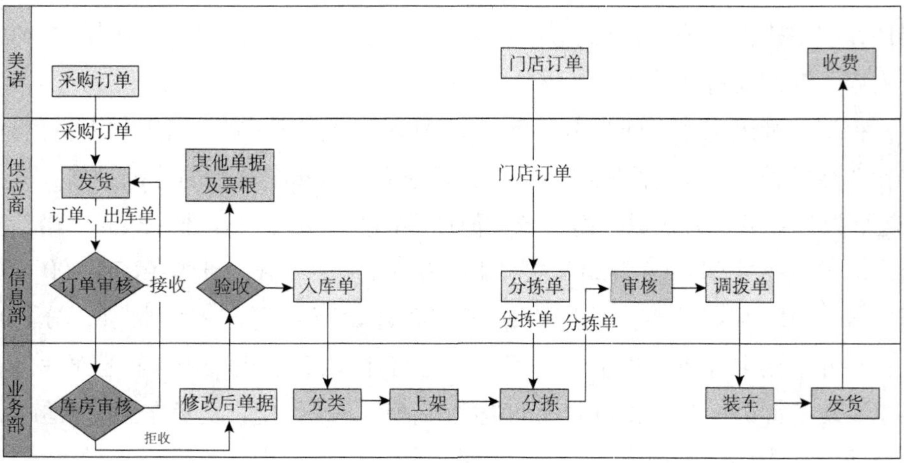

图 8－7　美诺库业务流程

2. 流程分析

在对于日配流通库及美诺库日常作业的调研中，本小组发现流程中出现如下问题。

（1）日常作业的操作及管理效率有可提升空间。主要体现在以下两个方面。

①设备及管理要求。设备方面，以日配流通库内电动叉车为例，库内共有三台电动叉车，但可用电动叉车只有一台，另外两台因损坏而无法使用。在实际工作中，一台电动叉车在工作间隙还需要进行一定时间的充电，不能全程使用，这就导致仓库内机械化作业效率低。硬件设施的不足，直接影响了收货、分拣、发货等过程中货品的搬运时间。

②人员管理方面，只强调客户（供货商及门店）对于整个仓库的绩效，而对于实际作业过程中人员在各个操作阶段的绩效水平不进行考评。粗放型

管理使得人员的工作效率、服务质量都无法提高。总而言之，日配流通库的操作流程标准化水平可以进一步提升。

（2）日配流通库夜班分拣作业时，味全公司发来的分拣单与实际分拣的产品出现冲突。

日配流通库每日 18：40 左右会收到味全的发货数据，其中包含两份到店汇总，其中一份到店汇总包含所有味全产品的品类、数量及门店名称等信息汇总；另一份是指定品类、指定到货日期的产品及门店名称等信息汇总，这一部分产品需要独立分拣。在第一份汇总中，包含指定产品的数量，但没有体现出指定产品的名称。因此，作业人员需要将两份汇总进行人工核对和人工计算，将指定产品从第一份汇总表中剔除，再进行分拣作业。

在这一步骤中，人工核算需要花费较长时间，且存在一定出错可能，对于味全产品的分拣的效率及差错率产生了较大影响。问题产生的原因在于两个方面：味全公司发来数据的不完善性以及日配流通库作业人员对于数据处理的非专业性，导致原始的人工作业可能出现低效率、高差错率等问题。这也反映出另一个问题：目前日配流通库的信息化水平还不够高，如果此类单据能够按照信息化操作进行处理，效率和准确性能够得到进一步提升。

8.2.4 库存分析

我们首先对获取到的三个月每天的盘点数据进行了一个简单分析（见表 8－2）。发现目前仓库每个月的日均存储量所对应的每月的中位数均处于 110000 元左右，但是在存储过程中的两个极值差距明显，这也对仓库的存储能力方面造成了较大的压力。

表 8－2　　仓库的库存统计

月份	4	5	6
有效天数（天）	30	31	30
平均值（元）	102790.33	120048.16	111534.50
中位数（元）	104878.00	120576.00	101252.00
标准差	33264.262	37328.740	53906.044
最小值（元）	46241	71485	41114
最大值（元）	158553	200354	274216

此外在访谈过程中我们还了解到，存储量还呈现出以年为周期的周期性，这主要是由于商品性质和消费者习惯导致的，每年的夏季及春节期间为库存的高峰（见图8－8）。

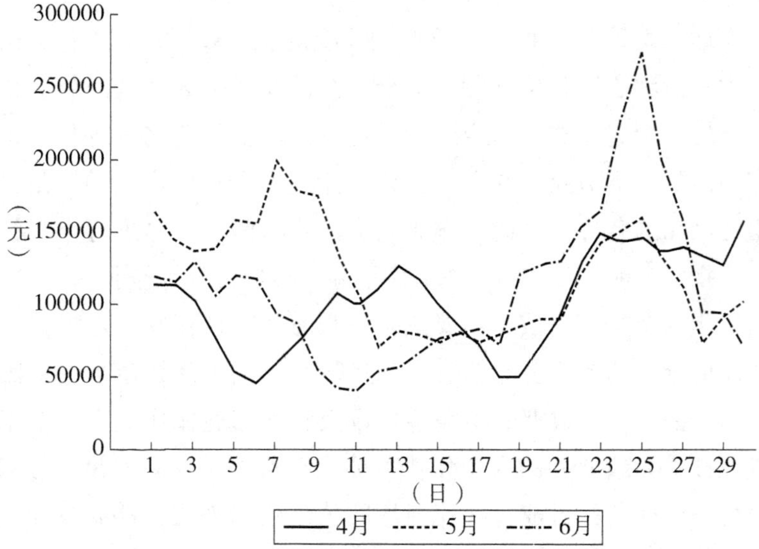

图8－8　每日库存水平比较图（按月）

我们对获取到的3个月的数据按月为周期进行了比对，我们发现在每月的月末五天左右时均会出现库存高峰，这与我们调研时所了解到的每月月末时供应商为了其KPI（关键业绩指标）考核而会大量供货的情况一致。

8.2.5　业务分析

1. 配送差异分析

表8－3所示为3～6月4个月配送过程中所发现的问题，其中我们发现破损、门店少验收以及划单未退库所造成的损失较大。

表8－3　　配送差异涉及数量及金额

配送过程的问题	数量（件）	金额（元）
到店少货	124	894.74
放错货位导致少货	7	66.5
划单未退库	161	1080.85

续 表

配送过程的问题	数量（件）	金额（元）
门店少验收	872	2690.97
门店未入机	212	800.4
破损	1698	11334.44
少退库	60	555.82
少卸货	480	822
司机病假无法补回	60	372
未发货	12	150
未验收	118	897.66
未验收未退库	167	617.4
未验收无退库	1	11.25
无划单少验收	16	27.4
卸错货	20	318
赠品多搭	35	197.97
总计	4043	20837.4

2. 分拣破损

分拣破损目前在运作过程中出现的次数及金额相对趋于稳定，如表 8－4 所示。但是按照 4 月金额较少的情况，不排除是因为 3 月出现较多分拣问题后加强管理所造成，因此可能存在提升空间。

表 8－4　3—6 月破损情况

月份	3	4	5	6	合计
发生破损的天数	15	10	14	11	50
发生破损的种类	29	12	24	14	79
发生破损的件数	69	24	42	31	166
金额（元）	727.87	205.12	402.67	441.9	1777.56

3. 库存差异

除 3 月外，其余各月库存盘点差异均非常低，对于整体库存准确性的控制已经处于较高水平。极少量差异推测应该在拆零作业时发生，具体如表8－5所示。

表8－5　　3—6月库存差异

月份	3	4	5	6	合计
发生破损的天数	10	1	1	1	13
发生破损的件数	103	1	4	2	110
金额（元）	845.4	6	26.4	10.7	888.5

8.2.6　仓库成本构成

1. 直接材料成本

直接材料是指在物流仓储活动中直接消耗的材料。第三方物流企业中的直接材料一般是指数量比较容易计算，最后分到具体服务对象中去的一些辅助性材料。最主要的包括托盘、货架、包装工具，标签、条码、纸张等。日配流通库和地库的现有设备种类、数量及价值如表8－6所示，设备折旧计算方法采用平均年限法。

表8－6　　直接材料月成本

设备	个数	单价（元）	总价（元）	使用年限	预计净残值率	年折旧率	月折旧率	月折旧（元）
托盘	500	45	22500	1	5.00%	95.00%	7.91%	1779.75
货架	77	1500	142000	10	5.00%	9.50%	0.79%	1124.17
地牛	80	1000	80000	6	5.00%	15.83%	1.32%	1055.56
电叉车	3	30000	90000	5	5.00%	19.00%	1.58%	1425.00
扫地机	1	6000	6000	5	5.00%	19.00%	1.58%	95.00
							总计	5479.47

2. 直接人工成本

直接人工是指为物流客户服务的过程中所消耗的人力。在第三方物流仓储成本中，人力主要包括库管员、装卸搬运工、制单员及仓储管理中涉及的相关管理人员等。日配流通库和地库的现有员工岗位、数量及工资如表8－7所示。

表 8－7　　直接人工月成本

岗位	人数	工资（元）	月支出（元）
小时工	18（6 人/6h＋12 人/5h）	3225	58050
专员	1	7000	7000
助理	1	5000	5000
仓库管理员	3	5000	15000
组长	4	4200	16800
工人	18	4000	72000
		总计	173850

3. 间接费用

在物流成本构成中，直接材料和直接人工以外的费用统称为间接费用。比如在仓储作业中，用在与仓储作业过程中有关的操作人员或管理人员的费用是直接人工成本，作业过程中的设施设备折旧费、电力消耗费是直接材料成本，而整个过程中除去这两部分的费用剩下的称为间接费用。在日配流通库和地库中，主要的间接费用包括电梯和叉车的维修费、电费、仓储过程中发生的差错和破损造成的损失、办公用品，各部分的金额如表 8－8 所示。

表 8－8　　间接费用月支出

间接费用	费用（元）
设备维修费	500
燃料与动力	22300
差错、破损造成的损失	1029
办公用品	500
总计	24329

4. 总成本

将以上 3 类的成本加总得到每月的总成本为 203658. 47 元，如表 8－9 所示。

表 8－9　　月总成本

成本类型	金额（元）
直接材料成本	5479.47
直接人工成本	173850
间接费用	24329
合计	203658.47

8.3　案例解决方案

8.3.1　仓库布局优化

通过以上数据的分析以及调研过程中的沟通，我们认为当前最大的问题在于地面库的利用率不高。因此分库布局优化可以从以下方面着手。

1. 对货架位置进行优化

我们对目前仓库的货架布局进行分析后，认为可以采取以下措施进行改进。首先，在仓库存储区左侧添加两个大尺寸货架，以补充现在中间仅一排货架的情况；其次，将存储区右侧横置的货架改为竖置以增加存储面积。如图 8－9 中白色标注部分所示。

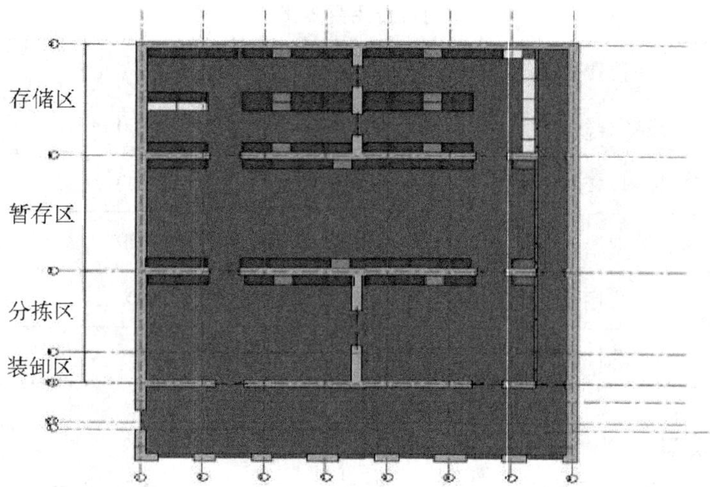

图 8－9　优化后日配流通库布局示意

2. 分拣区设立货架

在分拣区当前没有设立货架的一侧设立货架，以利用原本没有利用起来的分拣区上层空间。通过设立双层货架，下层仍然存放原先按线路分拣完的货物，上层则用于存放货物，如图 8－10 所示。

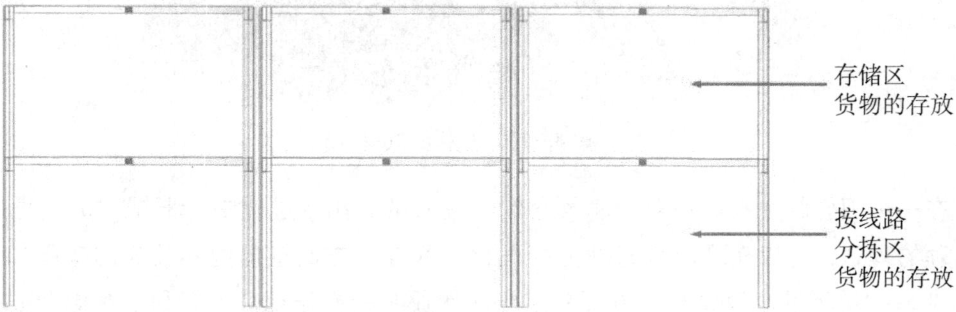

图 8－10　双层货架

3. 设立可移动货架

可移动货架易控制，安全可靠。每排货架有一个电机驱动，由装置于货架下的滚轮沿铺设于地面上的轨道移动。两排背靠背货架成一组安装在一个移动底盘上，呈多组排列，每个底盘附设多个滚轮和驱动电机，通过按动控制按钮，由驱动电机通过链条传动带动整个底盘及其上货架货物，沿铺于地面上的两条或多条轨道移动（或无轨—磁条异引），从而叉车可进入已移动开的场地进行存取货。其突出的优点是提高了空间利用率，一组货架只需一条通道，而固定型托盘货架的一条通道，只服务于通道内两侧的两排货架。而日配流通库虽然作业频率高，但其是按照品类设置货架，第一次分拣也是依照品类进行分拣，其可以按照顺序进行出入库操作，可移动货架因此也是可行的，如图 8－11 所示。

8.3.2　业务流程的“6S”管理

对于日配流通库及美诺库已有的仓储作业标准化流程，在作业过程中可以借鉴“6S”现场管理的思想进行标准化管理。“6S”管理源自日本生产企业，其目标是通过整理、整顿、清扫、清洁、安全、素养 6 个方面的综合推进，让生产现场的各个要素都得到有效管理，并进行持续改善，使企业在效率、质量、成本、交期、安全、士气 6 个方面都得到提升，使生产现场维持

图 8-11　可移动货架

在一个理想的水平。在对仓库及仓储作业人员的作业过程中，根据“6S”管理的理念，可以实现流程管理上的优化。其 6 个方面管理内容及应用范围如表 8-10 所示。根据 6 个方面制定仓库作业时的操作规范，有利于仓储业务的效率进一步提升。

表 8-10　　日配流通库及美诺库的“6S”管理内容及应用范围

整理	整顿	清扫	清洁	安全	素养
明确仓库内设施设备的运行情况，例如叉车、托盘等，将可用物资与不可用物资进行分类，对损坏程度到达已经无法修缮程度的设备进行剔除，一些设备如果仍有使用价值，则可进行修理，使其以最快的速度再度用于仓	对仓库内设施设备进行合理摆放，划出相应区域供设备安放，摆放原则可使用“五五摆放”原则。在实际作业时，库内托盘、叉车、地牛等设备并没有一个实时的统计，如果出现托盘或叉车不够的情况，需要再	对于库房现场进行卫生清扫。在日配流通库中，已有一名白班作业人员每日 8：00—12：00 进行仓库清扫工作，为接下来的工作做场地准备	维持整理、整顿、清扫的成果。除库存小组定期检查库内产品及设备并做好登记外，还应令夜班及白班的作业人员注意随手复原的工作。在平时操作中，出现托盘随意摆放、退货	建立一个安全的工作环境。在进行收入库的装卸搬运作业时，应当时刻注意员工的生命安全，避免叉车等运输设施对身体造成伤害。此外，在冷库中作业时，也应时刻注意自身保暖，防止因为频繁地出入库感知到温度	使得夜班、白班、库存小组每一名成员都养成遵守规则做事的良好习惯，以彻底提高服务品质。此外，对于仓储作业流程中出现的问题，还可培训员工学会计算机基本软件的操作，从而更好地应用现代化设施辅助员工完成工作

续 表

整理	整顿	清扫	清洁	安全	素养
库的日常作业流程中	从其他仓库进行调配。如果整顿合理，在进行入库、分拣、出库等需要大量人力及时间的作业流程时，设施设备的数量充足与位置合理可以提升作业效率		产品未及时处理的现象，直接影响仓库内整理、整顿、清扫过程的结果	的变化而生病。在保证员工安全的基础上，保障库内产品的安全。一是冷库中温度的保持，防止食品产品变质；二是装卸搬运中，防止员工不当作业可能产生的产品破损	

8.3.3 分拣过程的改进

针对味全分拣单所产生的问题，按照原因分析可以从以下两处进行改进。

首先，与味全公司负责物流业务的部门或人员进行反映，在向仓库发送到店汇总时，将需要单独分拣的指定产品在汇总中体现出来，或在第一份汇总中剔除。或者向味全公司索要 Excel（表格）原文件，以便库内作业人员通过计算机处理特殊的分拣信息。

其次，在能够拿到味全公司分拣单的原始 Excel 数据的前提下，可培训夜班作业人员进行计算机数据操作，防止人工计算产生的差错。如果此类计算机数据处理需要库存管理员进行，可将 Excel 表格先交由库存管理员进行数据处理，再打印出来交给负责味全分拣的作业人员。由于味全的分拣数据在每日 18：40 左右发至日配流通库，可协调下午班出勤的库存管理员的工作时间，或者将此业务分给调休的库存管理员。为其制定完成时间，但不限制工作地点。总之，用 Excel 软件的查询功能替换人工的核对和计算，降低第一遍分拣差错，也减少了二次核查到店产品时的工作压力。

8.3.4 成本优化

1. 各类型成本比重分析

各类型成本占总成本的比重如表 8－11 所示，从表中可以看出人工成本是总成本中占比最大的，达到 85.36%；其次为间接费用占 11.95%；占比最小的是直接材料成本占 2.69%。

表 8－11　各类型成本占总成本的比重

成本类型	金额（元）	百分比（%）
直接材料成本	5479.47	2.69
直接人工成本	173850	85.36
间接费用	24329	11.95
合计	203658.47	100

2. 重点优化部分

其中，在占比最多的直接人工成本中，各部分所占比例如表 8－12 所示。占比最大的部分为工人的工资和小时工的工资。因此减少成本应当从这两部分着手进行。

表 8－12　直接人工成本构成及其占比

岗位	人数	工资（元）	月支出（元）	百分比（%）
小时工	18	3225	58050	33.39
专员	1	7000	7000	4.02
助理	1	5000	5000	2.88
仓库管理员	3	5000	15000	8.63
组长	4	4200	16800	9.66
工人	18	4000	72000	41.42
		总计	173850	100

直接材料成本构成及其占比如表 8－13 所示，在直接材料成本中占比最大的为托盘，因此优化的重点应为降低托盘成本。

表 8－13　　直接材料成本构成及其占比

设备	个数	单价（元）	总价（元）	月折旧（元）	百分比（%）
托盘	500	45	22500	1779.75	32.48
货架	65 大＋12 小	1500	142000	1124.17	20.52
地牛	80	1000	80000	1055.56	19.26
电叉车	3	30000	90000	1425.00	26.01
扫地机	1	6000	6000	95.00	1.73

间接费用构成及其占比如表 8－14 所示，消耗的燃料与动力费用占了间接费用的绝大部分，因此，降低燃料与动力部分的费用是优化的关键。

表 8－14　　间接费用构成及其占比

间接费用	费用（元）	百分比（%）
设备维修费	500	2.06
燃料与动力	22300	91.66
差错、破损造成的损失	1029	4.22
办公用品	500	2.06
总计	24329	100

以下是成本优化建议。

（1）直接人工成本优化。

结合目前的实际情况来看，直接减少工人和小时工的数量是不可行的，将导致无法完成工作。从长远来看，由于小时工的主要职责是分拣，可以添置一些辅助分拣的设备来提高分拣效率，减少人工投入；而工人的工作内容里，搬运占了很大的部分，因此可以通过增加电动叉车来提高效率，从而减少人工投入。

（2）直接材料成本优化。

在直接材料成本中占比最大的为托盘，因此建议更换质量更好、使用寿命更长的托盘来降低成本。其次占比较多的还有电叉车和货架，这两者应通过加强保养和维护来延长其使用寿命，以降低成本。还有就是使用少量更加节能的设备来替代现有设备，提高设备的使用效率，降低能耗成本。

8.4 案例结论

本案例的优化主要是从仓库布局、流程、成本、库存等方面展开，通过调查和分析，借助图表和数据，提出切实可行的优化建议。首先，在仓库布局方面，我们制作了包括所有货架在内的平面图和三维图，准确、直观地再现了仓库实况，在此基础上对货位的摆放和数量做出了调整，以增加存货量并提升存卸货的便捷性。其次，在流程方面，我们通过多次详细询问，得出了两个库作业的具体流程和人员设置，并通过跨职能流程图将其清晰地展现；然后对每个作业环节进行分析，寻找流程中现存的待改进处，提出了一些可以优化的细节。再次，在库存方面，报告对得到的盘点数据进行统计分析，确定其库存量变化的特点、分析变化的原因；并且对破损和差异的数据进行分析，确定破损和差异产生的环节和可能存在的原因，得到可以加强管理的部分。最后，通过观察和询问了解到仓库作业所需的各种工具设备、人员设置、物资消耗等信息，为两个仓库进行了物流成本分析，确定成本耗费的重头和优化的重点，指出可以进行成本压缩之处。

但是本案例仍然存在局限性。在对调研产生的问题进行分析与思考的时候，我们发现日配流通库及美诺库的业务流程内还存在一定可提升空间。例如，对于仓库内托盘、叉车等基础设施设备可进行维护与更新，根据实际需要引进平托盘以外类别的托盘，仓库内引入 RF 技术从而方便人员进行入库、分拣等作业，提高作业效率。再者，公司内部信息化水平可进一步提升，引进适合企业的库存管理信息系统取代传统而烦琐的 Excel 表格及人工数据处理操作，通过系统内及时而准确的数据存储与分享提升整体效率。此外，管理理念上可尝试从粗放型管理向精细化管理转变，从而提高人力资源利用效率。此类问题在有限的实习时间及报告篇幅中不能详细解决，希望能够引发进一步思考。

8.5 课后思考

目前，人们的食品消费从单一多量型向多品种快捷型的特点发展，对冷链物流、冷藏仓库的需求也越来越高。很多地方建立起了高效的、现代化的冷链配送中心，以健全食品服务体系，增强食品的安全保障。冷库和配送中心也应科学布局，配备现代化的设备，优化业务流程，降低不必要的成本，提高作业效率，并提供更多更优质的食品储运服务。

根据以上案例，思考以下问题：

（1）你从其业务现状的描述中，发现哪些新问题，如何改善？

（2）你认为上面所提的降低成本的方法可行吗，为什么？

9 永旺北京物流中心作业流程优化设计

9.1 案例方法和企业介绍

9.1.1 ESIA 分析法

所有企业的最终目的都是以某种方式为顾客“增加价值”。系统改造现有物流流程或重新设计现有物流流程的根本目的，就是尽一切可能减少流程中非增值活动，调整流程中的核心增值活动，提升顾客在价值链上的价值分配。其基本规律可以概括为 ESIA，其代表的四个词，即清除（Elimination）、简化（Simplification）、整合（Integration）和自动化（Automation）。ESIA 分析法是减少流程中非增值活动以及调整流程的核心增值活动的实用原则，具体内容如下所示。

（1）清除。

清除的重点在于对不必要的非增值活动进行判别（即客户不愿意为此支付费用的一切作业活动），从而将其剔除来达到优化。不必要的非增值活动是指生产过程的等待、不必要的运输、反复加工、过量库存、缺陷失误、重复的装卸活动等。

（2）简化。

对作业活动执行的方法尽量简化，以提高活动的效率。如一些记录、程序、物流等进行简化。

（3）整合。

所谓整合，就是将内在联系紧密的活动进行系统整理。首先，对作业活动的各种约束条件进行分析。其次，将相近的或有联系的作业活动进行比较，判断其是否存在共性或出现闲忙不均的现象，若存在，则将这些流程进行合并，使整个作业流程更加简洁、高效。由于入库清单是分店铺制定的，在验收时会先将货物拣选出来，这为作业合并提供了可能。

（4）自动化。

对作业流程中各个因素进行详细分析，找出制约作业流程的瓶颈原因，通过技术手段对流程运作的顺序和作业负荷进行调整，使各环节的负荷与处理时间都达到相同的水平，从而提高资源、设备、人员的利用率。实际过程中，我们发现问题的关键在于入库流程，其中重复的搬运环节降低了人员利用率，同时卸货、分拣、验收顺序的不当也使部分验收人员闲置，因此，我们需要提高自动化水准，引进传送带来节省重复搬运的时间。

9.1.2 Flexsim 仿真软件介绍

Flexsim 是一个基于 Windows 的，用于构建和分析面向对象的离散事件系统仿真模型的工具软件。它将系统仿真、人工智能、三维图像处理、数据处理等技术集于一身，在物流业、制造业、交通运输业等领域应用广泛。借助 Flexsim 仿真软件，研究人员可以将现实中的物流转化成计算机内的三维模型，然后通过对仿真模型的运行与分析来间接地对实际中的系统进行研究和分析，进而对系统进行优化和改善，如图 9－1 所示。

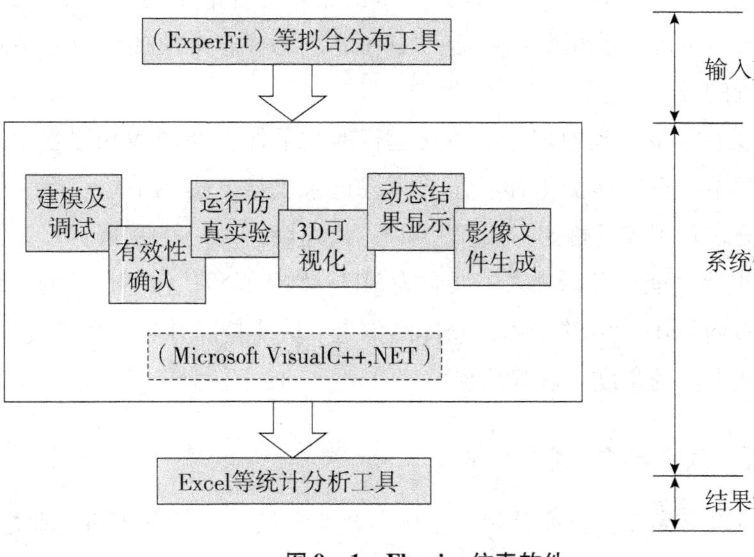

图 9－1 Flexsim 仿真软件

Flexsim 仿真软件具有以下主要特点：建模技术面向具体对象、3D 显示效果强大、建模和调试开放简便、模型的扩展性强等。其主要功能如下。

（1）建模功能：自模型建立开始即为三维，无须进行二次转换，且软件中提供各类实体库，建模时只需根据实物拖拽相应的模型，易于操作。实体参数的设置能够适应不同层次的用户，也可以提供许多物流策略给普通用户。

该仿真方法将仿真过程中发生的事件以及模型中实体的活动作为研究对象。这些事件或活动都是按照顺序发生的，它们发生的顺序驱动着仿真时钟的推进。在当前仿真时刻，仿真进程需要对下一事件的发生时刻或者实体活动开始和停止的触发条件是否满足进行判断，在将当前仿真时刻系统状态变化操作处理完后，仿真时钟将被推进到下一事件发生时刻或下一个最早的活动开始或停止时刻。仿真进程按事件发生时间持续不断地对事件序列进行排列，同时持续不断地对系统状态变化的过程进行处理。用户只需要选择合理的策略以及设置好参数，就可以实现百分比出入、先进先出等出入库策略；对于高级用户，则提供了 V + + 编程环境，用户可根据需求个性化定制功能。

（2）仿真：Flexsim 仿真软件在运行过程中运用的是优化的仿真运算法则技术（OSAT）。仿真运行时间可以是固定的或是变化的，离散事件也可通过此软件进行仿真。

（3）统计：软件内置 20 多种统计分布函数，也自带了随机变量生成器，集成的 ExpertFit 具有强大的数据拟合分布功能，能够非常便捷地建立各种与现实系统接近的数学模型。

（4）分析：能够自动地把系统仿真运行的结果保存在图表和报告中，也能够记录模型中所有实体的工作状态并生成记录表格，提供了折线图、柱状图、饼状图等多种图表的输出方式，并可导入微软的 Excel 的数据。

（5）可视化功能：可以导入扩展名为 3DS、DXF、STL 和 VRML 的三维图像，并且对 Google3D（谷歌立体）仓库图像也十分支持。并且在仿真过程中，使用人员可从不同的角度去观察系统。

9.1.3 永旺北京物流中心简介

永旺是日本著名零售集团公司，为日本及亚洲最大的百货零售企业之一，其经营业务以购物中心、综合零售业（综合百货超市、食品超市）为主。服务对象为城乡大众，并侧重于中高收入水平的社会阶层、外商和中外游客。

永旺北京物流中心位于通州区，为 7 家店铺提供物流配送服务。

永旺北京物流中心的物流活动具有以下特点。

（1）统一输送，形成规模效益。

（2）订货的批量小，频率高。

（3）商品种类繁多，运输和储存要求多样化。

（4）逆向物流普遍：连锁超市的销售特点和售后服务承诺使得其商品更新换代的频率较高（如时尚商品、季节性较强的商品等），货损率比较高，从而造成退货频率较高。

永旺北京物流中心根据其不同的作业流程设置了不同的作业组，各工作组的主要工作职责如下。

（1）票据组：主要负责收货、退货、配送等单据的打印、确认及整理，信息数据的统计等工作。

（2）收货组：主要负责货物的验收，即核对货物的品类、数量、生产日期等。

（3）DC 叉车组：主要负责货物的搬运、上架和下架。

（4）退货组：主要负责退货。

（5）装笼组：主要负责货物的装笼、盘点、出库。

9.2　案例流程分析及问题

9.2.1　物流中心空间布局

配送中心空间布局一般与其作业流程有很大的相关关系，永旺北京物流中心的空间布局如图 9-2 所示。

永旺北京物流中心的作业区域主要分为 6 块，分别为办公室、验品区、发货区、存储区、退货区以及设备存放区。

办公室：主要是票据组、永旺现场工作人员的工作场所。

验品区：货物的验收和暂存区域。

发货区：货物的暂存区域。

存储区：库存商品的存储区域。

退货区：退货组工作场所、退回货物的暂存区域。

设备存放区：托盘、地牛等设备的存放区。

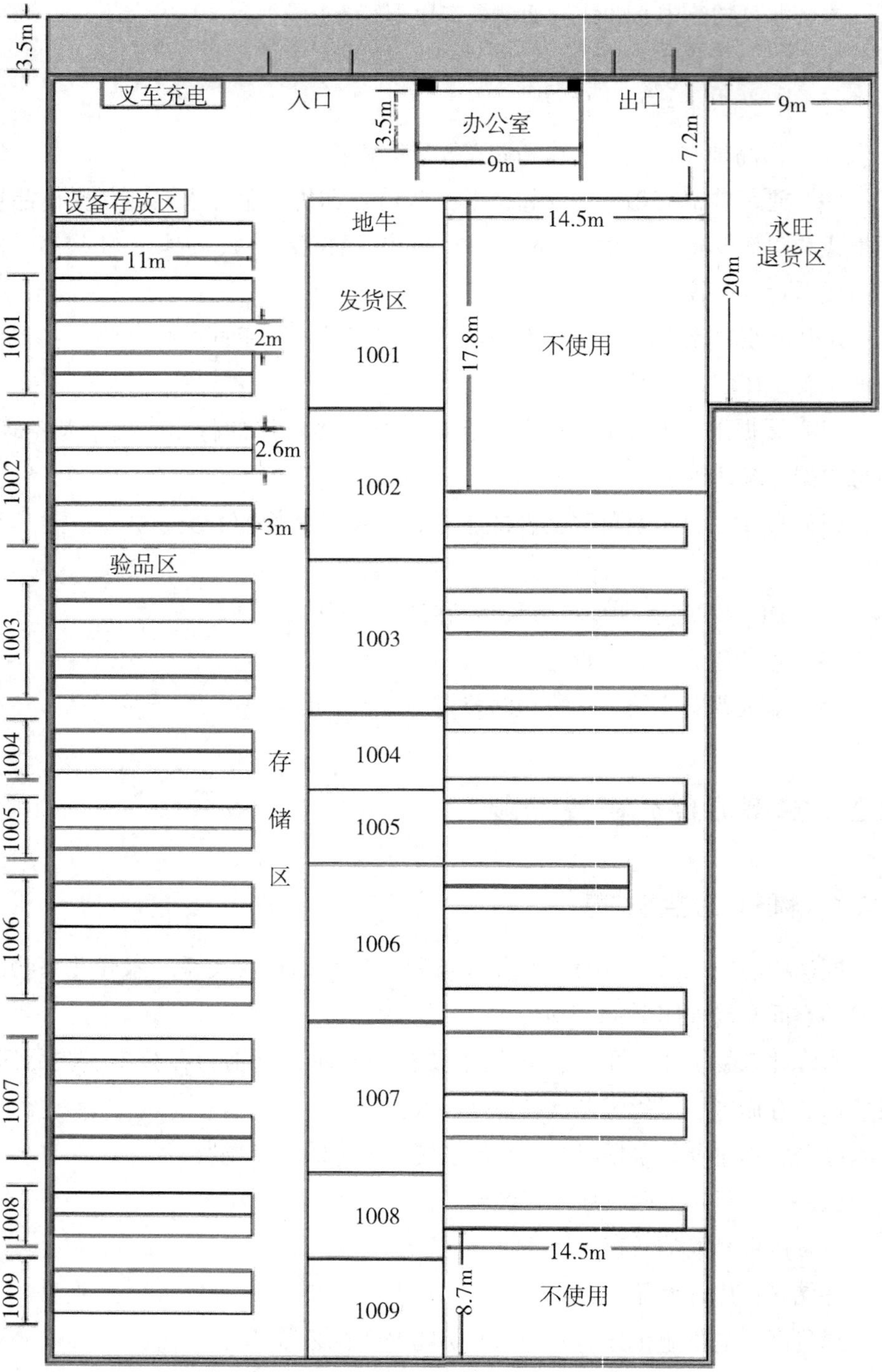

图9－2　永旺北京物流中心的空间布局

9.2.2　物流中心基本作业流程

客户在分店系统内下单，分店系统根据订单协调供应商出货。票据组收到客户货单打印票据并在供应商司机到达的当天交由收货组。

供应商司机将货送到仓库后，由装笼组监督该司机卸货到指定区域。这时供应商司机开箱检验后，收货组负责核对时间、数量、日期等商品情况，填写收货单并在商品清单上确定商品数量后签字，最后由收货组通过扫码枪将商品和笼车编号等数据传入系统。如果货物未达到收货要求，则由司机将货物拉回车中。已验收货物暂存在验品区中，等待出库。出库时装笼组盘点货物并确定配车，告之票据组使其打印单据，和司机共同检查装车单据，并指导司机配货装车，核实装车商品数量、质量，协调并确认出库事宜。永旺北京物流中心货物流动过程如图 9－3 所示。

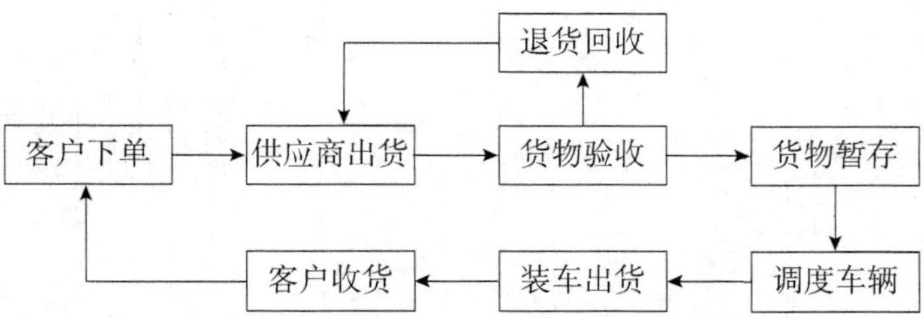

图 9－3　永旺北京物流中心货物流动过程

具体流程如下。

1. 入库流程

永旺北京物流中心的入库流程（见图 9－4）主要包括以下几个步骤。

（1）投单编号，领取排号。供应商到达永旺北京物流中心后，首先将永旺订货单投放至办公室门口，票据组审单并办理登记，供应商对货物进行检测温度，检测完毕后到投单窗口领取排号。

（2）货物入库，等待验收。供应商司机需对送达货物按门店进行卸货，然后将货物放置在指定门店验货区域（库存商品放置库存验货区），等待收货人员验收。

（3）货物验收。收货人员（装箱组）根据采购订单核对商品种类、数量、生产日期，若商品因某些原因未达到收货要求，则拒收该商品，由司机将货物拉回车中。收货人员（装箱组）在填写收货单时以实际收到的完好商

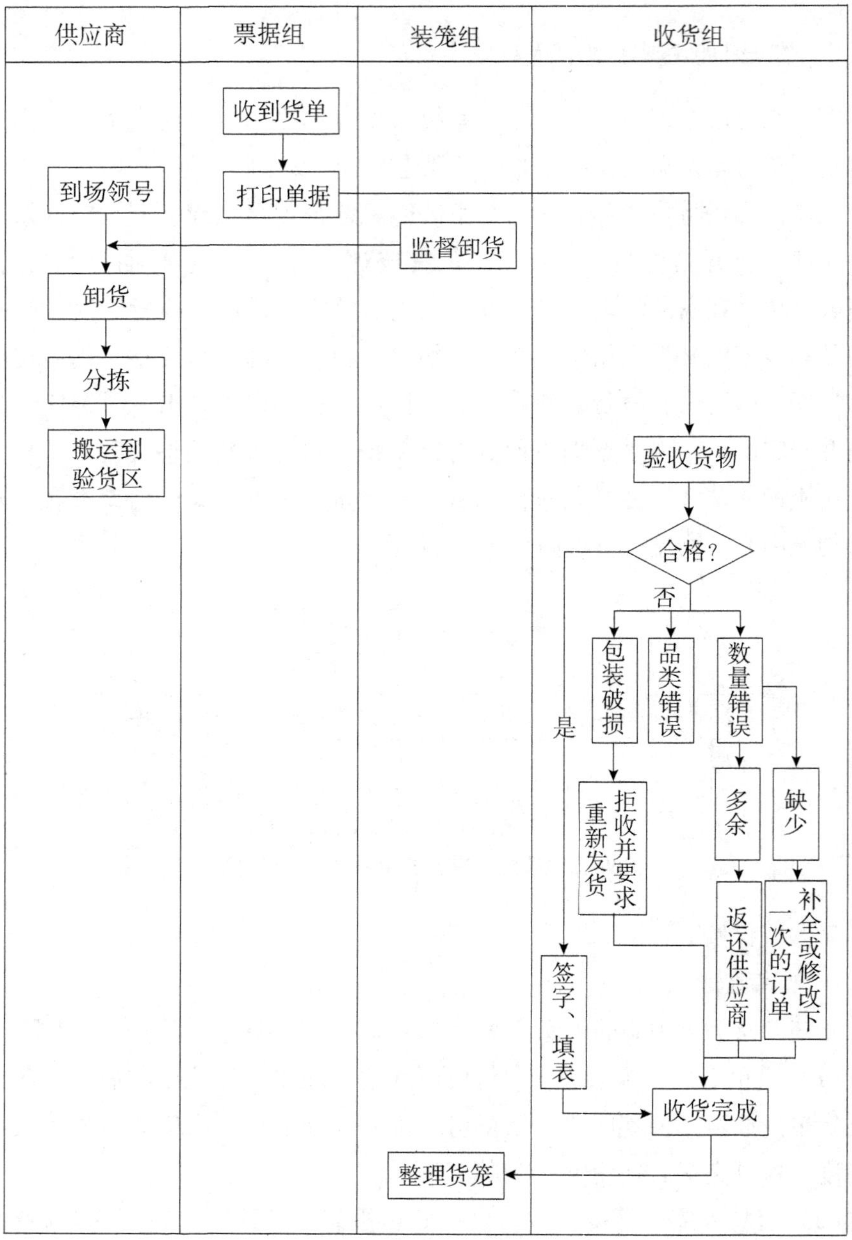

图 9－4　永旺北京物流中心的入库流程

品数量为准。在验货过程中，供应商司机需协助开箱、清点、封箱、装笼等工作。

（4）货物入区暂存。将已验收的货物暂存在验品区（已验收的库存商品入货架)。票据组收到客户货单打印票据并在供应商司机到达当天交由收货组。

对于永旺北京物流中心送来暂存的货物，如果事先沟通好货位，就按协议入货架。实际过程中我们发现高峰期货架使用率达到80%，平常时段空位较多。否则就对事先没有预分配的货物进行库位人工安排处理（多为空位摆放)，并进行货物库位清点。货物入货架后，永旺北京物流中心还将进行批号管理、盘存处理、内驳处理和库存的优化等工作，做到更有效地管理仓库。

2. 出库流程

永旺北京物流中心的出库流程（见图9-5）主要包括以下两个步骤。

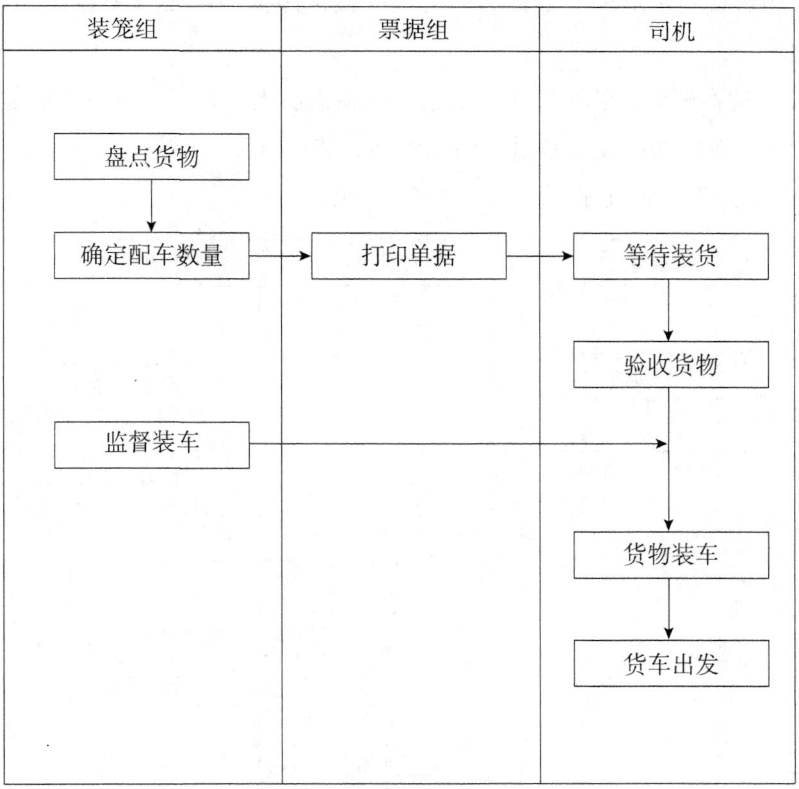

图9-5　永旺北京物流中心的出库流程

（1）货物盘点，确定配车数量。收货结束后，装笼组对货物进行盘点，根据货物数量确定配车数量，然后由调度人员根据门店要求安排车辆装车时间、顺序。

（2）货物核对，装车出库。配送司机到达物流中心后，首先领取配送清单，根据清单核对货物品类、数量，确认无误后装车出库。装笼组盘点验品区笼车货物，根据笼车数量确定配车数量，将货物和配车信息告之票据组。票据组凭此打印单据，等待司机的到来。供应商司机抵达后，装笼组在旁记录装车过程，和供应商司机共同检查装车单据，并指导司机配货装车，核实装车商品数量、质量，协调并确认出库事宜，力求出库准确完整。

3. 退货流程

永旺北京物流中心的退货流程主要包括以下两个步骤。

（1）货物盘点，确定配车数量。收货结束后，装笼组对货物进行盘点，根据货物数量确定配车数量，然后由调度人员根据门店要求安排车辆装车时间、顺序。

（2）货物核对，装车出库。配送司机到达物流中心后，先领取配送清单，根据清单核对货物品类、数量，确认无误后装车出库。

永旺北京物流中心退货流程如图 9－6 所示。

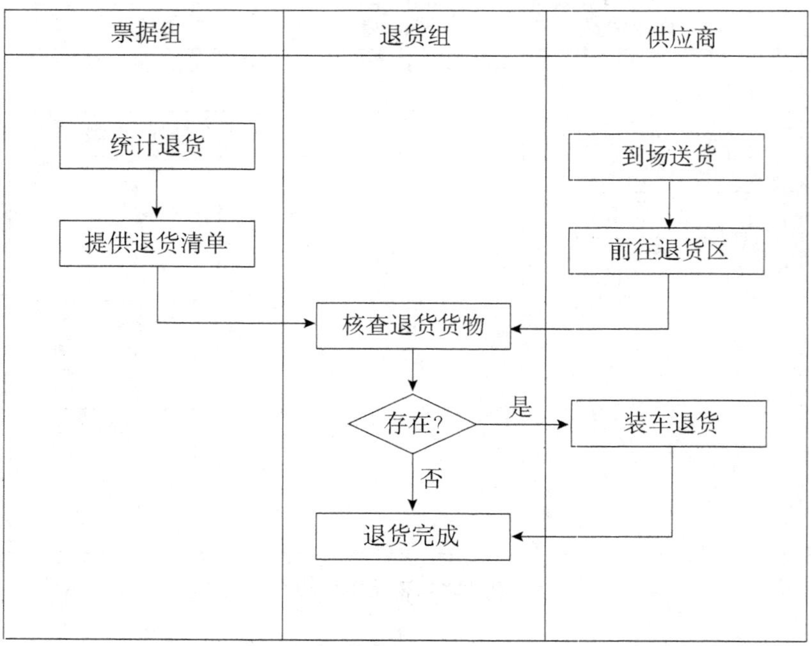

图 9－6　永旺北京物流中心退货流程

永旺北京物流中心首先要明确退货的标准和流程，如什么样的货物可以退、由哪个部门来决定、信息如何传递等。物流中心的退货组接到客户传来的退货信息后，要尽快将退货信息传递给相关部门，运输部门安排取回货物的时间和线路，仓库人员做好接收准备，质量管理部门人员确认退货的原因。随即永旺北京物流中心人员到场送货，将问题货物堆放在退货区。票据组统计退货信息并由计算机生成退货清单，永旺北京物流中心人员和退货组根据清单共同检查退货货物。如果存在问题，就可以整车退货。反之退货理由不充分就不予退货。对于已退货商品，永旺要进行严格的重新入库登记，及时输入企业的信息系统，核销客户应收账款，联系该批货物供应商协调解决。退货人员需要对退回来的商品进行整理、分类、登记、处理等一系列的工作。

9.2.3　永旺北京物流中心存在问题

通过对永旺北京物流中心的空间布局和作业流程的现状进行分析，我们发现其空间布局和作业流程主要存在以下问题。

1. 验品区规划不合理

由入库流程可知，在收货时，供应商司机首先将货物搬运至验品区等待验收，收货人员在验收货物合格后，将货物入库暂存在验品区。当收货数量较多时，会出现部分货物占用过道的情况。此外，待验收的货物与已入库暂存的货物容易发生混乱，从而造成同一批货物被重复验收。

2. 货物分拣作业均由供应商司机完成，作业效率低下

供应商司机需按门店进行卸货，即将货物分别放置在指定门店的验货区域。供应商司机在卸货时会把大量的时间都花费在搬运行走上，而且缺少效率观念，必然耽误时间，最终造成收货效率低下。

3. 收货人员责任心不强，差错率较高

在验收货物时，供应商司机需协助收货人员完成开箱、清点、封箱等工作。收货人员在核对数量时并未仔细清点，往往会直接询问供应商司机，从而造成数量清点有误，差错率较高。

4. 作业时存在安全隐患

工作人员在作业时主要存在两点安全隐患：一是在月台上堆积木箱或托盘；二是叉车作业通道与人行道共用。

9.3 案例解决方案

9.3.1 作业流程优化方案

由上一节可知，永旺北京物流中心作业流程效率提升的瓶颈在于入库，由于供应商司机做了过多的重复搬运流程，导致入库流程无法做到高效、有序，所以根据ESIA分析法，主要对这一部分进行优化。

1. 布局优化

在这里，通过对布局进行优化来影响入库流程。布局优化的整体思路如下：通过分析原有的物流中心布局及其存在的问题，充分考虑布局优化的限制条件，通过“简化”和“整合”，将路径进行简化，再将物流中心整合划分成区位，根据入库总路程最小和时间最短的原则，将货品合理分配至每一区位，并加入新设备提高效率，最终实现布局优化。

根据优化前的布局（见图9-2）进行分析。在永旺北京物流中心中，是由供应商司机自己卸货并把货物搬运到对应的验货区，而不是由物流职工操作的，所以不可避免地会使这个过程显得无序，拖慢了入库的效率，并且由于供应商司机卸货后一次只能搬运一家店铺的货物，需要多次往复搬运到各自的验货区，会造成重复劳动和时间上的浪费，导致验货时间的后移，最终会使整个入库流程时间被拉长。所以，我们重新规划了物流中心的区位，力求缩短司机的搬运路程和时间。

对于这个问题，需要通过增加一条传送带和转移验货区的方式来解决。首先，将办公室转移，留出的空间划分出五个验货区，每个验货区配置一个固定的验货人员；其次，在原本的发货区处安置一条传送带（见图9-7），在验货区检验完成的货物经由传送带运往暂存区（原验品区），每两条暂存区带由一人负责，将属于该区的货物从传送带上取下，装入笼车，然后放入暂存区；暂存区保留原收货区和发货区的部分功能，直接在此区域收发货。

2. 流程优化方案

系统改造现有物流流程或重新设计现有物流流程的根本目的，就是尽一切可能减少流程中非增值活动，调整流程中的核心增值活动，提升顾客在价

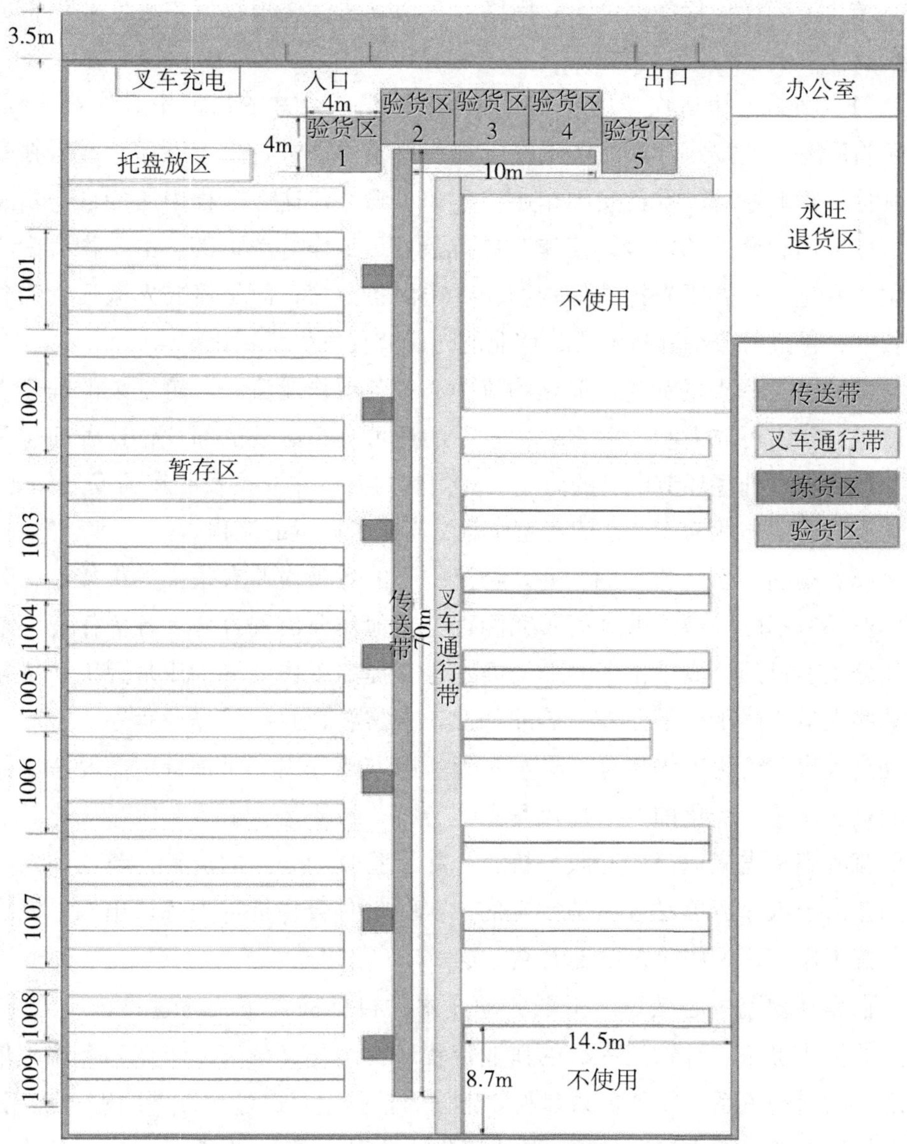

图 9－7　优化后的平面布局

值链上的价值分配。根据 ESCI 分析，“清除”非增值的不必要部分，然后应用精益管理思想和方法对物流中心进行作业流程优化设计，对物流中心实施精益管理。应分析各个流程中隐藏的非增值活动，有效识别作业流程中的浪费并通过优化来消除这些浪费。

根据优化前的入库流程（见图 9－4），从公司物流中心实际运营情况出发，结合流程优化相关理论，采用以下三个方法以实现物流中心作业流程的优化。

（1）分拣、搬运作业的重排。对需要取消或合并的物流中心作业流程，还要将所有作业按照合理的逻辑在资源约束条件下进行重排顺序，或者在改变其他要素顺序后，重新安排作业顺序和步骤。在这一过程中还能进一步发现可以取消和合并的内容，使作业更有条理，工作效率更高。由于物流中心区位的变化，不需要先拣选好货物，再送到各分区，而是需要先搬运货物到验货区，再进行分检验货流程，作业的先后流程发生了变化。

（2）搬运作业的简化。简化物流中心的各项作业流程，对复杂的程序进行改进，除去可取消和合并之外，余下的还可进行必要的简化，这种简化是对作业内容和处理环节本身的简化。优化前的搬运作业是长距离的反复作业，优化后的搬运作业为一次性的短途作业，简化了搬运的流程。

（3）分拣、验收作业的合并。物流中心的各项作业有很强的衔接性，若某作业环节不能取消，可进而研究能否与其他作业流程合并。各个作业环节之间分工的目的，或是由于专业需要，为了提高工作效率；或是因工作量超过某些人员所能承受的负担。若非如此，就需要合并相关作业程序。有时为了提高效率、简化工作甚至不必过多地考虑专业分工，而是特别需要考虑保持满负荷作业。优化前的入库流程是先分拣，再搬运，最后验收；优化后的入库流程则是先搬运，后验收分拣，合并了验收和分拣的流程，节约了入库时间。由于入库清单是分店铺制定的，在验收时会将货物先拣选出来，完成了分拣工作，这为作业合并提供了可能。

在提高物流中心效率、降低劳动成本的目标前提下，通过重排、简化、合并的优化思路，对物流中心的作业流程进行细化、分解，研究各个流程集合之间的活动关系，在分析原有业务流程的基础上，通过对资源的整合利用，提出了以上的改进措施。优化后的入库作业流程如图 9－8 所示。

9.3.2 Flexsim 的应用

1. 建模步骤

永旺北京物流中心实际工作流程受随机事件影响较大，其实可以将其视为由异步、突发的事件驱动状态演化而来的一种动态系统。这里我们选用面向过程的离散事件系统仿真方法，来对其进行定量分析。根据永旺北京物流

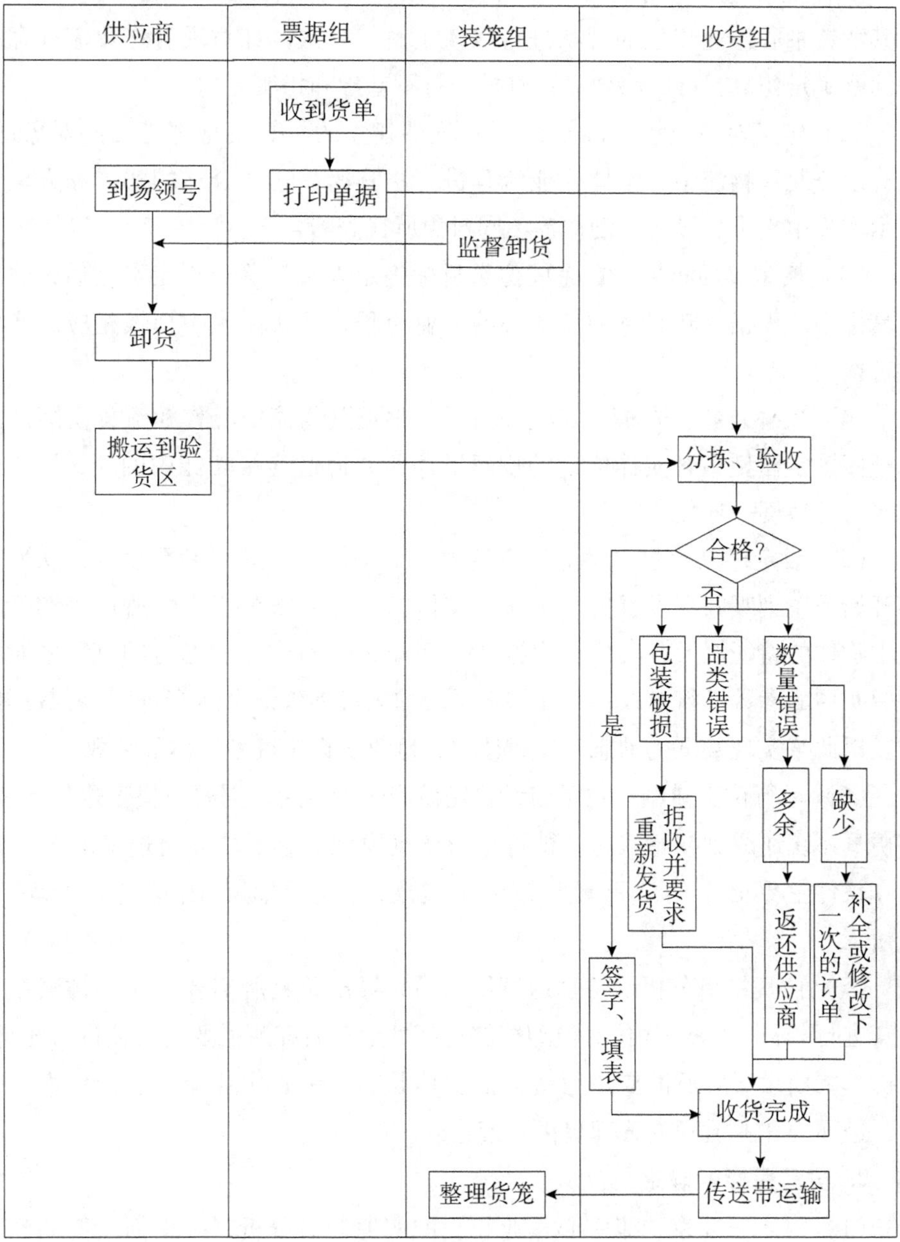

图 9－8　优化后的入库作业流程

中心的实际情况，我们选用 Flesxim 仿真模型，将仿真建模的建立分成以下 7 步。

（1）确定仿真目标与假设。首先，对永旺北京物流中心进行实地调研，对其物流中心作业流程的现状进行深入了解。其次，针对现有作业流程存在的问题确定仿真目标，为建立仿真模型打下基础和指明方向。

（2）定义对象流程。Flexsim 仿真软件建立的仿真模型都是面向对象的，在对永旺北京物流中心整体作业流程进行仿真时，选择合适的实体和方法来表示实际中人员、设备、动作等不同对象所代表的含义。

（3）模型界面布局。在完成仿真目标确定以及对象流程定义之后，建立仿真模型。根据永旺北京物流中心的作业流程，从实体库中拖拽相应的实体进行摆放。

（4）实体连接。在模型建立完成后，根据其物流中心作业流程实际的逻辑顺序确定模型中各实体之间的逻辑顺序，并通过连接功能中的“A”“S”连接对端口逐一连接。

（5）设定对象参数。对仿真模型中每个实体逐一进行参数设置，从发生器开始设置到吸收器设置完毕为止。实体参数主要来源于实体所代表实际系统中物体的特征以及各实体行为特性。Flexsim 支持在模型运行的过程中对模型中实体的参数进行修改，并能够将系统的运行参数记录到 Excel 或者数据库中。以此来实现数据的动态存储或读取，修改运行中模型实体的参数。

（6）运行仿真模型。在重新设置完模型的参数后，需要对模型进行重置，将仿真系统还原到初始状态，即可运行仿真模型。重置功能通过单击 Flexsim 仿真软件主界面上的“重置”按钮来实现，模型的运行则要点击“运行”按钮。

（7）仿真结果分析。仿真运行结束后，导出研究所需要变量的仿真结果对其进行分析。Flexsim 仿真模型能够选择性地对研究所需要的实体进行统计，在仿真之前设置好所需要进行统计的实体状态。中心作业流程进行仿真与分析，进而为作业流程的管理提供决策建议。

2. 仿真目标的确定

（1）对永旺北京物流中心作业流程的实地调研分析，并根据当前的作业流程构建 Flexsim 仿真模型，运行该仿真模型，观察系统仿真运行的过程。

（2）分析模型仿真运行的结果，明确影响永旺北京物流中心作业流程效率的相关问题。

（3）对作业流程中的人员、设备（处理器、暂存区等）的资源利用及其配置进行重点分析，找出不合理的地方。针对不合理的地方，采取相应的改善措施，对资源利用和配置进行优化，进而使资源配置合理化和作业成本节约化。

3. 仿真假设

在物流中心的实际运行中，每个作业环节都较为烦琐。因此，我们有必要在仿真模型建立的过程中，将一些作业环节进行简化，化具体为抽象，以便更好地建立仿真模型，从而进行深入研究。结合永旺北京物流中心作业流程的现状分析，在仿真模型的建立过程中假设以下四个条件。

（1）配送中心的货品按箱到货，并由箱式货车运送，货车按时到达。

（2）所有货品到达配送中心时没有任何损坏，也没有出现缺货状态。

（3）任何设备均处于连续正常工作状态，无故障与维修现象出现。

（4）工作人员素质完全相同，工作状态为连续无间断。

4. 作业流程的概念模型构建

在对物流中心作业流程详细分析的基础之上，确定作业流程的概念模型。

（1）确定入库作业流程概念模型，如图 9 - 9 所示。

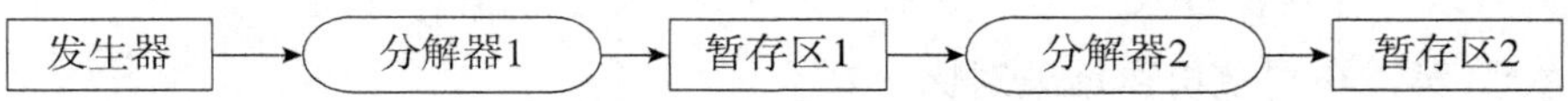

图 9 - 9　入库作业流程概念模型

对入库作业流程模型对象定义具体描述如下。

①货车到达。发生器用于产生临时实体模拟送货车车辆到达动作，到达地点为货品物流中心的卸货区，用发生器的“到达时间间隔”功能设置到货时间间隔。

②卸货分拣。分解器 1 和暂存区 1 组合，模拟货物到货、卸货分拣的动作。

③验货查收。分解器 2 模拟货品到货验收的动作，这里用 6 个分解器分别代替 6 个验货区。首先查验相关单据是否齐备，其次检查货物是否吻合。分解器的“预置时间”代表供应商司机从月台搬运到对应验货区的时间，分解器的“加工时间”功能用于记录检查时间。

（2）确定优化后入库作业流程概念模型，如图 9 - 10 所示。

对优化后入库作业流程模型对象定义具体描述如下。

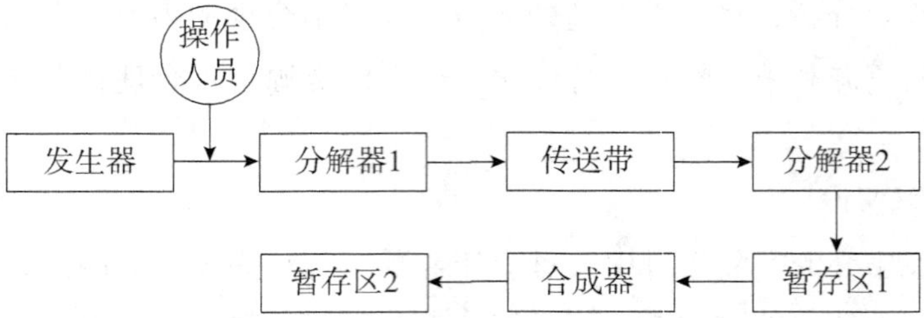

图9-10　优化后入库作业流程概念模型

①货车到达。发生器用于产生临时实体模拟送货车车辆到达动作，到达地点为货品物流配送中心的卸货区，用发生器的“到达时间间隔”功能设置到货时间间隔。

②到货检查。分解器1和操作人员组合，模拟货品到货检查动作，这里用一个分解器代替5个验货区。首先查验相关单据是否齐备，其次检查货物是否吻合，分解器的“加工时间”功能用于记录检查时间。

③货物堆垛。分解器2、暂存区1和合成器组合，用于模拟工人从传送带卸下货品码垛在托盘或笼车上的动作。

其入库作业流程及其运行效果如图9-11和图9-12所示。

5. 实体布局及仿真结果对比分析

根据永旺北京物流中心的作业流程的逻辑顺序，同时考虑仿真模型构建的目的，在Flexsim仿真软件中，进行实体的布局，最终完成北京永旺物流中心流程优化前（见图9-11、图9-12）和优化后（见图9-13、图9-14）入库作业流程的仿真模型。

（1）优化前。

其中，卸货人员的速度为1.4m/s，经实地测算，验货时间是平均5min/笼车，平均每笼车15箱货物。卸货时间（包括从车上卸货到搬运到月台）：4s/箱，分解器2验货时间：20s/箱，分解器2的预置时间：11s，分解器3的预置时间：17.5s，分解器4的预置时间：24.1s，分解器5的预置时间：30.7s，分解器6的预置时间：37.3s，分解器7的预置时间：43.8s。

此次统计了某年5月31日到7月11日的到货量，平均每日到货量为4647箱，本次仿真模型计算总用时30801.59s，共计8.56h。

（2）优化后。

优化后的入库作业流程及其运行效果如图9-13和图9-14所示。

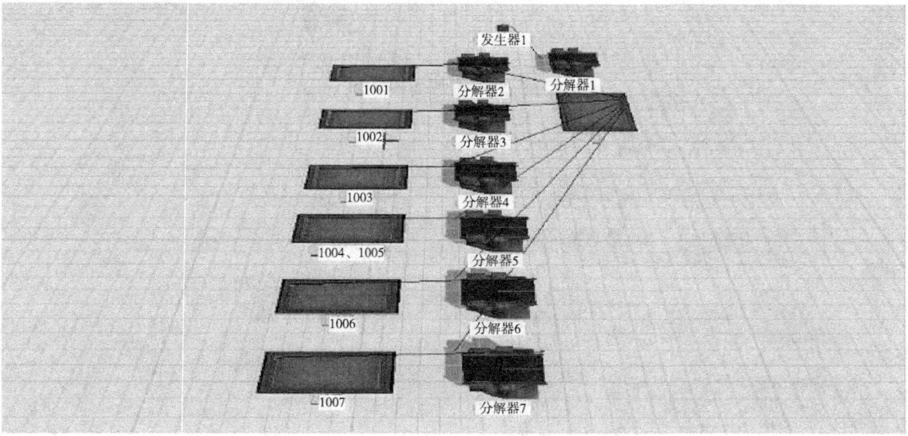

图 9-11 永旺北京物流中心入库作业流程

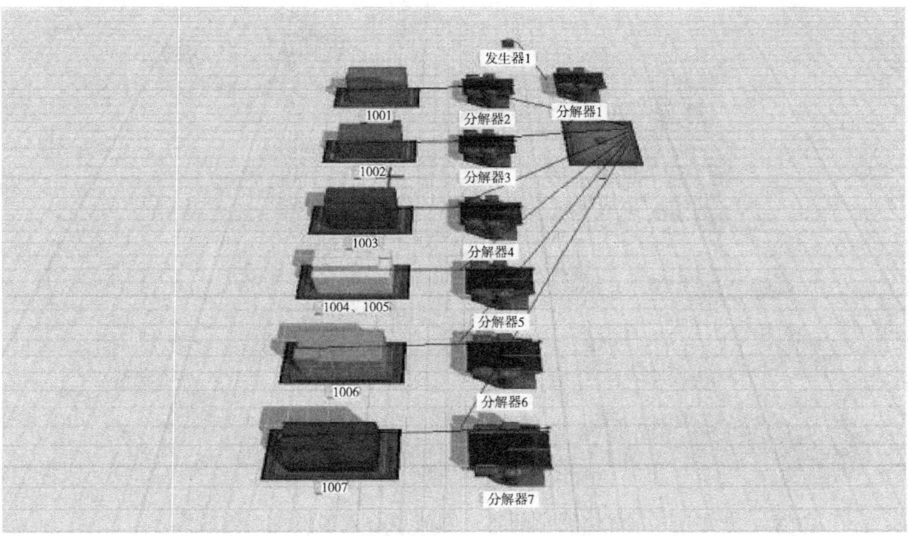

图 9-12 永旺北京物流中心入库作业流程运行效果

其中，传送带长 10m + 70m，传送带速度 18m/min。卸货时间（包括从车上卸货到搬运到验货区）：5s/箱，分解器验货时间：20s/箱/5 个验货区 = 4s/箱。

此次统计了某年 5 月 31 日到 7 月 11 日的到货量，平均每日到货量为 4647 箱，本次仿真模型计算总用时 26032.15s，共计 7.23h。

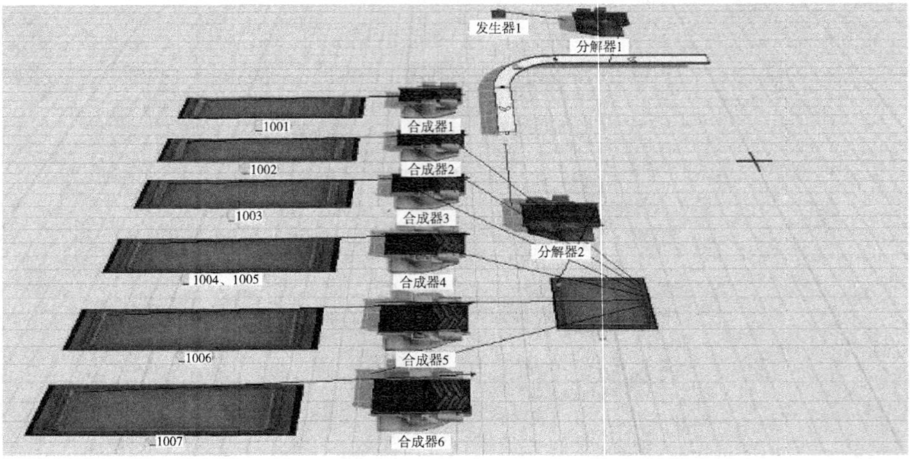

图 9－13　优化后永旺北京物流中心入库作业流程

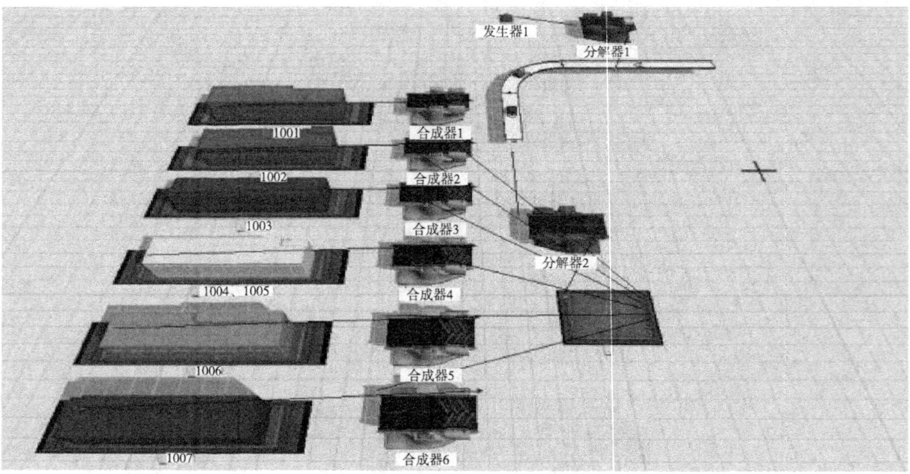

图 9－14　优化后永旺北京物流中心入库作业运行效果

9.4　案例结论

本案例主要以永旺北京物流中心为研究对象，对作业流程的现状进行了诊断分析，根据诊断分析出的问题设计出优化改善方案，并对优化改善后的效果进行分析评价，达到了提高物流配送中心运营效率的目标。我们主要研究及取得的成果如下。

（1）收集并研读了大量国内外类似的研究资料，对永旺北京物流中心进行多次实地调研来收集真实、可靠的资料，综合了理论基础研究和真实数据的分析处理，为后面的仿真建模打下了基础。

（2）对永旺北京物流中心的布局和作业流程进行了详细分析，将配送中心的整个作业流程简化为三大块，并根据分析所得，对货物物流配送中心的作业流程进行了建模仿真。

（3）对 Flexsim 建模环境下的货物物流作业流程仿真模型进行了构建。对运行结果进行了相应的处理分析，找出了作业流程中存在的问题，根据存在的问题提出了相应的改善方案，对货物物流配送中心作业效率的提高提供了建设性的意见，通过优化前后的仿真结果进行对比，证明了优化后的方案效果。

（4）通过研究国内外的研究资料，可以看出其研究方向都指向了信息化、自动化的立体仓库，国内仓库在未来都不可避免要往信息化、自动化的方向发展，永旺北京物流中心现在是以手工为主，而未来永旺北京物流中心如果想要更进一步，那么就必须进行信息化、自动化改革。

本案例的研究虽取得了一定的研究成果，但仍有许多不足之处，今后需要更加深入研究改进，具体表现在以下三点。

（1）由于个人的能力水平有限，以及每个人的文献收集侧重点不同，以致研究的深度和广度不够，对一些问题的分析不能够直指其本质，提出的解决方案也无法做到全面考虑，因此，这些问题都是在以后的学习研究过程中应重点加强提升的方面。

（2）本案例的数据都来自对永旺北京物流中心的实地调研，不能保证一些数据精确无误，只能进行一定的处理，尽量做到真实、可信，以提高仿真模拟的精度。但目前，对于仿真模型精度的检验没有特别有效的方法，通常的做法是将建模仿真的结果与现实中系统实际运行效果进行对比来验证模型的精度，此项工作本身就是很难完成的。因此，对于仿真模型的精度检验，仍需要在以后的研究中进一步探索。

（3）本次建模采用的软件为 Flexsim，有着强大的建模仿真和数据分析功能，但限于版本的问题，有些功能受到了一定的限制，未能发挥其建模仿真的全部优势，在对于永旺北京物流中心的作业流程进行建模仿真、分析、优化的时候，为了解决部分功能受限问题，不得不对作业流程进行一定的简化，并且模型的构建也是在理想的状况下进行的，而实际的作业流程则更加的烦琐，因此，根据此仿真模型的结果分析提出的最优改善方案与实际的情况会有一定的误差，这一点也是在以后的研究中需进一步突破的地方。

9.5 课后思考

零售业连锁超市销售的商品品种繁多，涉及食品、日用品、家居装饰等，其物流配送中心的仓储管理和配送服务非常重要。零售业连锁超市的配送量波动大、订货频率高，时间要求相对也比较严格。为了提高超市配送效率，满足消费者的需要，超市的配送中心的储存应多样化，充分利用仓库资源，合理布局。另外，现代化的配送中心还需要机械、自动化的设施设备和完善的管理信息系统。物流信息加工处理和系统的完善、配送中心的货位规划、商品的出入库流程设计、科学拣选以及自身库存控制水平等，最终影响整个配送中心的经营管理水平。

根据以上案例，思考以下问题：

（1）谈谈本案例中，如何运用 ESIA 分析法改善了作业流程？

（2）运用了 Flesxim 仿真模型，试比较优化前后的作业流程。

（3）物流作业流程优化还可以用哪些模型？

10　二商西郊冷冻厂配送模式优化分析

10.1　配送与配送模式

根据国家标准物流术语 GB/T 18354—2006，配送是指在经济合理区域范围内，根据用户要求，对物品进行拣选、加工、包装、分割、组配等作业，并按时送达指定地点的物流活动。配送作为一种特殊的物流活动方式，几乎涵盖了物流中所有的要素和功能，是物流的一个缩影或某一范围内物流全部活动的体现。

配送的总体目标可以简单地概括为 7 个恰当（Right），即在恰当的时间、恰当的地点和恰当的条件下，将恰当的产品以恰当的成本和恰当的方式提供给恰当的消费者。

1. 配送的种类

（1）按配送商品种类及数量划分为多品种、少批量配送和少品种、大批量配送。

（2）按配送时间及数量划分为定时配送、定量配送、定时定量配送、定时定量定点配送、即时配送。

（3）按配送地点划分为配送中心配送、仓库配送、商店配送、生产企业配送、配送点配送。

2. 配送模式的分类

配送模式的分类有两种形式，一种是按配送的物品来划分，即划分为生产资料与生活资料的配送；另一种是按配送的形式来划分，即划分为自营配送模式、共同配送模式和第三方配送模式。

（1）按配送的物品划分的配送模式。

①生产资料产品配送模式。生产资料是劳动手段和劳动对象的总称。在管理运作中，人们常常把生产资料分成两大类：工业品生产资料和农产品生

产资料。这里的生产资料是指用于满足工作、交通、基本建设等需要的工业品生产资料，其中包括各种原料、材料、燃料、机电设备等。

②生活资料产品配送模式。生活资料是用来满足人们生活需要（吃、穿、用）的劳动产品。生活资料的品种、规格较之生产资料更为复杂，其需求变化也比生产资料要快，因此，生活资料的配送不但必须安排分拣、配货和配装等工艺（或工序），而且其作业难度也比较大。此外，就生活资料中的食品而言，有保鲜、保质期和卫生等质量要求，根据这一特点，一部分生活资料的配送流程中也包含加工工序。

a. 日用小杂品配送模式。日用小杂品主要指以下几类产品：小百货（包括服装、鞋帽、日用品等）、小机电产品（如家用电器、仪器仪表和电工产品、轴承及小五金）、图书和其他印刷品、无毒无害的化工产品和其他杂品。这类产品的共同特点是：有确定的包装，可以集装、混装和混载，产品的尺寸不大，可以成批存放在没有单元货格的现代化仓库中。

b. 食品配送模式。食品的种类很多，其形状各异，又都有保质、保鲜期。鲜菜、鲜果、鲜肉和水产品等保质期短的货物配送经常选用有加工工序的食品配送模式。加工工序的作业主要有：分装货物（将大包装改成小包装）、货物分级、去杂质（如蔬菜去根、鱼类去头和内脏）、配制半成品等。食品配送特别要强调速度和保质。在物流实践中，一般都采用定时配送、即时配送等形式向用户供货。

（2）按配送的形式划分的配送模式。

①自营配送模式。自营配送模式是指企业物流配送的各个环节由企业自身筹建并组织管理，实现对企业内部及外部货物配送的模式，是目前生产流通或综合性企业（集团）所广泛采用的一种配送模式。企业（集团）通过独立组建配送中心，实现内部各部门、厂、店的物品供应的配送。这种配送模式有利于企业供应、生产和销售的一体化作业，系统化程度相对较高，既可满足企业内部原材料、半成品及成品的配送需要，又可满足企业对外进行市场拓展的需求。

②共同配送模式。共同配送模式是指物流配送企业之间为了提高配送效率以及实现配送合理化所建立的一种功能互补的配送联合体；是一种物流配送经营企业之间为实现整体配送合理化，以互惠互利为原则，互相提供便利的物流配送服务的协作型配送模式；也是电子商务发展到目前为止最优的物流配送模式，包括配送的共同化、物流资源利用共同化、物流设施设备利用

共同化以及物流管理共同化。共同配送模式是合理化配送的有效措施之一，是企业保持优势常在的至关重要的课题，是企业的横向联合、集约协调、求同存异和效益共享，有利于发挥集团型竞争优势的一种现代管理方法。

③第三方配送模式。随着 JIT 管理方式的普及，无论是制造企业还是商业企业逐渐把配送业务交由相对独立的第三方进行管理。第三方是指提供物流交易双方部分或全部物流功能的外部服务提供者，是物流专业化的一种形式。第三方配送企业根据采购方的小批量和多批次的要求，按照地域分布密集情况，决定供应方的取货顺序，并应用一系列的信息技术和物流技术，保证 JIT 取货和配货。

10.2　案例企业现状与问题分析

10.2.1　企业设备和人员现状分析

1. 仓库及基础配套设施设备现状

二商西郊冷冻厂目前共有冷库面积 124500m^3，是北京北部城区目前最大的冷冻食品储存冷库，包括两间大型冷库和近百间小型冷库，其中：0℃～5℃冷库 20000m^3，主要储存各种蔬菜、水果、干果、罐装饮料等保鲜食品；－18℃～－25℃冷库 104500m^3，主要储存各种肉类、水产品、速冻食品、冷饮等低温产品。冷链设备设施先进，制冷系统和变配电系统能够全面实现自动控制和自动检测。同时，旗下四道口水产交易市场经营面积达 14000m^2，内设调味品、鲜肉、鲜活水产品、冷冻食品、干品和酒店用品 6 个交易大厅。具体结构布局如图 10－1 所示。

此外，二商西郊冷冻厂设有信息中心、结算中心、食品检测中心、安全监控中心和冷藏中心，共“五大中心”。其中，信息中心运用信息技术管理电子商务、分销管理、仓库管理、市场管理、物业管理、财务管理、人力资源管理、法律事务、冷库氨泄漏监测预警及应急处置等各个领域。结算中心为顾客提供一站式服务，同时汇集市场供求信息、客户信息等管理数据。安全监控中心对辖区进行监控，包括视频监控、消防中控、烟感报警系统。食品检测中心对食品卫生指标、理化指标、感官指标、农药残留、微生物等常规和特殊项目进行安全检测。冷藏中心提供水产品、肉类食品、速冻食品、水果和蔬菜等食用农产品的储存。同时对食品产地、运送车辆、食品名称、数量、收货人员等基础信息进行登记备案。

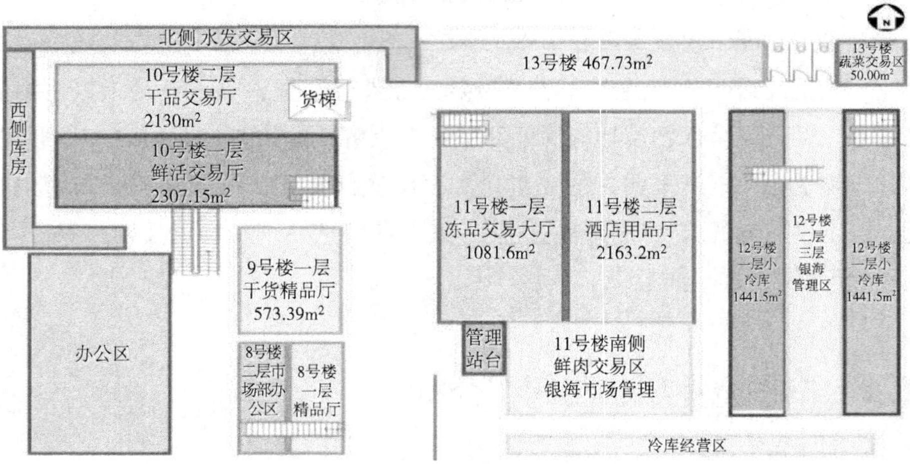

图 10－1　二商西郊冷冻厂布局

2. 车辆及人员配备现状

目前，二商西郊冷冻厂主要通过三轮车进行商品配送，其主要自有车辆类型除三轮车外，还有少量的电动车和小型货车，现有三轮车 400 余辆，车辆由二商西郊冷冻厂统一规格配备，可供租赁冷库与摊位的商户使用，早高峰时期车辆利用率达到 60% ~70%，但在早高峰后大多处于闲置状态，存在资源利用不足、车辆停放混乱的现象。

此外，二商西郊冷冻厂目前配备工作人员 300 余人，厂内管理人员、专业技术人员和技能型人员占职工总数的 70%，管理人员主要负责市场的日常管理和经营等事项，而专业技术人员则负责冷库设施的监管和日常维护，并实行“四班三倒”的轮班制度，保证冷库设施的正常运作。商品配送工作由各商户自行承担，因此商户往往会自行雇用员工，主要负责商品的装卸以及配送工作，各商户商品配送相互独立，因此由于配送人员较多，会出现人员利用不足、管理混乱的现象。

10.2.2　市场运营现状

1. 经营模式

二商西郊冷冻厂目前主要经营业务包括冻肉经营、冷藏储运、市场交易、人造冰销售等。其下属销售市场四道口水产交易市场占地面积近5000m²，拥有百余家诚信销售商户，经营各类冻品、鲜肉、调料和鲜活水产品。同时，企业还兼有人造冰制造及销售业务，日生产能力为80t左右。

西郊冷冻厂主要负责各种蔬菜、水果、肉类、水产品等的冷藏以及冷冻业务，拥有2000t小型冷库，主要承包给市场内部的各大商户，用来满足各种商户的储存需要，而企业主要负责收取租金和对冷库环境的维护和管理。

该冷冻厂下属四道口水产交易市场目前的经营模式主要是企业将市场内各店铺、部分冷库等租给具有相关营业执照等证件的商户，并且为其配备统一的车辆、着装、刀具等，然后企业从中收取商户的店铺租赁费用，同时负责管理维护市场的正常秩序。

同时，为满足市场未来的发展方向，二商西郊冷冻厂开设了相关冷冻产品的电子商务平台，自主经营产品主要包括各类水产品礼盒，种类包括带鱼、大闸蟹、鲍鱼、龙虾等，价格从300元到1000元不等。礼盒组合方式包括企业自主组合以及依据顾客需求组合两种，其销售量平均每天5件到10件不等，节假日期间销售量较高。

2. 商户管理

该冷冻厂下属四道口水产品交易市场，拥有大、中、小型商户共800余家，经营范围包括各类冻品、鲜肉、调料和鲜活水产品等。

目前，存在于市场中的各商户运营规模大小不一，经营商品种类之间差别较大，商品销售环境较为混乱，而且商品质量以及价格参差不齐，鱼龙混杂；此外，该厂对于商户的准入标准规定较为宽松，商户凡具备相关卫生及营业执照并经过其审查之后便可获得在市场经营的资格，导致商品质量难以保证。同时，市场内部及周边环境较为恶劣，急需整改。

该冷冻厂对于商户的管理不足，除基本的经营环境和商品质量卫生管理之外，并没有参与商户的商品经营过程，商户自行承担商品的一系列经营管理以及后期的配送工作，西郊冷冻厂不限制商户的经营规模和范围，同时也不限制商户的配送方式以及内部人员招聘工作，商户经营自由度较高，市场经营环境较为混乱，管理难度较高。

3. 服务对象

该冷冻厂下属四道口水产品市场，经营商品包括蔬菜、肉类、调味品、水产品等，其主要服务对象为周边的各中小型超市、大小餐馆、学校食堂以及周边社区的居民，主要商品销售模式包括批发和零售。总体来说，四道口水产品市场顾客的主要覆盖范围是以市场为中心 15km 范围内的整个北下关地区。

此外，该冷冻厂自营水产品礼盒主要销售对象包括部分企业单位（用于发放员工福利）、周边居民以及公司的部分老客户，主要销售方式为零售。由于订购高峰期主要集中在各节假日，需求波动大，其主要的配送模式包括客户上门取货（自提）、快递配送、利用电动车自行配送（距离较近且数量较少）、冷藏车配送（数量较多）等。主要的客户覆盖范围包括海淀区、东城区等，配送距离长短不一，只要有订单下达，西郊冷冻厂均会选择相对合适的配送方式进行商品配送。

4. 商户订单

水产品市场内商户订单量相对较大，每天装车时间大多集中在早上 5：00—9：00，且多为自主配送，销量如表 10－1 所示。

表 10－1　　二商西郊冷冻厂商户销量

产　品	销　量
淡水鱼	4000～6000 斤/天
酱油等调味品	20 箱/天（6 瓶/箱　1.5L/瓶）
牛、猪、鸡	7～8 吨/天
火锅料	20 箱/天
盐	20 箱/月

10.2.3　配送方式

目前，该企业的订单配送方式主要有直配型、第三方物流和自提三种模式，其主要配送模式选择标准如图 10－2 所示。

1. 直配型

直配型送货就是指由公司负责安排车辆、配送人员将货物直接配送至客户要求的指定场所。二商西郊冷冻厂拥有自己的配送车辆和配送人员，配送的车辆有普通小型货车、电动三轮车等，其中，对于大批量的货物，主要是

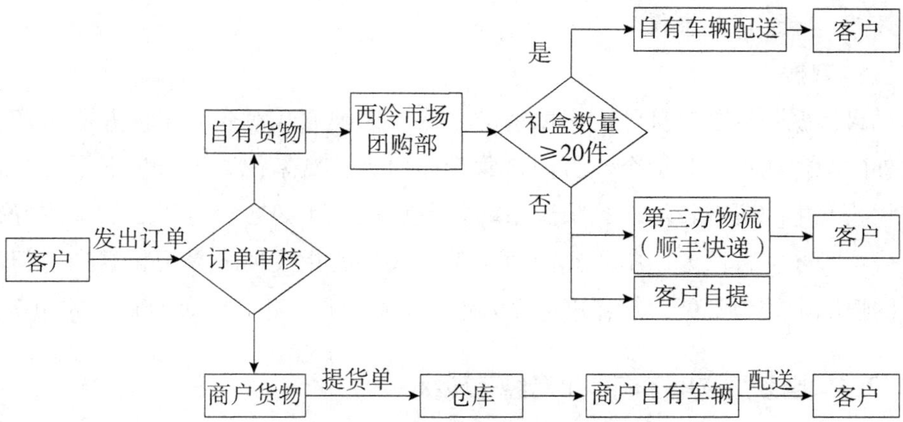

图 10－2　二商西郊冷冻厂订单配送模式

用普通小型货车进行配送；对于数量较少的货物，则用电动三轮车配送。

直配型的优点主要表现在配送速度快、用时少，能在一定程度上减少货物损耗。其缺点主要表现为客户订单时间不定，如遇高峰期堵车易造成运输成本增加，且二商西郊冷冻厂配送的商品基本为冷藏品，夏季温度过高，普通货车运输不能保证商品质量，易造成货物损耗，降低顾客满意度，增加额外成本。

2. 第三方物流

第三方物流配送方式是指西郊冷冻厂将配送业务外包给第三方的物流企业，由专业物流公司负责商品的配送，直接为商品的质量负责。一方面，厂内冷藏车没有市内运营证书，不能上路运输冷冻商品，只靠普通货车不能保证产品品质；另一方面，一般商品的配送地点较为分散、距离较远（大约3km 以上），且订单量较少，若采用直配型配送成本较高，因此，第三方物流配送方式是目前二商西郊食品冷冻厂的主要配送模式。

现阶段，与二商西郊冷冻厂合作最多的第三方物流企业是顺丰快递。通常情况下，其订单都是冷藏品，而顺丰快递的配送速度、质量保证、设施设备、信誉口碑等都能满足其订单商品的运输要求。

采用第三方物流配送的优点主要表现为商品质量有保证，企业只需支付邮费即可保证订单无规律、配送地点分散的货物按时送至客户手中。但是，目前二商西郊食品冷冻厂主营的水产品电商平台知名度有限，订单数量少，且没有与顺丰快递建立长期的合作关系，只是在周边快递网点寄送货物，邮费较高，导致订单盈利有限。

3. 自提

自提就是指客户自己上门取货的方式。这种方式对企业来说并不会产生额外的配送成本。对于企业目前自营产品肉类礼盒来说，一般情况下客户自提货物发生的概率较低，只限于某些特殊情况，比如客户订货之后又刚好路过公司，才会自己上门提货。而对于某些大型的批发商户来说，客户上门取货的情况则较为常见，其客户主要为距离市场较近的饭店、便利店、超市等。

10.2.4 自营货物电子商务平台经营现状

1. 商品种类

产品中多数都为二商集团下的各种子产品，包括海鲜水产、生肉禽蛋、粮油副食、酒品等。四道口水产品交易市场主要负责配送的就是粮油副食、散装水产品和水产品礼盒。

2. 网站订单量

相对于上门订单和电话订单，网站订单量较少，客户流量不多，并且时间上流量极不平均，主要表现在高谷期流量过大，而低谷期流量几乎为零。

3. 客户覆盖范围

目前，二商西郊冷冻厂的客户多为企业内部员工及其亲戚朋友和部分老客户，真正从网站到购买发展而来的新客户非常有限。其订单客户相对分散，且覆盖率极高，如图 10 – 3 所示。

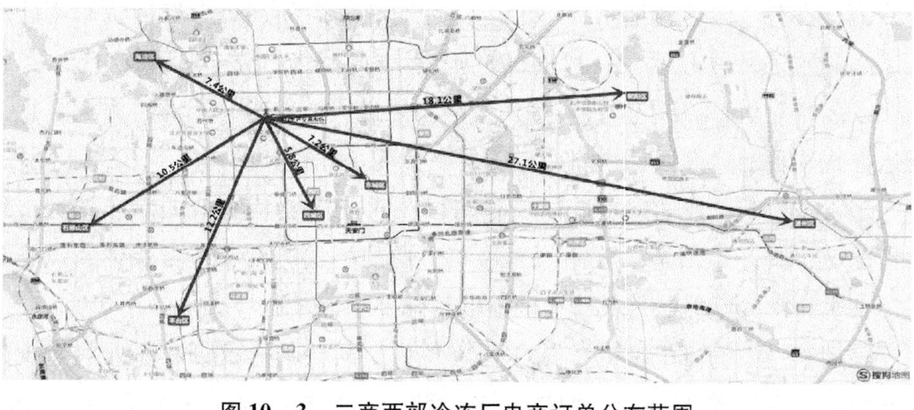

图 10 – 3　二商西郊冷冻厂电商订单分布范围

同时，二商西郊冷冻厂主营的礼盒销售方向比例也较为分散，主要表现为2017年1月至7月朝阳区占比30.6%；海淀区占比23.7%；东城区占比9.7%；西城区占比18.3%；丰台区占比14.5%；石景山区占比2.7%；通州区占比0.5%。

以水产品为例，通过调查，售卖的散装水产品主要面向1km左右的超市和饭店，而水产品礼盒的受众基本在3km之外的范围，甚至有的在20km之外，如图10-4所示。

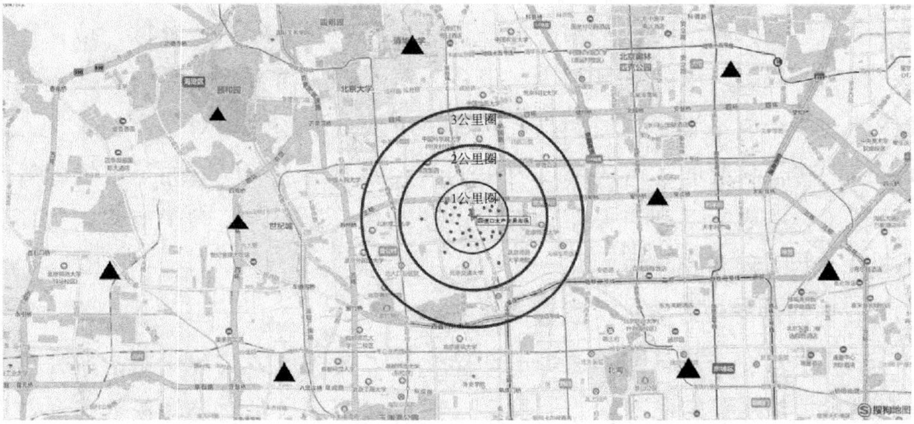

图10-4　二商西郊冷冻厂商品销售辐射范围

10.2.5　存在问题

1. 自身商品需求少，辐射范围广，运输成本高

目前从西郊冷冻厂市场部售出的主要产品就是水产品礼盒和其他副食品，从分发的礼品卡和订单来看，订单范围分布较广且需求十分有限，目前企业内配备的两辆电动自行车根本不能满足远距离订单的配送要求。因此，团购部基本都采用顺丰快递（第三方物流）进行运输，这就在一定程度上降低了产品的利润收入。此外，只有在单一订单量足够多的时候，企业才会用普通货车直接配送上门，但运送车辆配备有限，往往会造成冷藏品不同程度的损耗，严重时还会导致客户满意度下降、拒收商品等现象，无形中增加了厂方的损失成本。

过少的需求往往使得运费占比过高，再加上自身设施设备条件有限，为保证商品质量，满足遍布北京城的分散订单，二商西郊冷冻厂只能选择快递费用较高的顺丰快递，订单亏损现象时有发生。

2. 商户自行配送，信息无法共享

目前四道口水产品端市场的商品配送由各商户与其客户之间自行协商决定，所需配送的商品或由客户自行上门取货，或由商户委派配送员进行配送。据调查，市场统一给各商户分配了车辆，但各商户之间各自为营，基本没有信息交流和资源共享，导致目前市场内部信息不对称现象严重。

商户自行配送其本身就存在一定的弊端，同时对于市场环境也会造成一定的负面影响。一方面，各商户之间以自身为单位组织送货，同一客户可能由多个商户多次到达配送不同的商品，甚至有些商品配送量极低，这就在一定程度上造成了资源的重复利用和浪费，对于客户而言，也会增加其重复的装卸劳动，造成不必要的时间损耗；另一方面，市场缺乏对客户、车辆、路线等统一整合和调度，造成市场内车辆和人员混杂，不仅增加了市场的管理压力，还会造成一系列诸如车辆拥堵、乱停乱放等问题，对于市场周边环境也造成了不同程度的影响。

3. 商户缺乏统一管理，质量参差不齐

二商西郊冷冻厂旗下四道口水产品交易市场商户多达800家，而公司并没有制定严格规范的商户准入制度，一般情况下，只要商户具备基本证件即可入驻销售商品，导致市场内部商户混杂，质量参差不齐，多家商户存在店面环境脏乱差、加工工具不卫生等现象。同时，市场缺乏对已入驻商户的统一管理和按时审查，只注重流程而缺少实效，常年累计下来的市场问题难以及时解决。

此外，各商户之间都是单一的个体，部分商户素质低下，市场内部缺少商户之间沟通交流的平台，各商户之间信息接收有限，常常导致同一时间段同一客户的订单却要由不同的商户多次运输，造成了不必要的车辆与人员浪费，也在无形当中造成了市场的拥堵和混乱。

4. 车辆缺乏统一管理，乱停乱放现象严重

目前二商西郊冷冻厂拥有统一规格的电动三轮车400余辆，车辆供租赁冷库和商铺的商户使用。市场内并未设置统一的停车地点，各商户每天从凌晨开始接单、装载、运输货物，但在运输早高峰后，多数车辆就处于闲置状态，由商户随意停放在道路两侧，不仅存在较大的安全隐患，还阻碍了市场内部交通的畅通。

此外，由于车辆是由市场为商户免费提供使用的，市场也没有制定明确的车辆回收和检查制度，通常情况下商户并不会注重维护和清洁，这就增加了车辆的破损速度，导致了不必要的资源浪费。

10.3 案例解决方案

2017 年受北京二商集团城市生活服务保障体系建设方案和京津冀一体化协同发展及疏解非首都核心功能政策的影响，四道口水产品交易市场将其工作重心转移向升级调整，通过优化结构、整合资源等多种举措来稳定经营，提质增效。国家的“一刻钟生活圈”便民政策出台后，也为市场转型提供了一个方向。目前公司内部有自己的经营产品和团购网站，同时市场内商户也有相应的客户群体，为实现四道口水产品交易市场周边社区的一刻钟生活服务圈提供了相关车辆、人员和需求保障。

通过对西郊冷冻厂及其下属四道口水产品交易市场的现状及问题分析，目前西郊冷冻厂发展“一刻钟服务圈”存在的问题主要有以下几点：一是各商户之间配送独立进行，资源不共享，从而无法高效快速地进行配送；二是西郊冷冻厂目前主要靠批发业务盈利，在社区居民中执行都不高，需求不大；三是其自身产品需求量不大，配送距离较远，配送不经济等。

本方案主张将市场内资源以及客户需求进行整合，利用信息系统对客户订单信息进行有效整合和规划，实行统一配送制度，同时，根据订单多少和配送距离远近选择合适的配送方式，以期在原有的配送圈内实现配送的高效率和低成本，同时可以扩大生活圈内的用户需求。

本方案主要包括资源整合和优化配送两个模块，具体介绍如下。

10.3.1 整合市场资源

1. 现有市场资源及资源分配方式

目前四道口水产品交易市场内部主要有 400 辆三轮车以及少部分的小型货车和电动车辆，配送及货物装卸人员大约 300 余人，主要为各商户自行雇用，大型批发商户可能配备其他员工，小型商户往往由店主自己进行商品装卸和配送。

市场内 400 辆三轮车归市场所有，给租赁商户使用，平均每个商户分配 2 ~ 3辆，大中型商户拥有稳定的客户需求，往往会各自配备 1 ~ 2 名员工，用来装卸、配送货物，彼此信息、资源不共享。同时，对于有些需求较少且距离较近的商品，商户会选择电动车进行配送，因此商户自身可能会配备1~2辆电动车，部分需求量较大的大型批发商户会配备小型货车进行配送。

2. 资源整合方案

（1）方案概述。

本方案建议整合市场内部所有车辆、人员等资源，对市场内所有商户的客户需求进行集中管理。通过建立信息系统，客户可以提前对合作商户、所需商品种类和数量、送货方式进行选择，并且约定配送或者上门取货时间，系统生成订货单，选择空闲时间的车辆。商户通过登录系统查询订单，从而对所需商品进行打包整合运送到固定的商品集散地，系统根据订单为相同路线或者相同配送地的商品分配车辆和配送人员，生成装车单，配送员根据系统确定的路线进行配送。优化配送系统流程如图10－5所示。

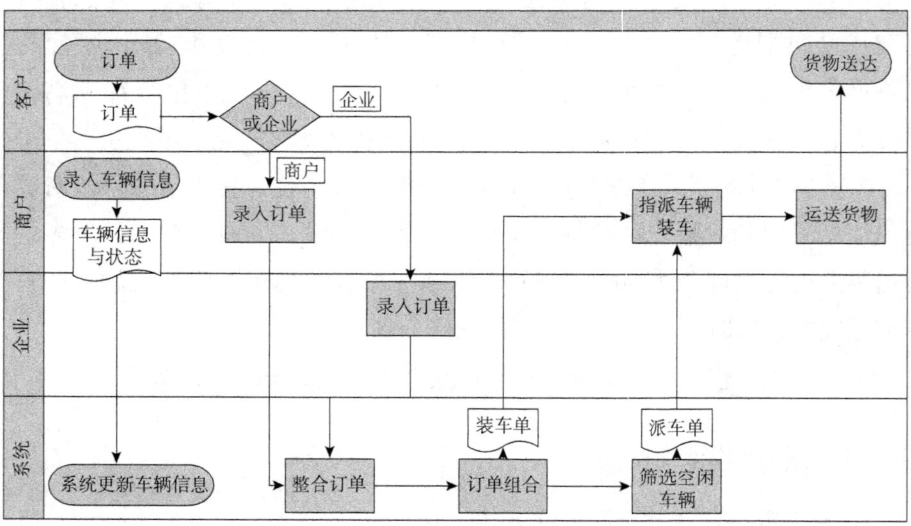

图10－5　优化配送系统流程

（2）方案实施。

①场地管理。本方案建议将市场内部所有空地进行重新规划，划分停车地、车辆行驶道路、货物集散地，其中停车地包括三轮车停车地、外来车辆停车地、电动车停车地，货物集散地分区，包括水产区、肉类区、调料区、其他类区，主要场地布局如图10－6所示。

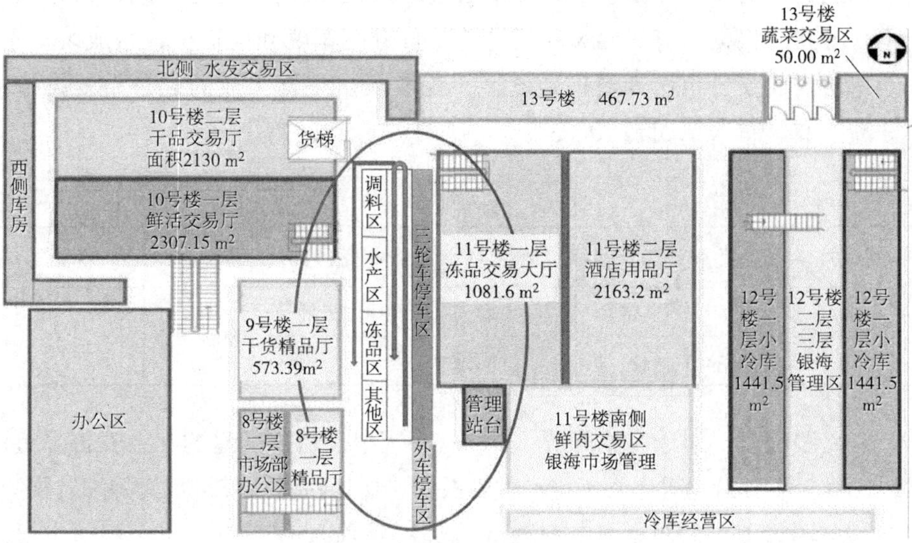

图 10－6　主要场地布局

货物集散区主要分为三类区域，第一类区域是东西两侧均可取货的货区；第二类区域是车辆行驶的道路，分为南北走向的两个单向行车道；第三类区域为停车区。如图 10－6 中椭圆中间弯曲的箭头所示，三轮车从停车区驶出后在道路尽头掉头进入货区东侧进行装载，装载完毕顺箭头方向驶出货物集散区；外来货车同三轮车驶入集散区后可顺图中椭圆中左侧箭头方向驶入货区西侧进行装载，装载完毕后驶出货物集散区。

②订单管理。客户需要在前一天晚上 12 点之前登录系统对所需商品进行选择，系统生成订货单，订货单主要包括合作商户名称、所需商品名称、所需商品数量、商品配送方式、商品配送时间、商品配送地点等信息。商户登录系统可以查询当天的订单，从而对商品进行打包，其订货单如表 10－2 所示。

表 10－2　　订货单

订单编号	商户名称	商品名称	商品数量	配送方式	配送时间	配送地点	客户姓名	客户电话
001	商户 1	酱油	5 箱	商家配送	7.16	北下关	小李	138 ××××4567
		食盐	2 箱					

③装配管理。在进行商品装配之前，系统首先根据订货单中的配送方式

进行筛选，对需要进行送货的商品，根据其配送时间、配送地点，确定其装配组合方式，根据所有需要装配货物的重量分配车辆和配送员，生成装车单。商户将所需商品打包送到集散地之后，工作人员根据生成的装车单安排货物的装配。其装车清单如表 10－3 所示。

表 10－3　　装车清单

车辆编号	商品类型	商品名称	商品对应商家	商品数量	装车时间	装车员
001	水产	带鱼	商家 1	3 箱	凌晨 5 点	小张
	调料	酱油	商家 2	2 箱		

④路线管理。对于需要直送的货物，系统根据所需配送的地点安排最近的路线，对于需要沿途送达的货物，主要根据“送奶路线”安排最优的配送路线。

⑤车辆管理。据调查，二商西郊冷冻厂目前拥有三轮车 400 辆，主要用于商品配送。商品送货高峰期车辆利用率可达到 60%～70%，因此建议将市场内大约 140 辆三轮车移出市场。后期，由于进行了需求合并，高峰期车辆可能还会有所闲置，可以经过短期试点之后，继续精简了车辆的数量，使其利用率达到 90% 以上。

配备相关人员对车辆停放进行管理，保证各类车辆停放整齐，行驶有秩序，对于乱停乱放的车辆给予相应的警告与惩罚措施。

对各个车辆进行编号，每辆车辆在系统内都有车辆当前状态的显示，方便公司对于空闲车辆的调配。各商户以及公司团购部需要调配车辆时，都需要在系统进行登记。

⑥人员职责。人员职责具体内容如表 10－4 所示。

表 10－4　　人员职责

职　位	数　量	职　责
车位管理员	4 人	车辆停放管理、指挥车辆行驶
装配管理员	2 人	秩序维护、指挥装配
系统管理员	6 人	订单管理、系统维护
配送员	大约 300 人	商品配送、货物卸载
装配员		商品装载、货物搬运

将员工岗位安排好之后，需要进行员工培训，员工培训内容可分为员工技能培训和员工素质培训。员工技能培训是针对员工岗位的需求，对员工所进行的岗位能力培训；员工素质培训是根据公司对员工素质方面的需求，主要有心理素质、工作态度、工作习惯等方面的培训。

⑦售后管理。当客户认为送达货物的质量以及配送员工的服务质量存在问题时，可以通过电话或系统进行投诉。公司售后服务人员将进行调查、协商，对存在质量问题的产品进行退换或赔偿，对存在问题的配送员进行警告与惩罚。

10.3.2　优化配送方式

1. 配送方式现状

目前二商西郊冷冻厂自行销售产品主要包括水产品礼盒以及二商集团下属其他公司产品，如矿泉水、烟酒、副食等，其主要配送方式如下。

（1）零散订单，全部采用快递方式运输，快递起价 13，超过 1 千克每 1 千克加 2 元。一个礼盒基本是 23 元，一天内送达。

（2）单量比较大（超过 20 个礼盒），无论距离多远，用自家车辆配送。

市场内各商户销售产品主要包括水产品、肉类、调料、蔬菜副食等，主要客户为饭店、超市、便利店等，需求量较大，配送地点大多在市场周边，因此商品的主要配送方式为客户上门自提以及商户通过三轮车进行配送。

2. 配送方式的优化

（1）市场内自有三轮车配送。

整合市场资源后，能够初步做到对市场内 400 辆三轮车的监管，商户方面可以实现自主配送，但是团购部内人手不够，不能做到自主配送。所以通过订单整合，与其他商家的商品一起进行配送，同时可以给商家一定补贴，合理补贴 5 元即可。

（2）外卖骑手接单。

目前各个订餐 App（应用程序）中的外卖骑手在社区中的数量很多，基本可以遍布半径 5km 以内的社区。二商西郊冷冻厂也可以和 App 合作，增加一个配送接单模块，社区内的配送员可以接单并配送，正常外卖配送费 5km 内为 5 ~ 6 元，所以可将补贴制订为 8 ~ 10 元。

（3）超出5km快递运输。

超出5km的订单，三轮车与外卖骑手的时间和体力均不允许，但是由于是社区内“一刻钟生活圈”，所以5km外订单比较零散，车辆运输成本太高，可选择快递运输。

（4）订单量很大且距离较远，自有汽车配送。

自有产品订单量大且距离比较远时，二商西郊冷冻厂可以选择汽车配送，正常一辆六座的金杯在城市内的油耗为16.46（L/100km），92号汽油为6元/L。

10.3.3 方案预期目标

二商西郊冷冻厂通过对市场资源的有效整合，改善市场环境，结合商户的和自身的各种资源，整合订单，降低同目的、同时间运输费用的浪费。增进商户之间的沟通，通过信息系统的把控来实现流程的可视化和高效化。此外，对三轮车资源的整合，使得二商西郊冷冻厂的自有产品的配送有了更具规模与价格相对较低的配送手段。同时，根据订单多少和配送距离远近选择合适的配送方式，以期在原有的配送圈内实现配送的高效率和低成本，同时可以扩大生活圈内的用户需求。

10.4 案例结论

通过前文的方案，我们可以在原有的配送圈内实现配送的高效率和低成本，但是对于配送圈内的需求量增加以及配送圈的扩大影响并不明显，因此对于扩大需求还需要通过其他的途径。同时，随着国家相关政策的影响，企业未来还面临转型升级的可能性，在此我们主要就企业目前发展和企业未来发展两个方面提出相关的建议。

10.4.1 二商西郊冷冻厂目前发展建议

二商西郊冷冻厂在进行资源整合后面临的主要问题便是其商品需求量问题，目前其主要客户为周边的便利店、超市、饭店等，以批发为主，而在社区中的知名度和需求量不大，要想实现“一刻钟服务圈”较为困难，因此针对企业目前发展，我们的建议主要集中在如何扩大需求、提高品牌在社区居民中的知名度上面，主要的宣传方式有线上推广和线下推广两种，具体如下。

1. 线上推广

（1）提高网站知名度。

①与著名网站建立友情链接。目前二商西郊冷冻厂的公司网站已经与二商集团其他相关网站合作建立了友情链接，还可以考虑与其他知名度高、访问量大的网站合作，提高本公司网站的访问量和知名度。

②进行广告交换。互联网上有许多的广告交换组织，广告交换的方法是在一个站点群上相互交叉，轮流地显示群内其他成员网站的广告，访客的有效互换带来群内成员网站访问量的集体增加，这是一种最简单、高效、无成本的推广网站的方法。

③优化网站关键字搜索。我们发现在各个搜索引擎键入关键字“北京二商西郊食品冷冻厂”对公司网站进行搜索时，可以直接搜索到公司购物网站。但是当关键字少于以上时，购物网站很难被搜索出来。因此应该优化本公司网站的关键字搜索，优先显示公司购物网站，提高访问量。

（2）与其他电商合作。

二商西郊冷冻厂可以与天猫、京东等网站合作建立旗舰店进行产品的销售。在合作网站采用促销等推广方式可以吸引顾客对其产品进行了解与购买。总体来说，二商西郊冷冻厂的水产品、肉类等商品拥有高标准、高质量、低价格等竞争优势，可以吸引更多的顾客。

2. 线下推广

目前二商西郊冷冻厂及其下属四道口水产品交易市场的商品线下推广力度较小，在周边社区居民中知名度也较低，二商西郊冷冻厂主要经营产品——水产品礼盒的主要客户大多为公司熟客，周边居民消费量较少，而市场内商户的客户需求多为周边饭店、便利店等，社区居民零售量也较少。因此，未来要扩大产品需求，建设“一刻钟社区生活圈”，加强线下推广力度是公司目前的主要发展方向。我们提出的主要建议如下。

（1）基本的社区宣传，扩大市场知名度。

基本的社区宣传主要目的是扩大市场在居民中的知名度，首先让居民认识市场、熟知市场产品，其次有更多的人可能选择去市场购买商品，增加市场的潜在客户量。宣传的方式可以选择基本的传单、展板、印有市场标志和产品的纪念物等，或者在企业产品上印制网站二维码等，除此之外，参加较大型的商品展销会对于提高市场知名度也会有较大的作用。

（2）产品走进社区，增强居民信赖度。

居民对于市场产品的购买需求不大，很大一部分原因是居民对于市场内产品质量的信赖度不高。产品走进社区的主要目的是让商品走进居民的视野，让居民认识到市场的产品在质量和价格上相对于大型超市和社区便利店的优势，获得居民的信赖，从而吸引越来越多的居民购买市场的产品。其主要的措施包括定期将市场内商品通过大车运往周边社区进行商品售卖，同时向居民宣传市场和公司网站，并且承诺随时送货，增加网站及市场的访问量。

（3）入驻大型超市，扩大产品销售量。

入驻大型超市主要是看准目前人们的消费习惯，居民注重产品质量，对于大型超市的信赖度较高，同时由于肉类、水产品等产品人们可能不会每天买，在社区建立专门的售卖点是不经济的，因此建议入驻大型超市，利用大型超市的巨大客流及客户信赖度，还有市场内部同类产品相较于超市原有产品价格较低的优势，扩大产品销量，赢得客户，并提高市场在居民中的知名度。

10.4.2 二商西郊冷冻厂未来发展建议

目前市场内企业自身与租赁商家并存，主要收入来源为仓库租金。在北京疏解非首都核心功能的相关政策下，市场的功能被逐渐疏解，一味地靠仓库租金来作为收入，并不是持久的办法。既然市场功能疏解后，社区内居民与其他商户的需求还是很大，那么二商西郊冷冻厂可以依靠仓库优势来进行社区产品供应、仓储与配送工作。

（1）集中商品库存。

二商集团自身拥有产品种类比较多，但是从二商西郊冷冻厂发出的商品只有几种冻品和一部分副食品。在企业仓库有了空余之后，完全可以把二商集团内满足附近居民需求的商品放在四道口水产品交易市场储存，或者和其他商家合作，有利于产品的统一调配和订单整合，实现集中储存和集中配送，降低物流成本。

（2）“一刻钟生活圈”配送。

根据社区内庞大的需求与具有地理位置优势的仓库，通过自主配送体系的建设，就可以自己实现“一刻钟生活圈”的配送。可以建设自己的车队与配送人员，在产品订单具有一定规模以后，就可以采用车队配送的方式。不再依靠仓库租金作为收入，而是建立在社区需求下的自主商品售卖与配送。这样不仅能够增加自己的营业收入，而且也能创立自己的品牌。如图 10－7 所示。

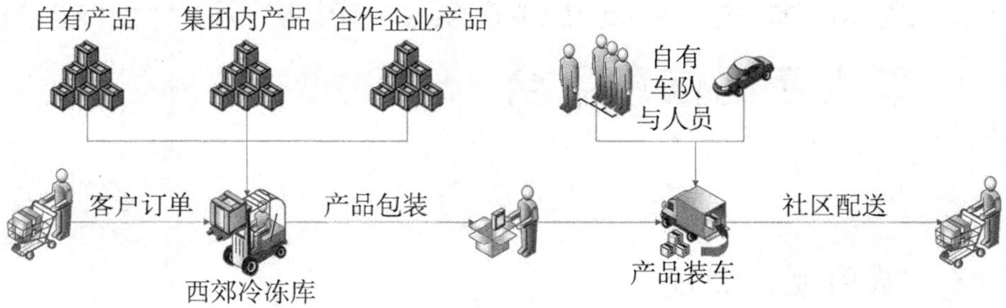

图 10－7　“一刻钟生活圈”自主商品与配送

10.5　课后思考

传统的国营食品行业占据目前较好的位置，物流配送集干线运输、市内配送、混载专线及仓储管理为一体，为市内客户提供全方位的配送服务。但目前市区内区域的生产力布局发生变化，则需要根据现代物流业发展规划，逐渐对二商集团系统内物流业务进行重组工作，提出市场未来的转型方向。如重新设立物流中心、建立新的市场秩序、合理安排调度车辆、提高物流运作实效、加强信息化建设等。

针对二商旗下物流的市场现状，我们建议精简车辆、规划货物集散区、建立信息系统。期望可以达成以下目标：①提升市场形象。通过整合市场资源、规划停车区域等措施，实现市场环境整洁、车辆行驶安全、停放有序，并可以提高周围市民的认可度与信任。②降低市场运营成本。具体包括车辆成本、运输成本等。③提高顾客需求、扩大商品销量。通过推广与宣传电子商务平台、优化配送模式，不仅可以提高二商电子商务平台的知名度与商品销量，还可以为顾客提供更高的服务质量，形成良性循环，更好地为周边社区、商家提供商品供应、仓储与配送工作，创立自己的招牌。

根据以上案例，思考以下问题：

（1）谈谈本案例中的资源是如何整合，区域是如何重新布局的。

（2）配送路径优化还有哪些方法和模型?

11　南郊市场车货匹配模式的研究——建立车货匹配信息平台

11.1　城市配送概述

11.1.1　城市配送问题

城市配送问题可分为城市配送体系问题、城市配送模式问题、城市配送中心问题、城市配送路径优化问题、城市配送车辆调度问题、城市配送信息化建设问题、城市配送可持续发展问题、城市配送评价问题以及城市配送的其他问题；当前城市配送的研究重点在于配送中心选址问题、车辆路径优化问题、城市配送可持续发展问题和城市配送评价问题。

城市配送路径优化是指通过对配送网络系统进行分析，城市配送路径优化研究达到了进一步降低日益复杂的物流配送成本和城市交通拥堵等目的。

城市配送中不合理运输，简单讲，就是在现有条件下可以达到的运输水平而未达到，从而造成运输能力浪费、运费大大超支等一系列问题的不良运输形式。目前，物流环节中不合理的运输形式主要有如下几种。

1. 过远运输

这会造成调运物资舍近求远，拉长货物运距的浪费现象。过远运输占用运力时间长、运输工具周转慢，物资、资金占用时间长，增加了费用支出。

2. 迂回运输

这是一种以较长路线代替较短路线进行运输的不合理运输形式。迂回运输有一定复杂性，不能简单处之，只有当计划不周、地理不熟、组织不当时发生的迂回运输，才属于不合理运输。

3. 重复运输

重复运输一般有两种形式，一种是货物在非最终运输目的地的其他场所卸载，之后再重新装载、运送到达目的地；另一种是同品种货物在同一地点运进的同时又向外运出。重复运输增加了非必要的中间环节，延缓了流通速度，增加了费用，同时也可能增大货损。

4. 对流运输

对流运输也称“相向运输”“交错运输”，指同一种货物或彼此间可互相代用而又不影响管理、技术及效益的货物，在同一线路或平行线路上进行相对方向的运送，而与对方运程的全部或部分发生重叠交错的运输形式。

5. 倒流运输

倒流运输是指货物从销地或中转地向产地或起运地回流的一种运输现象。其不合理程度更甚于对流运输，因为往返的运输都是不必要的，造成了双程的浪费。

6. 空车无货载行驶运输

空车无货载行驶运输，可以说是最严重的不合理运输形式。虽然在实际运输任务的组织中，有时候会不可避免地要调运空车，从管理角度讲，还不能将其看成不合理运输。但是，完全因调运不当、货源计划不周或者未采用运输社会化而形成的空驶，则属于不合理运输的表现。

11.1.2　城市配送的基本原则

运输路线的选择影响到运输设备和人员的利用，正确地确定合理的运输路线可以降低运输成本，因此运输路线的确定是运输决策的一个重要领域。

对物流系统中配送问题的优化主要从车辆配送线路确定、车辆货物装载方案的制订等几个相关环节着手，通过优化方法来提高配送过程的执行效率，其基本原则有以下几点。

1. 最短路原则

最短路原则是指能够按照最短路径，对所有客户的需求进行综合考虑，即一车装多个客户点货物的搭配问题。

2. 满载原则

满载原则是指能对物流中心的所有车辆进行管理，根据各货点的配送要求合理利用所需的车辆，找出发车时的待运营车辆来进行装车，还要保证装载率越高越好。

3. 优先原则

优先原则即对订单的处理顺序需按客户订单上所要求的送达时间顺序来排序，按次序优先。

4. 准时原则

准时原则即配送中心必须要在客户订单要求的送达时间内将货物送到客户订单上所要求的送达地点。

5. 便于装卸原则

配送过程中货物的装载和卸载是必不可少的一项重要工作，不仅需要一定的人力、物力成本，而且存在较大的货物损耗风险。因此，在制订货物装载方案时，必须考虑要便于装卸过程的执行。

11.2 案例企业介绍与问题分析

11.2.1 北京市南郊食品冷冻厂介绍

北京二商集团是以食品冷链物流、食品制造、肉类屠宰加工、现代分销与专业市场为主导，以食品科研、教育、信息技术以及房地产开发经营、酒店服务、物业管理为重要支撑的大型国有企业集团。公司旗下拥有北京市最大的食品冷藏企业——北京市南郊食品冷冻厂，配备奥运现代立体冷库的冷链物流事业部。南郊肉类、水产品批发市场内商户所出售的货物种类主要以肉类、禽类、水产品类和其他肉制品类等食品类货物为主，主要的供应地区为东北、华北和西北的多个省市。20 世纪 70 年代初随着工农业的发展和人民生活水平的提高，北京市的副食品供应量逐年增加。由于冷库的缺少使得大量商品无法储藏，致使市场淡旺季供应不均衡，同时也影响了农副业的发展和政府对市场的调控能力。为了贯彻落实发展经济、保障供给的方针，满足首都人民日益增长的生活需求，商业部、北京市政府决定在北京市二商局东风农场兴建三座大型冷库，并成立北京市南郊食品冷冻厂。一期冷库于 1974 年 10 月破土施工，1978 年 10 月竣工，至此“筹建处”更名为“北京市南郊食品冷冻厂”，1979 年 7 月经商业部、北京市建筑设计院等单位验收合格，一期冷库投入使用；二期冷库1978年12月破土施工，1981年12月竣工投产；三期冷库1980年11月开工，1983年11月竣工。至此，由商业部投资4600万元兴建的三座大型冷库，历时近十年的建设最终形成了总储藏能力达45000吨的大型冷藏企业——北京市南郊食品冷冻厂。

目前，北京市南郊食品冷冻厂是国内规模最大、自动化程度最高的国有大型冷藏企业，同时，也是国家储备肉与北京市储备肉定点储备冷库。主要经营冷冻猪肉及其副产品系列，并建有一万余平方米的北京“南郊肉类水产品市场”，是各路商家在此进行冷藏品经营的理想场所。

11.2.2 北京市南郊食品冷冻厂社会车辆现状

本案例主要研究对象包括北京市南郊食品冷冻厂中进行物流服务的社会车辆，包含物流公司及个体经营户和北京市南郊食品冷冻厂中的各类货物。

北京市南郊食品冷冻厂中长期进行物流服务的物流公司约30家，其中有5家规模相对较大，自有或加盟车辆超过20辆，其他规模相对较小，自有或加盟车辆低于10辆。该冷冻厂中长期进行物流服务的个体户约有300户，绝大多数个体户运营车辆不多于5辆。该冷冻厂中社会车辆进行的物流服务多以专线为主，城际间的主要专线线路约有40条，主要辐射范围包括东北、华北、西北地区及南方少部分城市。厂中社会车辆车型众多，载重量从2t到25t不等，绝大多数为冷藏车，表11－1为北京市南郊食品冷冻厂中社会车辆车型情况。厂区内车辆数量随西南郊市场交易情况变化而变化，淡季日均进厂车辆约200～300辆，每年春节和十一前后为高峰期，高峰时期日均进厂车辆约800辆，最高峰可达约3800辆，图11－1为2016年北京市南郊食品冷冻厂日均进厂车辆数量情况。综合全年淡旺季情况，全年日均进厂车辆约500辆。

表11－1　北京市南郊食品冷冻厂中社会车辆车型情况

载重（t）	2	3	5	8	10	12～15	20	25
车长（m）	4.3	5.5	6.2	7.2～8.8	9.6	9.6～12.5	13～14.5	12.5～15

11.2.3 北京市南郊食品冷冻厂货物情况

北京市南郊食品冷冻厂的货物主要以肉类、禽类、水产品类和其他肉制品类货物为主，主要的供应地区为东北、华北和西北地区。各类冷冻食品对

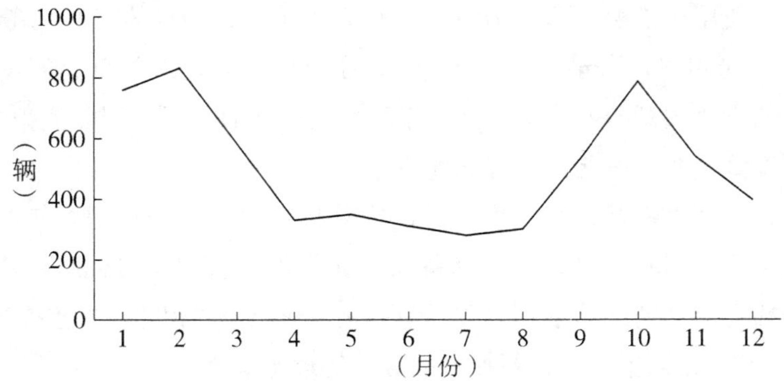

图 11-1　2016 年北京市南郊食品冷冻厂日均进厂车辆数量情况

运输的温度要求都比较高，因此在运输过程之中对车辆的环境条件和卫生条件也都有着比较严格的要求，国家标准（GB/T 30103.1—2013）中明确规定了各类冷冻、冷藏食品的温度要求。

表 11-2 展示了肉蛋类食品的运输环境要求，根据国家标准（GB/T 30103.1—2013），运输时间超过 5h 的冷冻肉类、冷冻加工腌制肉类和冷冻蛋品类的中长途运输，冷冻车的温度应该达到 -18℃以下，而对于运输时间不超过 5h 的短途运输，运输的温度要求相对较小，要求冷藏车温度达到 -12℃以下。对于冷藏肉类、冷藏加工腌制肉类和冷藏蛋品类食品，不同运输距离的温度要求均为 4℃以下。

表 11-2　肉蛋类食品的运输环境要求

类型	运输温度要求	
	中长途运输	短途运输（不超过 5h）
冷冻肉	-18℃以下	-12℃以下
冷藏肉	4℃以下	4℃以下
冷冻加工腌制肉	-18℃以下	-12℃以下
冷藏加工腌制肉	4℃以下	4℃以下
冷冻蛋品	-18℃以下	-12℃以下
冷藏蛋品	4℃以下	4℃以下

表 11-3 展示了水产品类食品的运输环境要求，根据国家标准（GB/T 30103.1—2013），运输时间超过 5h 的冷冻水产品、冷冻水产加工品类的中

长途运输要求冷冻车的温度应该达到 -18℃以下，而对于运输时间不超过5h 的短途运输，运输的温度要求相对较小，要求冷藏车温度达到 -12℃以下。对于冷藏水产品类、冷藏水产加工品类和冷藏加工腌制品，不同运输距离的温度要求均为4℃以下。

表 11 -3　　水产品类食品的运输环境要求

类型	运输温度要求	
	中长途运输	短途运输（不超过 5h）
冷冻水产品	-18℃以下	-12℃以下
冷藏水产品	4℃以下	4℃以下
冷冻水产加工品	-18℃以下	-12℃以下
冷藏水产加工品	4℃以下	4℃以下
冷藏加工腌制品	4℃以下	4℃以下

表 11 -4 展示了除肉蛋类和水产品类的其他类食品的运输环境要求，根据国家标准（GB/T 30103. 1—2013），运输时间超过 5h 的冷冻调理食品和奶油的中长途运输要求冷冻车的温度应该达到 -18℃以下，而对于运输时间不超过 5h 的短途运输，运输的温度要求相对较小，要求冷藏车温度达到 -12℃以下；对于冷藏调理食品、液态奶类和冷藏烘焙食品，不同运输距离的温度要求均为 5℃以下；巧克力的运输温度控制在 15℃ ~20℃，冰激凌的中长途运输温度控制在 -25℃以下，短途控制在 -23℃以下。

表 11 -4　　其他类食品的运输环境要求

类型	运输温度要求	
	中长途运输	短途运输（不超过 5h）
冷冻调理食品	-18℃以下	-12℃以下
冷藏调理食品	5℃以下	5℃以下
液态奶类	5℃以下	5℃以下
冷藏烘焙食品	5℃以下	5℃以下
巧克力	15℃ -20℃	15℃ ~20℃
奶油	-18℃以下	-12℃以下
冰激凌	-25℃以下	-23℃以下

11.2.4 北京市南郊食品冷冻厂车货匹配模式现状

现有的车货匹配模式主要是买家直接与有相应专线的物流服务商联系安排运输，车主再根据所运输的货物的线路安排车辆，并安排司机进行装车。现有的车货匹配模式为高度市场化的匹配模式，即车辆与货物通过车主和货主之间的联系进行自由匹配，缺少政府和相关部门的监管和规范，从而导致北京市南郊食品冷冻厂的货物和车辆在旺季经常需要等待很长时间才能够完成车货的匹配工作，现有的车货匹配模式如图 11 - 2 所示。

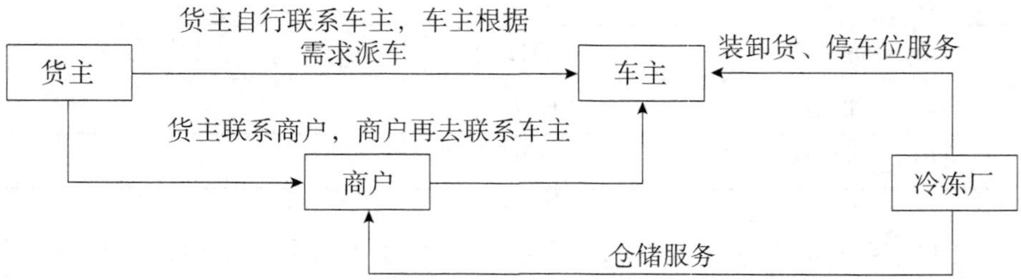

图 11 - 2　北京市南郊食品冷冻厂车货匹配模式

11.2.5 北京市南郊食品冷冻厂车货匹配模式问题分析

1. 车货市场不规范

北京市南郊食品冷冻厂中的交易市场依旧停留在初级阶段，市场的运营模式、管理方法不够规范。商户租用厂内冷库进行库存仓储，而进货到厂车辆的时间自由且不确定，无法很好地对进厂车辆进行安排、管理，厂内对提供物流服务的物流公司或个体经营户审核及登记，但对入厂车辆缺少宏观把控。

而且公路运输行业准入门槛低，这使得大部分公路零担运输业务由众多中小专线公司及个体经营户控制，市场竞争非常激烈，基本是以低价竞争策略生存，市场的主要特征为小、散、乱。

2. 车货匹配模式混乱

北京市南郊食品冷冻厂中现有的车货匹配模式为各专线上的物流公司或个体经营户通过商户联系货主，或是各专线上的物流公司或个体经营户在厂内被动等待有货运需求的货主，或是发展固定客户群体进行货运，没有统一的匹配模式和匹配标准，导致整体车货市场混乱、配载等待时间长、效率低。

3. 信息共享程度低

现有模式中货主的信息不能被所有提供物流服务的物流公司或个体户了解，货主也无法知晓全部可用车的情况，信息的共享程度低，间接增加了厂内车辆的等待时间，难于进行一体化管理。

11.3 案例解决方案

为解决北京市南郊食品冷冻厂存在的市场不规范、车货匹配模式混乱、信息共享程度低等问题，优化北京市南郊食品冷冻厂车货匹配模式，方便冷冻厂的一体化管理，实现信息化建设，我们在企业调研的基础上，查阅相关文献和案例资料，提出了建立北京市南郊食品冷冻厂综合化、数据化、多元化的车货匹配信息平台的优化方案。

11.3.1 车货匹配信息平台整体结构

用户可以用两种身份登录车货匹配信息平台。在用户注册阶段，车主和货主都要接受平台的身份验证。因为实名验证是对货主与车主的保护，是我们建立诚信平台的基础。

对货主而言，需要输入本人身份证号、手机号等基本个人信息，同时需要上传本人与身份证的合照等待平台系统审核通过。

对车主而言，除输入个人信息外，还应提供车辆信息与司机信息。车辆信息主要是车辆的运输资质证，司机信息主要是司机的驾驶资格证。我们要做到以下五证的检查：身份证、驾驶证、行驶证、营运证、从业资格证。同样需要上传照片等到平台系统审核通过。审核通过后，用户可以通过货主端或者车主端两个端口登录平台。登录平台后可见如图 11－3 所示的车货匹配信息平台功能模块结构。

11.3.2 信息平台各个端口的运行流程

1. 货主端

货主端主要实现对货源信息的发布过程和货主对车主的选择过程。当货主点击“发布货源”时，会触发向数据库添加数据的过程，当数据添加成功

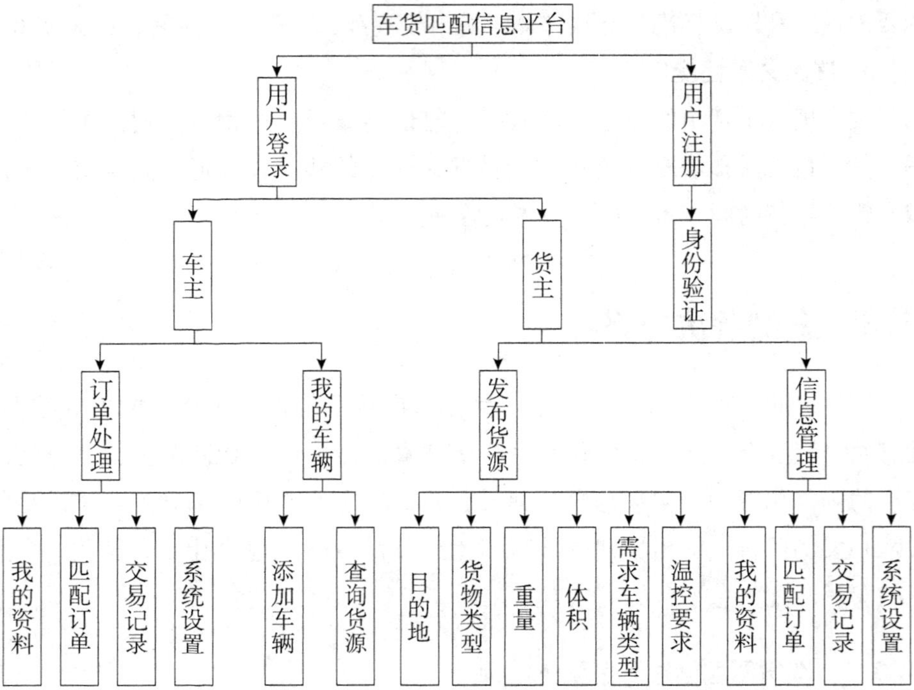

图 11－3　北京市南郊食品冷冻厂车货匹配信息平台功能模块结构

时，会向视图层返回“添加成功”的信息。所添加的货物信息主要有货物的类型（重货、抛货），货物所到达的目的地，货物的重量、体积，货物所需的车辆类型，货物的温控要求。

货物信息发布后，系统会按照货物信息的关键词与车辆信息的关键词自动匹配各项条件均符合且参与竞单报价的车主，并将匹配信息发布在货主端界面上。此时货主可以根据个人意愿对界面上显示的车主端信息进行排序，然后根据系统提供的排列顺序选择合适的车主。选择车主之后，会跳转“验证车主信息”的界面，货主此时可以进行二次选择是否签订该订单。如果货主拒绝了此次的订单，系统会自动跳转回“选择车主”的界面，直到订单签订与货物托运完成。货主托运交易流程如图 11－4 所示。

订单完成后，货主可以选择“订单已完成”，然后对此次承运服务进行评价打分。

2. 车主端

车主注册登记后，进入车主界面。点击“填写车辆信息”，可以添加车辆的目的地、车辆类型、承载货物类型、车辆的载重与容积、车辆的温度范围

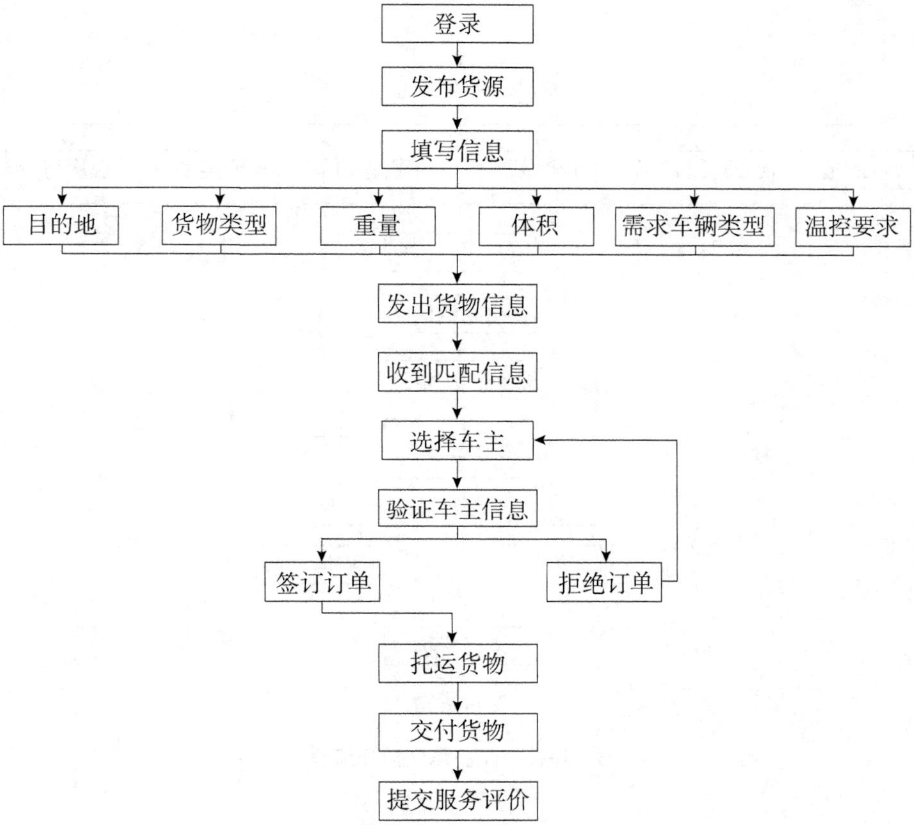

图 11－4　货主托运交易流程

等信息。车辆信息填写完毕后，要填写负责承运的司机的个人信息。车主承运操作流程如图11－5所示。

当有货主在平台上提出需求时，车主端会收到系统自动的匹配信息，此时车主有是否选择该货主、是否参与竞单报价的权利。各项要求均由系统自动匹配完成，所以此时车主选择货主的主要依据是车的剩余承载量能否满足货主的承运需求以及先前合作的默契程度。

3. 车货匹配的流程

车货匹配流程（见图 11－6），具体流程如下。

（1）货主端发布货物信息。货主端将此次需要运载的货物基本信息输入系统。点击“发布信息”即可将货物信息公布在平台上。

（2）后台根据货主提供的货物信息，整合车辆信息之后，根据关键词“目的地”“货物类型”“体积”“温控要求”等自动筛选出符合条件的车辆信

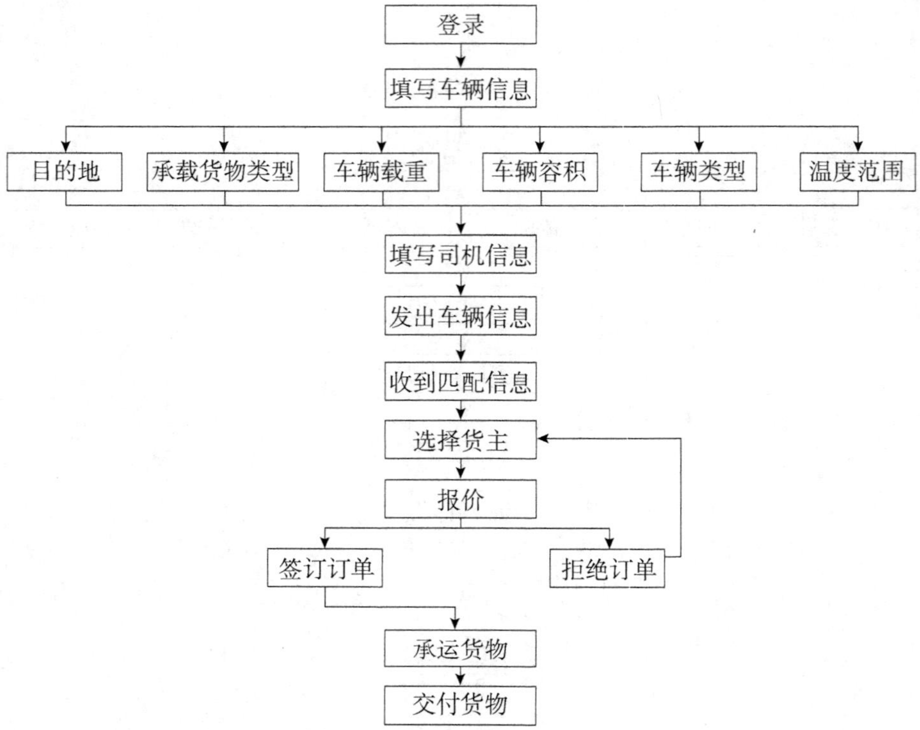

图 11－5　车主承运操作流程

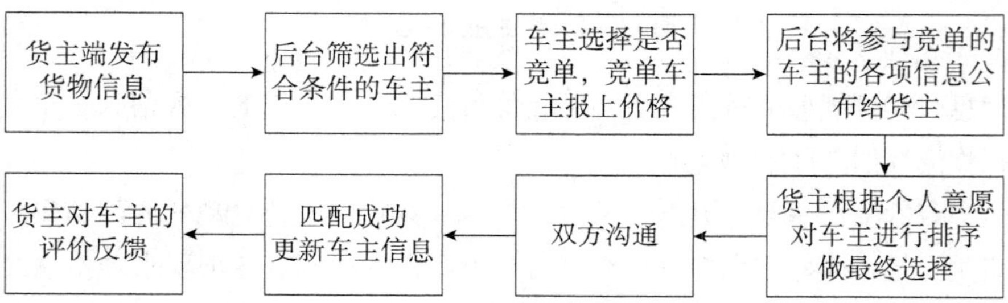

图 11－6　车货匹配流程

息，并将货主发布的货物信息显示于车主端。

（3）车主端收到匹配信息之后，根据车辆目前剩余载重量以及与货主在以往合作的默契程度选择是否接单。若选择接单则在界面上选择“竞单报价”报上自己提供的价格。

（4）此时在货主界面，后台将已参与竞单的车主信息显示在货主的界面上。

（5）货主看到车主的各项信息后，可以充分按照个人选择偏好以及此次订单的特殊性对车主进行排序。

排序的指标有以下几种。

①价格：各竞单车主对此次订单的报价。

②货物破损率 = 货物破损的量（件数）/承运货物的总量（总件数）× 100%。

③准时交货率 = 一定时间内准时交货的次数/总交货次数 ×100%。

④提货准点率 = 一定时间内准时提货的次数/总提货次数 ×100%。

⑤投诉率 = 被投诉次数/物流服务总次数 ×100%。

⑥货主对本次服务的服务态度打分（分 1、2、3、4、5 五个等级）。

以上的各项指标均由系统自动计算得到，显示在货主的系统界面中。货主点击某一指标，即可将各车主信息按照该指标的特性进行升降序排列，然后选择合适的车主。

⑦综合排序指标。

在我们的平台中，设置了可以供车主自行选择的指标的自由组合。我们充分考虑到了针对不同货物与不同订单时货主所考虑的因素不同，安排了不同指标的随机组合。货主可以点击“综合排序”，在下拉菜单中选择它所关注的 n 个指标，然后自己选择赋予 n 个指标相应的权重。

系统首先将货主选择的每个指标按照其原本的排列顺序求解出其排名：

$$a_i = \frac{\text{某车主按照第 } i \text{ 个指标排序后的名次}}{\text{竞单报价的车主总数}}$$

然后根据货主在系统内给予第 i 个指标的权重值 w_i，

其中，$\sum_{i=1}^{n} w_i = 1$

计算出综合排序指标 $\sum_{i=1}^{n} a_i \times w_i$

货主点击综合排序界面如图 11 - 7 所示。

货主点击“确定”后即可得到在该种条件下的车主的综合排序。

⑧智能排序指标。

实现智能排序过程如图 11 - 8 所示。

（6）双方按照在系统内预留的手机号进行沟通与货物交接。

（7）双方沟通完成并实现了货物的交接后，在系统内选择“匹配成功”。

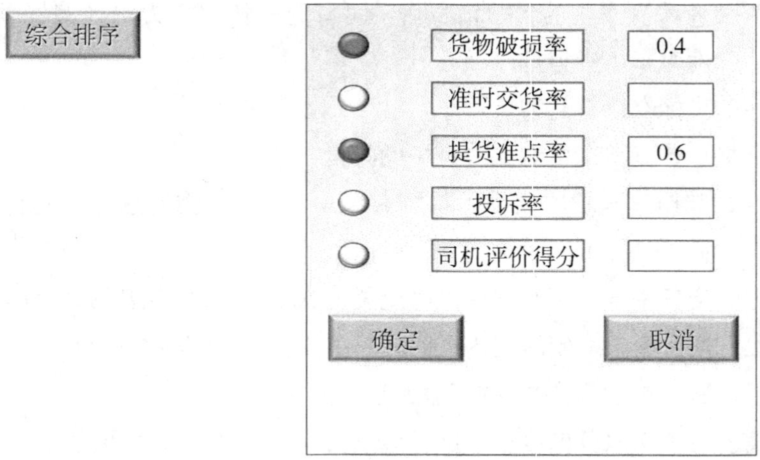

图 11－7　货主点击综合排序界面

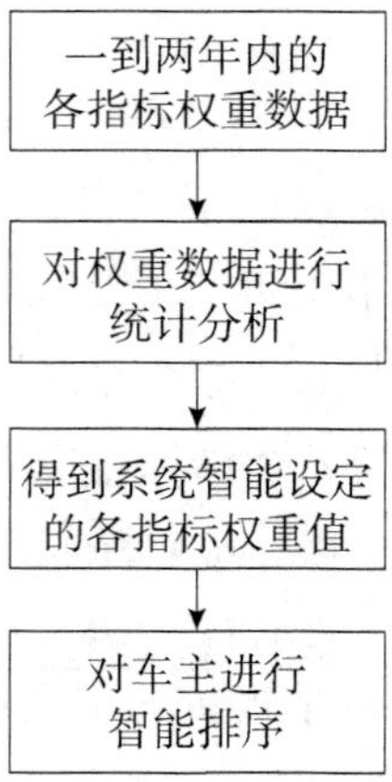

图 11－8　实现智能排序过程

此时系统将自动更新车主信息，将车辆载重改为 $\frac{\text{车辆剩余载重量}}{\text{车辆总载重量}}$，从而方便车主进行下一次的车货匹配流程。

（8）实现了货物的交付后，货主将再次登录系统对此次服务进行综合性的全面评价。

评价的指标分为以下几方面。

①服务态度评分，主要是货主对于此次服务的服务态度的评价。

②服务质量反馈，主要是货主对于此次服务质量的反馈，包括以下几点：提货是否准时、交货是否准时、货物是否破损，若发生破损，则需要输入具

体数据——破损货物的量（件数）与承运货物的总量（总件数）；是否投诉该车主，等等。

11.3.3 方案可行性分析与盈利模式

1. 可行性评价

（1）技术可行性。

目前热议的“互联网 +”是一种互联网技术，主要由云计算、大数据、物联网、移动互联网等技术组成。现在的互联网已经被企业作为一种基础管理工具，其技术的发展速度已超过了传统的行业。因此，构建车货匹配信息平台可借助这一新兴技术。

（2）社会可行性。

在政策方面，自中国加入世界贸易组织以来，国家已经放开了对物流投资的管制，各地政府一直鼓励和扶持各类资本进入当地物流产业和环节的建设，尤其对于物流产业的信息化建设，国家近年来也出台了相关的政策法规支持物流产业的发展。取得政府及相关权威机构的支持对物流信息平台的发展具有重要推动作用。

2. 盈利模式

（1）收取会员服务年费。

从盈利形式来看，车货匹配信息平台可以收取会员年费，为会员提供一个信息查询与发布的平台。但由于部分货运车主及货主存在时间和地域等的不确定性，这种收费模式在个体货运双方中的接受程度不高，过高的费用可能会制约车货匹配信息平台盈利的增长和业务的拓展。

（2）收取佣金。

中国的运输市场潜力巨大。在南郊市场，每天有 300 ~ 2000 辆货车运输货物，即使对每个订单仅收取 0.3% 左右的佣金，也会为公司带来数十万元甚至上百万元的年均收入。这部分收入不仅可以弥补平台运营的成本，还可以给公司带来一笔非常可观的净利润。

11.3.4 方案优缺点评价

1. 方案优点

（1）有效提升车货双方的运作效率和满意度。

平台合理利用大数据、云计算、物联网等技术，真正打造移动端车货匹配生态系统。物联网背景下的公路运输将车辆和货物捆绑在一起，可以最大限度地提升货源方的体验、降低空驶率、减少尾气排放。在技术更加成熟、市场接受度更高、用户使用率更高的未来，车货匹配信息平台将做到智能推送、智能匹配，从而最大限度地提高接单效率。对于货源方来说，车货匹配信息平台使交易过程实现了价格公开化、服务透明化，利用企业提供的在线管理平台服务，可以有效减轻货源方压力。

（2）通过大数据的运用来实现车货智能匹配。

车货匹配信息平台将货运车辆连入互联网，将车货交易从线下转到线上，在这个过程中收集了大量货车行驶的数据和公路运输交易的记录。将这些数据进行一些定向分析，对于企业层面上的管理和政府都具有重要意义。

对于车源企业或个人来说，可以得到货源的区域分布和时间分布，从而重新规划路线、业务，提高企业竞争力。

对于货源方来说，更多的交易数据参考可以让其更透明地掌握运费标准，确定合理的竞价策略，降低成本。

对于企业而言，来自车货匹配信息平台的大量数据能直观地反映出整体市场的车辆和货物情况，方便市场管理和企业的宏观规划。

对于政府而言，来自车货匹配信息平台的大量数据对于交通规划、环境保护、规则制定等方面都有巨大的参考价值。

2. 方案缺点

（1）业务功能主要提供符合硬性运输条件的车源、货源信息，所提供的这些信息全部由用户自行发布，不提供具有法律效力的诚信认证、担保服务。注册时验证的各类注册信息，只是从一定程度上减少虚假注册信息的产生，但是并不对由此产生的风险做出承诺，而是引入风险担保和预警机制的建设。

（2）北京市南郊食品冷冻厂服务平台作为新兴事物，平台在原有市场中的推行可能会需要一定的时间和过程。

3. 方案的创新点

（1）市场创新性。

冷冻产品货运交易市场目前没有信息化交易的先例，市场整体都偏向于使用传统的交易模式。我们的信息化一方面有助于降低市场整体的运营成本和提升运营效率，另一方面有助于提高企业的运营量和影响力。通过在市场中率先推出和使用信息化的运营模式，南郊市场能够在行业内树立新的标准和新的体系。通过这一系列的创新举措，南郊市场有望成为货运信息化的掌舵者，乃至是冷冻产品整个市场的佼佼者。

（2）个性化筛选。

平台设立的评价体系中包含了货物破损率、准时交货率、提货准点率和投诉率等多方面的评价指标。除此之外，平台还创新性地提出了货主综合评价指标，用于评估对车辆运输的整体满意程度，可以作为货主选择决策时的重要指标。在选择车辆运输时，货主可以通过自己的个性化需求去建立各个指标的优先级，进而去满足自己的个性化需求。例如，某货主对时间的要求比较高，他可以将准时交货率这一指标的权重设立得更高一些。在相应的推荐排序时，系统也会优先考虑这些被货主设定更高权重的指标。

4. 平台的未来发展趋势

（1）货运价格更加标准。

在平台建立运营之初，不同的用户可以设置按照价格排序的选项，货主也可以将价格作为参考选项。随着平台的运营和市场的选择，特定路线上特定商品的价格会逐渐趋近于某一特定的区间，进而系统会自动对该区间上的货物运输进行一定的标准化规范。

随着系统运营到成熟阶段，系统会根据货物种类、运输路径和时长等因素给出参考运价和波动范围，不允许用户哄抬价格或无限制压价。通过这样的方式，系统会自行建立起一套适应市场的价格体系，并且可以自行对体系进行更新。这样的价格体系不仅可以根据市场因素的变动对已有线路的价格进行调整和更新，还可以对新增线路进行标准化和标准设立。所以，未来我们的平台是可以不断自我更新和调整的，不断根据实际情况设置出最符合市场规律和供求关系的价格体系，建立起一个符合市场运营规律的价格体系。

（2）食品监管更加严格。

首先，在平台未来的运行中，将对物流公司及个体经营户的车辆情况进行严格审查，提高运输车辆的运营门槛，符合冷链标准的冷藏、冷冻车才可以参与运营。

其次，对合格车辆的类型进行严格分类，分类标准除车长载重外，加设温度分类，以车辆在运输过程中能达到的最低温度为分类标准，在车货匹配中，对于不同温度要求的货物采用不同制冷能力的冷藏车，保证运输过程的食品质量。

再次，在逐渐的发展完善中，争取通过物流温湿度监控系统，如温度传感电子标签、车载跟踪器等，对货物运输的全过程进行温湿度的监控，从而更好地保证食品运输中的质量安全。

最后，货款交付更加安全。随着平台的不断发展与使用，我们将逐渐完善货款的交付过程。例如与普及程度高、信誉良好的支付平台合作，货主在货物运输前向平台支付运输费用，货物安全送达后由平台向承运人支付运输费用，避免财货两空，更好地保障用户利益。

11.4 案例结论

南郊市场是北京市乃至全国重要的冷冻商品运输集散地，在我国北方冷冻食品运输中起着不可或缺的作用。市场的车货匹配模式现状为高度市场化的匹配模式，即车辆与货物通过车主和货主之间的联系进行自由匹配，缺少政府和相关部门的监管和规范。南郊市场的货物和车辆在旺季经常需要等待很长时间才能够完成车货的匹配和运输工作，这不仅浪费了车主和货主的时间和成本，也造成了南郊市场的市场利用率较低、车辆管理混乱的情况。为了缓解这种较为混乱和利用率较低的现状，我们通过构建车货匹配信息平台，将货物和车辆信息进行标准化归类并将信息资源共享，以达到更加高效、更加有秩序管理的目的。

我们从以下四个方面对现状进行分析和改进：现有匹配模式分析、匹配模式的改进、信息化平台建立、方案的评估。在问题分析方面，我们实地采访了市场的工作人员和企业人员，对他们所提出的一些问题进行汇总和分类；在问题改进方面，我们借鉴了国内相关企业的管理经验和管理思想，并结合南郊市场的特色，对现状之下的运营模式提出了改进建议；在信息化平台建设方面，我们通过分析国家相应的法律法规和同行业其他企业的状况，提出信息标准化和信息共享平台建设的建议和措施，通过信息化平台的建设来解决信息匹配这一难题，进而提高市场的运转效率；最后我们提出方案的可行性评估，对所提方案进行一个较为全面的分析和评价。通过设计改进方案，我们可以评估方案可能带来的影响，进而更加全面、具体地提升南郊市场车货匹配的效率，降低商户的运营成本和费用。

新的车货匹配模式通过大数据的运用来实现车货智能匹配，并且给用户提供了个性化选择的功能。通过对数据的运用来完善现有的车货匹配模式，用信息化匹配去实现智能匹配。通过南郊市场的影响力争取统一业内的规范，建立起一个统一、规范的标准，进而减少成本、提升匹配的效率。新的车货匹配信息平台还可以通过对会员收取年费和收取订单的佣金来提升盈利能力，进而增加公司的净利润。

共享化的信息平台对于物流行业的成本降低是必然的趋势，我们相信一个优秀的车货智能匹配模式一定能够提升市场的运营效率、提升企业的盈利能力。

11.5 课后思考

随着物流信息化的发展，很多专业的物流大企业都建立了物流信息平台。凡是能够支持或者进行物流服务供需信息的交互或交换的网站，均可视为物流信息平台。设计一个信息平台系统，可以方便物流公司与其用户的联系，有利于物流业务的开展和物流服务的实施。在物流公司的货物运输方面，车货之间达成匹配、协调一致，可视化管理，解决信息不对称等风险问题，就要建立一个快速响应、全程监控好的满足车主、货源方和平台企业三方需求的货运信息平台，做到服务三方，信息共享。其中，货运物流企业方面主要提供货运线路、车源信息等；货源方面提供提货发货网点、仓储信息、里程查询，身份识别，短信通知等；货主方面有货源信息、仓储需求的发布、招标信息发布等功能。随着公路运输的迅猛发展，基于互联网技术的货运信息平台将对我国公路运输的市场组织产生深远影响。建立跨地域、跨行业的货运配载信息平台已成为物流业的共同心声。

根据以上案例，思考以下问题：

（1）运用其所提出的车货匹配信息平台，如何解决车货市场混乱的问题？

（2）如何对案例所提出的车货匹配信息平台进行完善？

12　基于信息化建设的冷库运营成本控制——以蓝天蔬菜配送有限公司为例

12.1　冷链信息化和案例企业概况

12.1.1　我国冷链物流信息化建设

我国冷链物流经过 30 多年的发展，已初具规模，但与发达国家相比，还存在冷链物流规模小、功能不全、硬件设施落后，生鲜农产品基础设施跟不上等问题。目前，随着人们对生鲜农产品等食品安全和品质的要求越来越高、需求量越来越大，对鲜活易腐的生鲜农产品的冷链物流的要求也会越来越高，冷链物流信息化、自动化、智能化已是大势所趋。

物流信息化表现为物流信息收集的数据库化和代码化、物流信息处理的电子化和计算机化、物流信息传递的标准化和实时化、物流信息存储的数字化等。相应可用条码技术、数据库技术、电子数据交换技术（EDI）、企业资源计划（ERP）技术等来实现。物流的网络化是在信息化上的基础上进行的，网络化一方面要求整个物流配送体系网络化，包括物流配送中心、供应商、制造商和消费者，另一方面还要求各组织内部也网络化，这样可做到物流全过程的实时控制。可通过 EDI 技术和互联网技术来建立物流配送信息网络和组织内部网。

其中，仓储管理的信息化是现代化仓储管理的趋势，随着信息技术的不断发展，尤其是信息网络的应用，仓储信息处理越来越复杂，信息数据量更为庞大，来源分布广而复杂。仓库管理系统是通过入库业务、出库业务、仓库调拨、库存调拨和虚仓管理等功能，对批次管理、物料对应、库存盘点、质检管理、虚仓管理和即时库存管理等功能综合运用的管理系统，有效控制并跟踪仓库业务的物流和成本管理全过程，实现或完善企业仓储信息管理。

在我国，一些合资企业和大型企业都在积极地开发和应用仓储管理系统（WMS）。

有些大型的冷链物流企业已经开始运用信息平台技术，提供更加全方位的功能和服务。如有些企业运用了物流平台技术体系（其中，物流系统模块包括订单接收、路线优化和装载优化、运力调度 + 市场交易、实时货况追踪、订单签收 + 业务评价、运费结算等），使公共信息平台和系统整合技术协调一致，做到信息化、网络化和智能化的结合，有利于企业、供应链和全行业的共同发展。

12.1.2　北京蓝天蔬菜配送有限公司概况

北京蓝天蔬菜配送有限公司（以下简称“蓝天配送”）隶属于北京二商集团，1996 年被北京市政府确定为市级蔬菜配送中心，是近年来东方集团全力打造的综合食品配送服务平台。蓝天现有 1000m^2 冷库、800m^2 加工车间和厢式冷藏车，可满足各类食品储存、加工和配送；400m^2 的检测室和严格的食品检测制度，能确保食品从“源头到餐桌”的全程安全。在北京率先进行蔬菜加工、配送业务，积累了丰富的经验。

蓝天配送建立了集商品采购研发、品控、营销、客服、信息、仓储、运输为一体的综合配送运营模式，以蔬菜为起点，已逐步实现肉、蛋、奶、副食调料等食品配送全方位覆盖，可满足不同客户的需求。现有客户主要包括市委办公厅、医院和银行等的机关食堂。蓝天配送作为国有食品综合配送企业，在不断提高经营实力的同时，履行了政治责任和社会责任，为社会经济发展贡献力量。

蓝天配送的组织机构如图 12－1 所示。

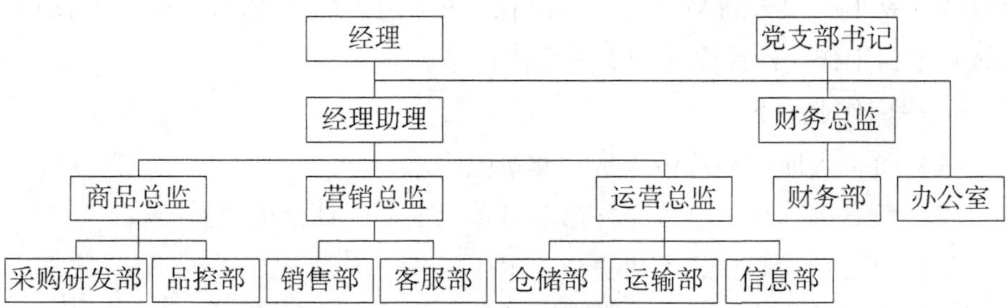

图 12－1　蓝天配送的组织机构

12.2　企业业务流程、信息化现状及问题

12.2.1　冷库基本情况

1. 冷库布局

蓝天配送的冷库布局如图 12－2 所示。

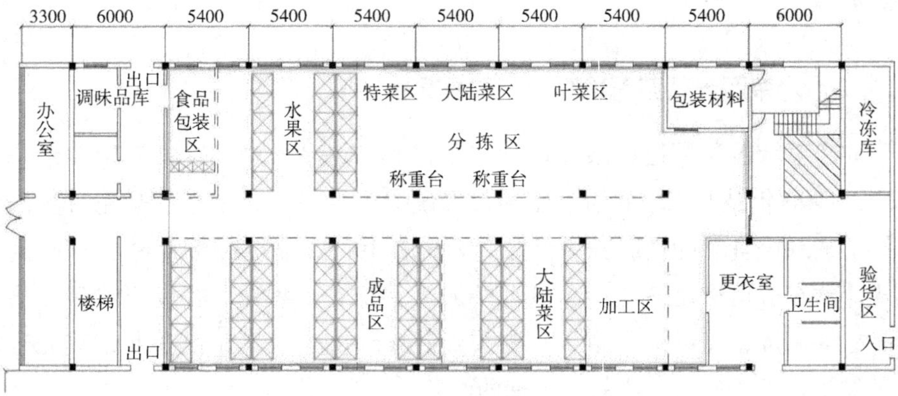

图 12－2　蓝天配送的冷库布局

2. 冷库服务时间

早班（4：00—8：00）的工作内容是有配送任务的工人跟车为客户送货，其他工人不工作，此时间段按照工人的实际工作时间计算加班费。

上午班（8：00—12：00）和下午班（15：00—19：00）为正常班，所有工人参与工作，由于企业的客户数量以及每日的订货量比较稳定，每日的配送车辆路线安排大部分也是固定的，其中 18 位工人每人负责一辆车运送货物从分拣、装车、配送到交付的全部流程，在此主要工作流程之余，空闲的工人做其他的工作。冷库全年 365 天无休运作。

3. 冷库作业内容

（1）负责入库商品称重收货、质量验收。

（2）负责客户订单分拣，并修改订单上的实际计价单位。

（3）负责货物码放，库房安全、卫生。

（4）将订单修改部分的数据录入系统，并打印发货单（一式四份）。

（5）负责仓储货物的运输配送工作，与食堂安全对接。

（6）负责每日库存报表，先进先出商品整理。

（7）负责库房固定资产管理及易耗品管理。

4. 冷库作业流程

果蔬从入库到出库的物流流程如图 12－3 所示。

图 12－3　果蔬从入库到出库的物流流程

（1）客户订单由信息部人员从二楼办公室送至一楼冷库，冷库人员根据客户订单和现有库存确定果蔬采购计划。

（2）入库果蔬分为两种，一种为采购的果蔬到入库口，工人进行装卸搬运并核对重量，部分果蔬暂时存放在验货区，对同一批次果蔬进行抽检，抽检后按叶菜区、特菜区、水果区分类码放；另一种为存放其他仓库果蔬，从出库口进入仓库，不需要抽检。其中叶菜区、特菜区没有货架，所有菜品放在托盘上，水果区为双层货架。

（3）分拣区放置有两张桌子，作为客户订单的摆放区，同时桌子附近作为称重区，工人根据客户订单往返于果蔬存放区（包括货架、菜品区以及验货区）与称重区，将实际重量填写在销售订单中的果蔬品类重量之后（无论是否有修正都要填写，作为分拣完成一种品类的依据），一张客户订单由多人负责，没有明确分工，当工人完成一张客户订单之后即可帮助其他工人继续分拣工作，分拣过程中，一个托盘上对应一个客户订单，工人将托盘放置在任意区域，根据经验将重量较重、耐压性较强的品类放置在下方，较轻、易损品类放置在上方，除个别客户有将果蔬装入流转筐的需求，其余均按经验堆放在托盘上。

（4）成品区为双层货架，按客户名称分订单码放。

（5）送货集中在次日凌晨 4：00—7：00，8：00 前送货完毕。少量客户当日下午自行来取货，车辆停放在出库口，由一个或两个工人将果蔬装车。

12. 2. 2　蔬菜配送流程

根据对蓝天配送的调研情况，我们画出了蓝天配送的业务流程图，如图 12－4 所示，以下分 7 个部分对业务流程进行详细说明。

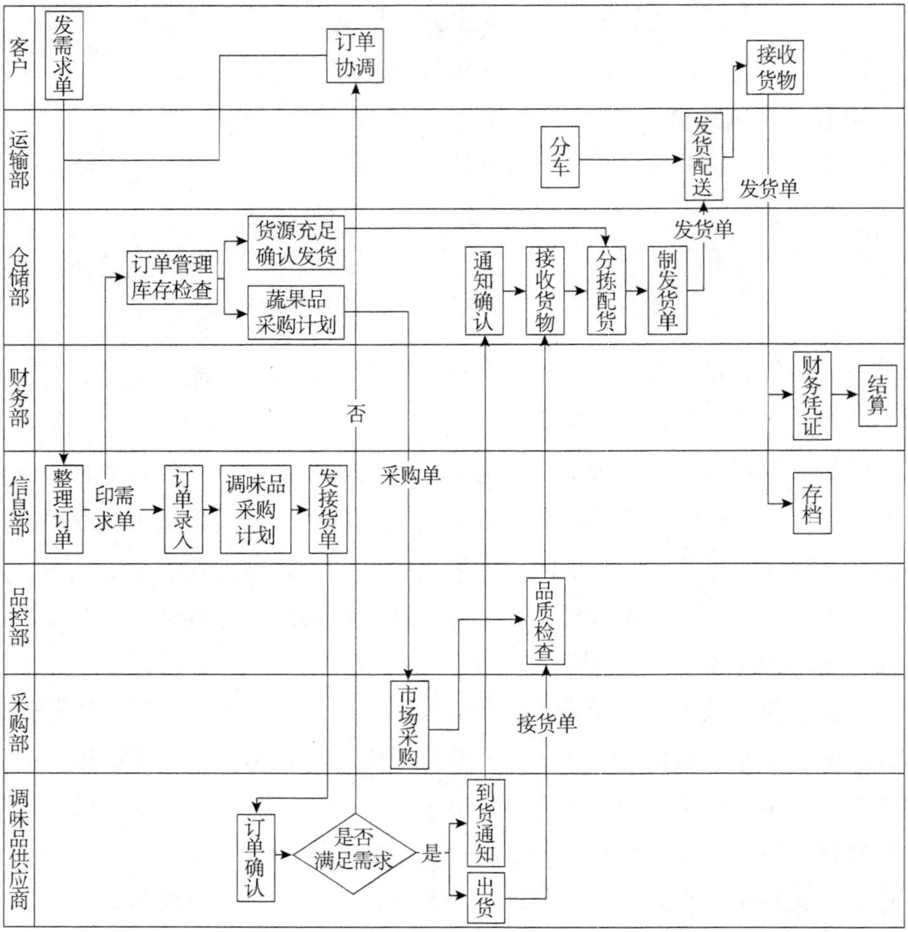

图 12－4 公司基本业务流程

1. 接收订单

根据该企业不需要任何的预测分析进行提前采购，仅留存部分安全库存应对临时紧急订单的特点，整体来说是以客户订单为导向的冷链运营，所以蓝天配送的业务起点是客户发出需求单，所谓需求单是因为客户没有统一的订单格式及发送方式，由于菜品种类繁杂，标准化难度大，故客户需求单以厨师长手写的包括品名和数量的列表为主；主要的订货方式有电话联系、电子邮件、微信照片、传真文件等能直接与信息部联系的方式。

2. 订单处

信息部接到客户需求之后，将客户的需求单打印两份，一份交到仓储部进行库存管理以及备货，另一份留存信息部便于订单录入及存档，录入系统后的订单名为销售订单，可在仓储部打印出销售订单作为分拣单，由分拣人员根据实际分拣情况填写数量，修正销售订单且作为制发货单的依据。其订单处理如图 12－5 所示。

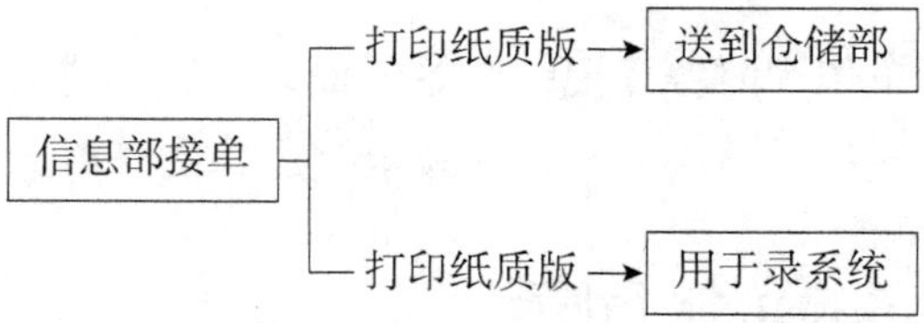

图 12－5　订单处理

3. 采购管理

仓储部拿到需求单后，先根据库存情况进行订货管理，若库存能够满足需求，便直接进行分拣配货作业；若库存不能满足需求，便做出果蔬类采购计划发送给采购部进行市场直接采购。调味品凭借其不发生自然损耗的特点，直接由信息部根据系统中的数据进行调味品采购计划，信息部根据系统库存直接向供应商发出接货单进行采购，供应商接到订单后一方面进行订单回复，另一方面进行发货工作。若采购不能满足客户的要求，则及时反馈给信息部，由信息部与客户再次协调订单，然后进行订单处理的环节。

4. 入库工作

冷库分为待检区、原料区、分拣区和成品区，无论是从市场直接采购的果蔬品还是由供应商发货的调味品，在入库之前需经过过磅作业确认收货的重量再进行收货，在待检区需要通过品控部进行质量检查以保证食品安全，然后在原料区按照叶菜、特供菜等分类及工作人员的摆放习惯进行入库摆放作业。

5. 分拣配货

该冷库分拣区的货架区域按照客户类型进行分类，一列货架为一家主要客户，由一个人长期从分拣到配送全权负责 2～3 个单位的客户，下午 3 点开始每个人根据自己负责客户的订单进行分拣作业，到晚上 7 点分拣作业基本结束，但仍可接收临时订单进行分拣作业，分拣作业后根据实际分拣情况对销售订单做出修正并生成一式四联的发货单。

6. 发货配送

次日凌晨 4 点进行装车发货作业，每辆车由运输部安排长期配送 2～3 个单位客户，由该客户的负责员工以及司机按照基本装车规律进行装车，然后配送员携带发货单与司机一同进行送货作业，四联发货单分出一联跟货走进行签收，一联给客户进行结算，带回两联发货单进行财务凭证和信息存档。

7. 财务结算

将带回的发货单作为财务登记的原始凭证，与客户进行订单的结算工作，这是蓝天配送业务流程的最后一步，即表示完成一次订单运营的全过程。

12.2.3 管理信息系统及其应用情况

蓝天配送的管理信息系统包含系统管理、主数据维护、应收账款、应付账款、存货主数据、仓库管理、高级仓库管理、货物移动、价格策略、销售管理、采购管理、货物组合拆分、商业智能报表、附件14个模块，包含的模块较为完善、涉及面广，操作界面也较为简洁易操作，信息部、采购部、仓储部、财务部等多个部门在使用该系统。

如图12－6所示，蓝天配送的管理信息系统中模块虽多，但目前只有5个模块在使用，用于商品编码的录入，日常库存的查询，采购价格、销售价格等的维护，日常订单的录入，销售订单、采购订单、发货单等的生成。

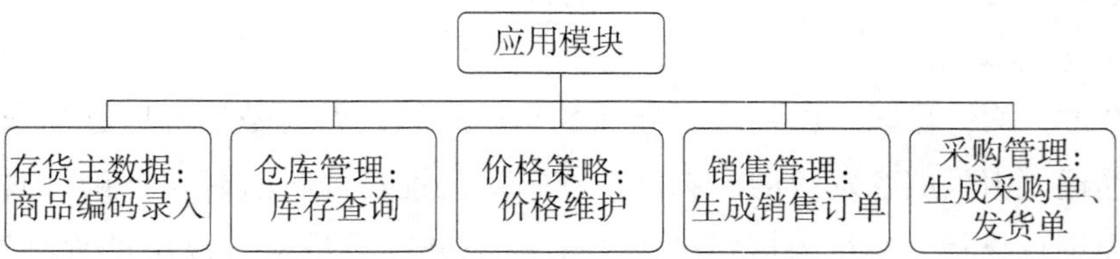

图12－6 管理信息系统实际使用模块

如图12－7所示，在管理信息系统的处理过程中，系统主要生成以下5种单据。

（1）销售订单：客户销售订单由客户通过传真、电子邮件、微信等方式传达到信息部。

（2）采购订单：信息部将销售订单进行收集整理后，复印两份；一份交由仓储部，仓储部根据其信息进行果蔬采购单的制作，交由采购部；一份信息部留用，用于调味品、杂粮、豆制品等非果蔬类产品的采购单制作，直接与供应商进行对接。

（3）收货单：信息部将采购单发送给供应商，供应商在货物到达后将收货单交给仓库。

（4）拣货单：仓储部根据销售订单在库房进行手写更改实际重量。

（5）发货单：齐货后，仓储部将果蔬重量进行调整、修改，最终生成发货单，交由车队。

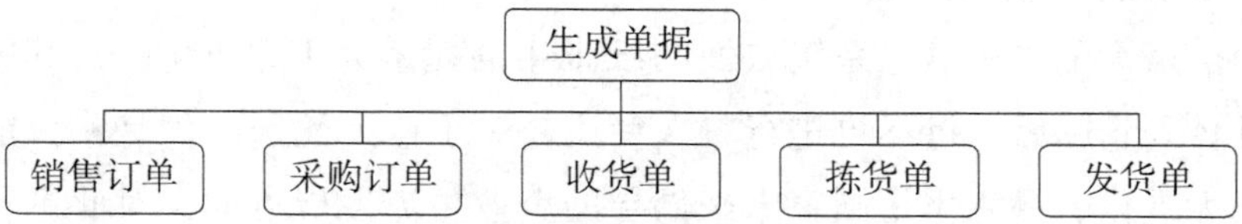

图 12－7　系统生成单据冷库运营现状

12.2.4　存在问题分析

1. 信息化程度较低

（1）管理信息系统使用率低。

订单录入大多需要人工录入，降低了信息数据处理的速度，导致流通链时间统一滞后，员工经常需要加班；在采购方面，蓝天配送在实际中采用建立微信群，在群里实时发送采购信息的方式，并没有有效利用该系统来高效地传递信息。低效作业和低程度信息化的应用增加了企业的人力成本，在未来订单量不断增加的情况下不利于企业的发展。

（2）信息系统无法及时更新。

可以看出，每天的信息处理由客户订单决定，据调研，蓝天配送每日的客户订单额约为 140 份，信息部每天在下午 3：00 至 5：00 进行信息的录入，但由于客户下单时间不确定性极大，使用管理信息系统录入信息不及时、数据不准确，信息部会直接将原始客户订单复印，传给仓储部，仓储部通常需要先手写出拣货单，再进行整体拣货，因而延迟了拣货时间，没有充分发挥管理信息系统的作用。

2. 订单标准化程度低

从调研得到的客户订单中我们发现，大部分客户通过微信拍照方式通知信息部其所需的产品，订单的格式五花八门，其中对产品的单位描述也不一致，导致了重复工作——信息部需要统一销售订单格式、单位等，同时仓库人员每天都需要进行重新的称重。

3. 响应时间长

一般客户订单由信息部交由仓库，由于客户的订单时间不确定，信息部需要不断进行数据录入，信息部往往需要来回跑着送单子，人力和时间的损耗较大。在这方面，蓝天配送未对客户订单不确定性采取有效整改措施。

4. 纸张浪费情况严重

目前蓝天配送在信息系统方面的纸张年消耗量为1058400张，其中客户订单在传到仓库后，将不再进行二次使用，对于蓝天配送而言是一大能源损耗，而无纸化、绿色化是国家未来倡导的企业主流发展方向，对此进行优化能有效地降低企业的成本。

12.3 信息化建设方案

12.3.1 流程优化

根据我们对业务流程的分析，以蓝天配送为例，公司要想加强信息化的建设，促进无纸化办公的实现，简化业务流程，达到降本增效的目的，可以从以下两方面进行改进。

1. 客户方面

由于之前流程中客户下订单的方式各式各样，缺乏标准化，不但会加大信息部的工作量，还会出现信息部与仓储部信息不同步的情况，故每次需求单都需要打印两份分送信息部与仓储部，这就会造成效率低下和纸张浪费的情况。为统一订单格式及提高信息同步建设，我们计划制作开发相应的系统App（应用软件），使得客户订单能够直接传送到系统中。在App中我们设定了相应的订单模式，客户可以填写或选择相应的品类、所需重量、地点、到达时间等项目进行下单工作，这是一个系统与系统之间的对接，比人与人直接通过微信、传真、电话、邮件等方式来说更具统一化标准，省去了信息部整理订单与录入订单的过程，且使得各个部门能够同时接收订单的更新状况，便于各个部门对订单做出相应的工作。

2. 分拣方面

根据调研情况来看，现有的分拣情况是每个分拣员在打印出自己负责单位的订单进行分拣作业的同时，根据实际产品的重量对订单的所需重量进行纸质的填写修正，最后交给仓储部，由仓储部将修改后的纸质版分拣单进行系统录入工作再生成发货单。这一过程如果让同时工作的分拣员每人拥有一个电子机器进行实时分拣以及订单重量修正工作，那么将会省去分拣单的纸张和仓储部的重复录入工作，通过分拣员的订单重量修正工作直接连接系统进行自动修改，之后系统可直接生成发货单并进行装车发货作业。

蓝天配送流程优化的效果如图 12 - 8 所示。

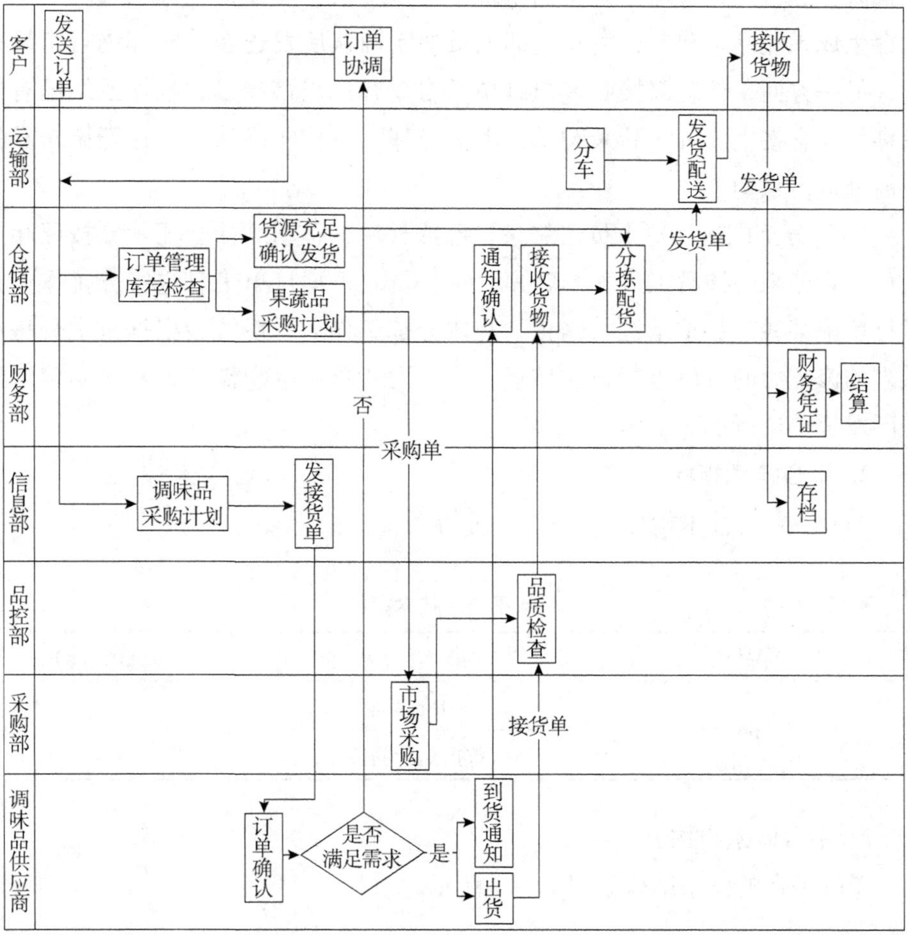

图 12 - 8　蓝天配送流程优化的效果

12.3.2　软件设计

在蓝天配送原有的管理信息系统基础上，我们推出更加便捷的 App 平台系统，其功能言简意赅、操作方便快捷，企业员工通过移动终端即可实时了解并更新订单，为企业的信息化提出了可行性较高的发展方向。

1. 平台业务流程

（1）客户下单：客户通过客户终端可直接发送订单，订单信息自动录入系统，同步至蓝天配送。

（2）产品采购：一方面，仓储部接收客户订单后自动筛选出果蔬品，由分拣人员进行库存管理并同步到系统中，系统根据库存情况加上相应的安全库存生成果蔬品采购单，由仓储部人员核实确认后发送至采购部进行市场采购；另一方面，信息部接收客户订单后自动筛选出调味品，根据系统已有的库存情况直接生成调味品采购单，由信息部人员核实确认后发送至调味品供应商处进行采购工作。

（3）分拣配送：每个员工登录自己账号后，移动终端会显示已按照相应摆放位置分来的该员工负责的客户订单，员工根据订单信息进行分拣作业并对订单中某些产品重量进行修正，完成分拣工作后，系统会根据每个分拣员录入的修正后的订单进行再次整理，形成发货单，由仓储部人员核实确认后打印发货单进行配送工作。

2. 平台技术指标

App 平台的技术指标如表 12－1 所示。

表 12－1　　App 平台的技术指标

产品	技术指标	参数值（s）
App	响应时间	<5
	数据更新间隔	<5

3. 平台体系结构

App 平台的体系结构如图 12－9 所示。

12.3.3　平台功能模块设计

1. 客户端

（1）功能结构。

其客户端功能结构如图 12－10 所示。

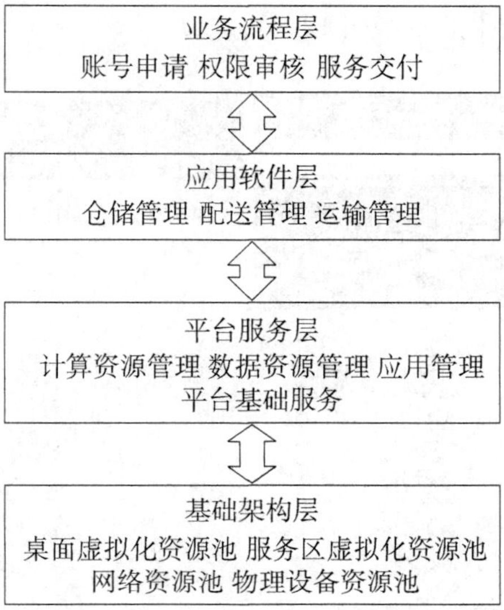

图 12－9　App 平台的体系结构

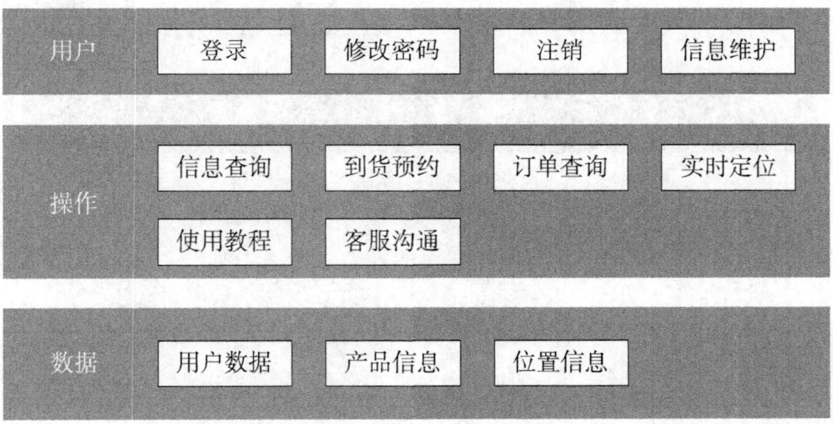

图 12－10　客户端功能结构

（2）功能示意。

客户端 App 拥有信息查看、订单结算、到货时间预约、订单评价、增值业务服务等功能，通过客户端 App 可以实现客服部与客户的直接对接，可为客户前期的使用提供指导，并满足一些特殊客户的服务需求。

客户端 App 开发支持 Android 4. 2 以上系统，开发工具采用 Android Studio 或 Ecplise，开发环境为 Eclipse + ADT，开发语言是 Java，通信协议采用 HTTP 协议。

其客户端 App 效果展示如图 12－11 所示。

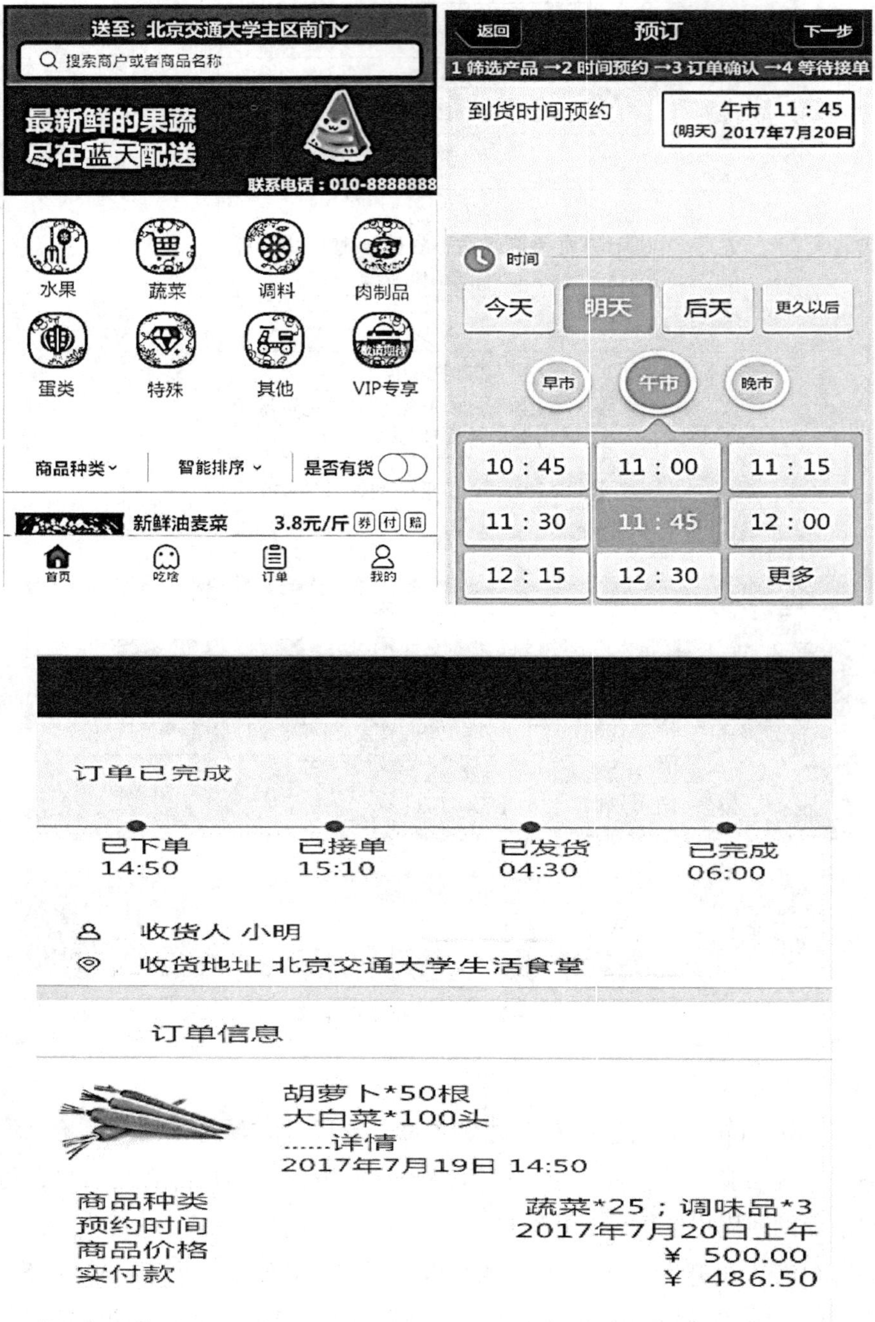

图 12－11　客户端 App 效果展示

2. 企业端

（1）功能结构。

企业端 App 功能结构如图 12－12 所示。

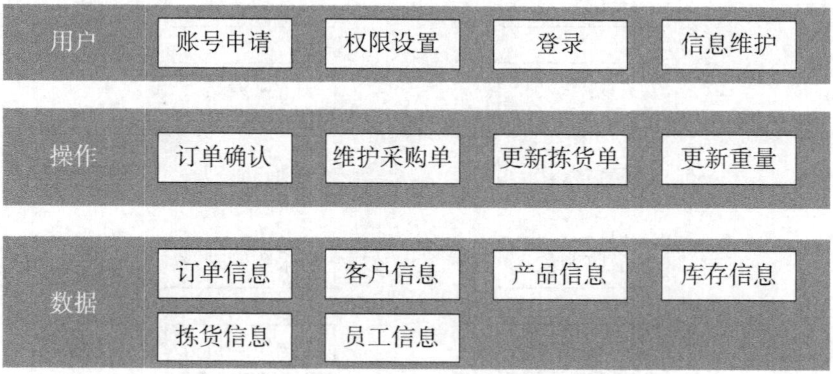

图 12－12　企业端 App 功能结构

（2）功能示意。

企业端 App 主要针对的使用对象是仓储部的分拣人员，具有员工登录、订单信息、订单评价、库存管理等功能，通过企业端 App 可以实时对订单进行重量修正和对仓储情况进行库存维护，能实现企业无纸化降低成本，并且提高企业部门之间信息共享与交换的效率，实现降本增效的目的。

12.3.4　系统优化

现有的管理信息系统所具备的功能有 14 个部分（见图 12－13），我们做出的主要修改是增加了一个数据更新的模块，一方面可以直接连接客户端进行订单的录入，另一方面可以通过分拣人员的信息修正进行库存的管理以及订单的修正工作。

经过这样的系统优化，既可以降低运营过程中的纸张使用，又可以提高员工的工作效率，面对订单的增长而不用增加员工，从而达到降本增效的目的。

12.3.5　硬件配置

为实现软件功能需要有硬件的支持，在原有基本硬件的基础上需要再添加分拣作业人员使用的平板，根据对仓库的调研发现同时分拣的订单最多为

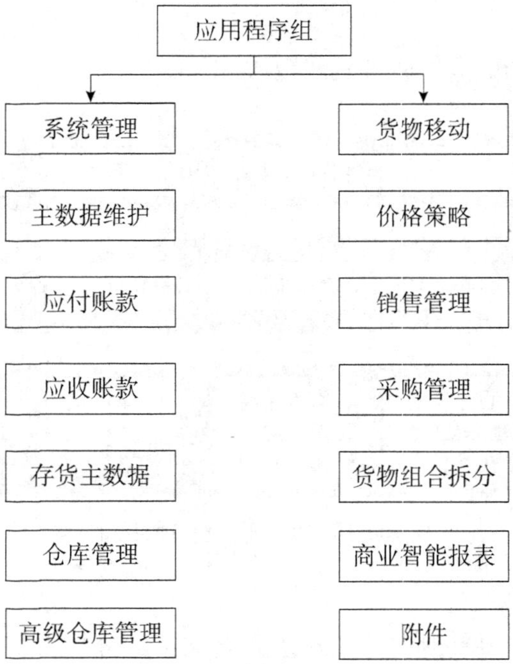

图 12－13　信息系统架构

6～7个，根据表 12－2 所示的可选方案，由于分拣人员需要的平板具备的功能较少，所以选择 16GB 的内存即可满足，根据使用年限与价格比较来看，华为荣耀平板 2 是性价比最高的一款平板电脑，所以我们最终确定选择这款作为分拣人员使用的分拣平板。

表 12－2　平板可选方案

品牌	产品型号	运存（GB）	内存（GB）	尺寸（in）	电池容量（mA）	参考价（元）
华为	华为平板 M3 青春版	3	32	10.1	6660	1899
华为	荣耀平板 2	3	16	8	4800	999
华为	华为平板 M3 青春版	3	32	8	4800	1399
小米	小米平板 3	4	64	7.9	6400	1499
小米	小米平板 2	2	16	7.9	6190	1099

12.4 信息化建设前后的成本效益分析

12.4.1 冷库运营成本整体分析

根据公司财务数据可得知：

冷库运营成本 = 电费 + 员工工资和社保 + 租赁费用 + 办公费用

1. 员工工资和社保

员工工资和社保指的是和冷库作业相关的车间工人和办公人员的工资和社保。这部分费用占据了冷库运营成本的60%，包括29%的车间工人工资和社保，以及31%的办公人员工资和社保。由于国有企业裁员不太现实，所以可考虑通过提高员工工作效率，从而提高企业产能，在未来订单量持续增加的趋势下，企业产能可最大限度满足需求。

2. 电费

蓝天配送与蓝天的另一家公司共用一个电表，每月蓝天配送承担总电费的40%。所以，在两个公司共同决定电费额度的核算方式下，仅依靠蓝天配送的努力并不能对电费进行有效控制。

3. 租赁费用

冷库库房建设于2016年，是国有资产，企业无须支付租赁费用，在公司会计核算中，此费用为零。

4. 办公费用

由于现在企业的信息流主要以纸张为载体，所以，每年企业在办公费用上的花费巨大。根据公司数据，企业每年的纸张成本为××元，打印成本为××元（包括墨和打印机折旧）。

12.4.2 信息化建设可节约的成本

通过以上的信息化建设方案，分析可得企业能够大幅减少办公费用。

1. 纸张成本

根据企业数据，在平均每天140份订单的情况下，每年使用的纸张约为1058400张，纸张费用约为35256元，具体核算方法如表12-3所示，生成的单据统计如图12-14所示。通过无纸化办公方案设计，企业每年至少可节省全部的 A4 纸费用计 30000 元。

表 12－3　　纸张成本明细

纸张类型	数量（张）	单位成本（元/张）	成本（元）	总成本（元）
A4 纸	1000000	0. 03	30000	35256
针式打印纸（一式四联）	58400	0. 09	5256	

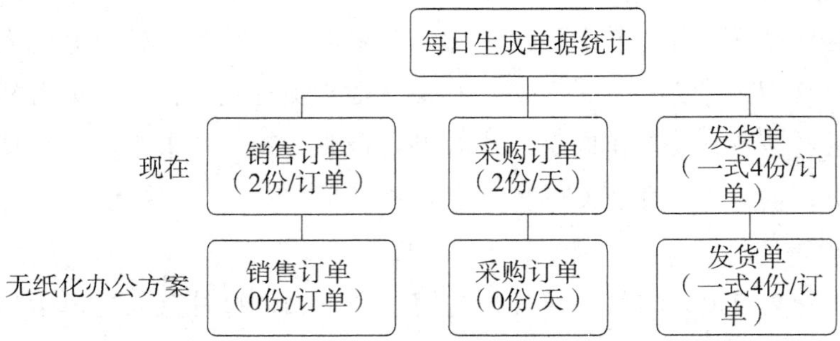

图 12－14　信息化建设前后每日生成单据统计

2. 打印成本

按照公司数据，现使用的墨水价格为 100 元/瓶，每月约使用 7 瓶，那么：

每年平均使用墨水量 = 7 瓶/月 × 12 月 = 84（瓶）

墨水总费用 = 100 瓶 × 84 元/瓶 = 8400（元）

按照墨水可节约 67% 算，每年可节约墨水 5628 元。

3. 时间成本

主要指的是通过信息化建设可节约的时间成本，如人工录入订单的时间成本、订单在各部门间传递的时间成本等，通过信息系统替代人工传送作为信息传递的载体，可提高员工工作的效率，减少信息在各部门传递的滞留时间，为企业争取更大的客户量留出了空间。

通过以上核算，按照平均每天 140 份订单核算，企业平均每年可节约显性的办公费用 35628 元。

4. 信息化建设需投资的成本

企业信息化建设是通过 IT 技术的部署来提高企业的生产运营效率，降低运营风险，降低经营成本，从而增加企业获利和持续经营的能力。通过调研蓝天配送的运营现状，提出信息化建设方案。

信息化建设成本构成如图 12 – 15 所示。

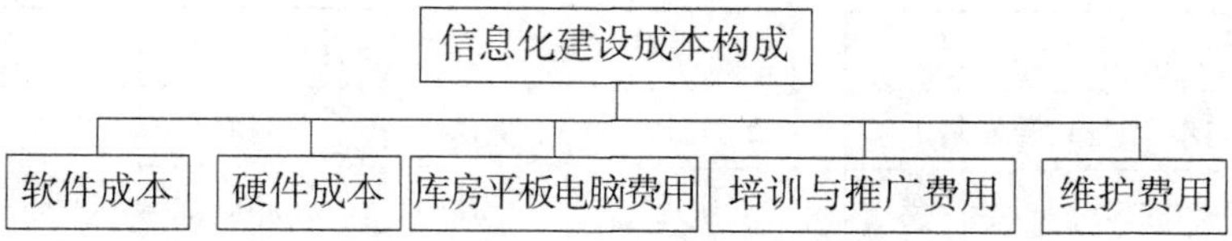

图 12 – 15　信息化建设成本构成

（1）软件成本。

软件成本主要包含 App 开发成本、测试上线等成本。为方便客户下订单及企业对订单的整理和集中式订单管理，明确蓝天配送 App 功能等相关要求后，通过调研 App 开发市场，蓝天配送 App 从开发到上线所需成本大概在 5 万元。

（2）硬件成本。

硬件成本主要包括服务器的购买以及信息化建设所需的线路搭建，服务器用于支持 App 的运营，响应客户服务请求，并进行处理。通过对服务器市场的调研，我们了解到可以通过租赁服务器和自行购买服务器两种方式满足 App 运营需求；服务器租赁市场的主要供应商有阿里云和腾讯云，而自行购买服务器可供选择的品牌较多，如华为、浪潮、戴尔等，综合考虑企业客户规模及长远发展目标，推荐自行购买服务器，加上线路搭建等成本，硬件成本所需费用大约为 3 万元。

5. 库房平板电脑费用

库房平板电脑用于冷库工作人员分拣货物及修改数据，与公司的订单系统连接，实现信息的实时性、准确性。通过对企业的调研，库房一共需要 7 个平板电脑；通过对平板电脑市场的调研，综合考虑平板电脑各方面性能和企业情况，符合企业需求的平板电脑的市场价在 1000 元左右。

6. 培训与推广费用

培训与推广费用是指企业信息化建设后，工作人员培训所需的成本以及 App 推广给客户所需的费用，这一部分大概需要 2000 元。

7. 维护费用

维护费用比较机动，用于平板电脑保养、系统故障维修等，此部分预算在 2000 元/年。

其信息化成本构成如表 12 - 4 所示。

表 12 - 4　　信息化成本构成

<table>
<tr><th>成本构成</th><th>单价</th><th>数量</th><th>合计（元）</th><th>总计</th></tr>
<tr><td>软件成本（App 开发等）</td><td>5 万元</td><td>1 次</td><td>50000</td><td rowspan="5">固定成本：
89000 元
变动成本：
2000 元/年</td></tr>
<tr><td>硬件成本（服务器、线路等）</td><td>3 万元</td><td>1 次</td><td>30000</td></tr>
<tr><td>库房平板电脑单价</td><td>1000 元/台</td><td>7 台</td><td>7000</td></tr>
<tr><td>培训与推广费用</td><td>2000 元</td><td>1 次</td><td>2000</td></tr>
<tr><td>维护费用</td><td>2000 元/年</td><td></td><td></td></tr>
</table>

12.4.3　信息化建设前后相关成本比较

企业进行信息化建设后能省下来纸张成本、打印成本。通过调研，蓝天配送每年在纸张成本上需要花费 4 万元，打印成本每年 8400 元，这两项成本总和为 4.8 万元。进行信息化建设后，虽然在前期需要投入 8.9 万元，但是信息化建设完成后，每年在订单管理（信息传递）方面所需成本极少，只需要支付极少部分的维护费。

12.4.4　投资效益分析

1. 投资周期分析

为了更好地分析信息化建设所带来的效益，我们采用投资收回期作为评价指标。

投资收回期 = 投资成本/年收益

其中投资成本指公司信息化建设需要投入的成本，此处的年收益指信息化建设完成后公司的订单信息传递上所节省的费用，于是可以得出：

投资收回期 = 投资成本/年收益 = 89000/（35613 - 2000） = 2.65（年）

通过计算可以明显得出，信息化建设方案的投资不足 10 万元，在只考虑信息化带来的显性收益的情况下，3 年内即可收回成本。

2. 相关收益

（1）集成的系统应用平台。

信息化建设后，系统将数据管理、采购管理、配送管理等企业各个业务流程集成在统一的应用平台上，最大限度地提高了企业各部门业务人员对信息的共享和利用水平。

（2）系统记录、管控的销售配送管理。

信息化系统的应用为企业提供系统化的订单管理方式，并对相关数据以统一的形式进行记录，这在很大程度上替代了以往员工手工统计汇总的工作量。

（3）实时、准确的报表统计分析。

信息化系统的应用使企业各个部门获得了统一、真实、及时的销售数据及信息；销售期间的数据及时反馈在信息系统中，使企业相关负责人员能够及时地调整库存结构以适应市场的变化，并为企业管理人员及各层次管理者的决策提供了灵活、可靠的依据，提高了计划准确率和可靠性。

12.5 案例结论

综上所述，信息化水平越来越成为一个企业综合实力的重要标志，并为企业的发展带来新的经济增长点。本方案立足于企业的实际情况，以最低的投资，为企业制订简单易行的信息化建设方案，在以上的财务分析中，只考虑了信息化建设可带来的显性收益，即可以计算的收益。但更大的收益在于，通过信息化建设，提高了企业员工的工作效率，为企业争取更多的客户订单赢得了时间和人力，轻松愉快的工作氛围为企业的生存注入了活力，使企业朝着更现代化的方向发展。从社会层次看，信息化建设更符合国家信息化建设发展浪潮，认真贯彻了国家发展改革委《关于进一步推进物流降本增效促进实体经济发展的意见》。此外，“无纸化办公”理念更符合绿色、健康、协调的社会发展方向。

这些相关收益，帮助企业更充分地履行企业责任，承担社会建设义务。以下为蓝天配送未来发展的建议。

12.5.1 战略层次

1. 明确企业目标定位

蓝天配送立志于发展成为首都一流综合食品配送服务平台，相对于市场中的同行业来说，蓝天配送的竞争力处于中等水平，蓝天配送应该发展自己的核心竞争力，明确自身企业定位。发展作为一个承担政治任务的企业，其主要的核心竞争力应该在食品安全上，相对的客户定位是对食品安全要求较高同时可接受略高价格的单位，在实际调研中发现，蓝天配送的发展比较缺乏侧重点，未找到自己的核心竞争力，可以通过主要发展核心竞争力在市场中占据有利位置。

2. 加强企业文化熏陶

我们通过观察调研发现，员工们工作态度较为懒散，一方面可能是因为蓝天配送的工作时间较长，时间不确定；另一方面由于蓝天配送的企业特点让他们缺乏危机感。在这样的情况下，需要加强企业文化熏陶，让每个员工对企业宗旨有更深入的认识，能够潜移默化地对员工进行影响，增加企业积极面的宣传，让员工从思想上认同企业，并愿意为之奉献，提高员工工作的积极性，从而提高企业效率。

3. 提高企业团队建设

通过调研，我们发现每个人都有其相应负责的客户，很少有交集部分，这样的方式有利于追责，使每个人独立而专注地负责自己的客户，但是这种缺乏团队合作的方式，在效率上不一定是最优的，我们可以通过提高企业团队建设，促进各个岗位之间的员工交流，提高员工之间合作的默契，营造团队氛围，提高员工积极性和工作效率。

12. 5. 2 规划层次

在调研中我们还发现，仓库在布局上虽然有明确的分区，但是由于没有货架，蔬菜框只能摆放在地上，由此导致了仓库利用率低、工作效率低等问题。

（1）仓库利用率低：果蔬只能利用地上的平面区域，空间利用率不足50%；此外，在实际工作中各类果蔬没有严格按照已划分区域摆放，导致平放在地上的蔬菜秩序混乱。

（2）工作效率低：员工在分拣时将托盘和叉车随意摆放在通道处，导致过道不通畅，影响其他人员的通行。

所以建议购进适当的货架存放蔬菜，配以可以称重的地牛车、叉车，这样做的主要目的是提高单位存储面积的利用率，以使过道宽度增加，提高员工操作效率。

12.5.3 业务层次

1. 操作标准化

工资是仓储成本的重要组成部分。劳动力的合理使用，是控制人员工资的基本原则。我国是具有劳动力优势的国家，工资较为低廉，较多使用劳动力是合理的选择。但是对劳动进行有效管理，避免人浮于事，出工不出力或者效率低下也是成本管理的重要方面。

在引进信息化看板后，蓝天配送的冷库操作任务将更加明确，在对冷库中的人员进行统一化培训后，将图 12－16 中的工作职责合理分配，一方面能明确员工的任务，降低懈怠程度；另一方面可以让员工做其更擅长的工作，有效提高员工效率。

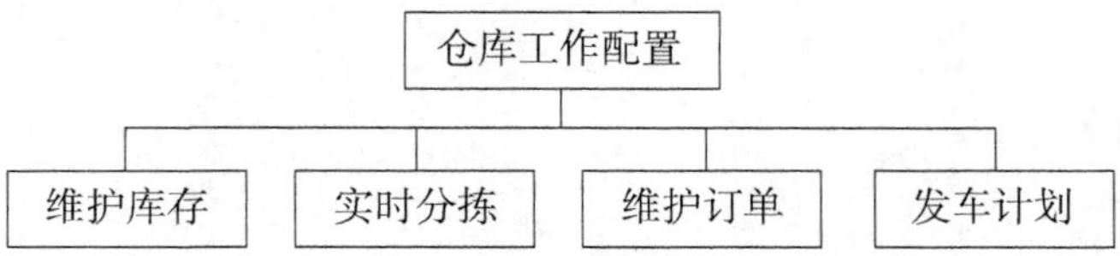

图 12－16　仓库工作配置

2. 人员规范化

在未来发展中，蓝天配送的发展倾向于信息化，因而在账号权限申请、信息维护、客户软件使用指导等方面会有更大的需求，需要信息部的支持；同时采购也将更加全面、专业化，需要采购部对这方面更加熟悉，全权负责；而客服部与客户之间的沟通需要加强，完成培训、使用指导等服务，提高客户满意度。因此，可将对信息部、采购部、客服部的职能进行优化配置，具体如图 12－17 所示。

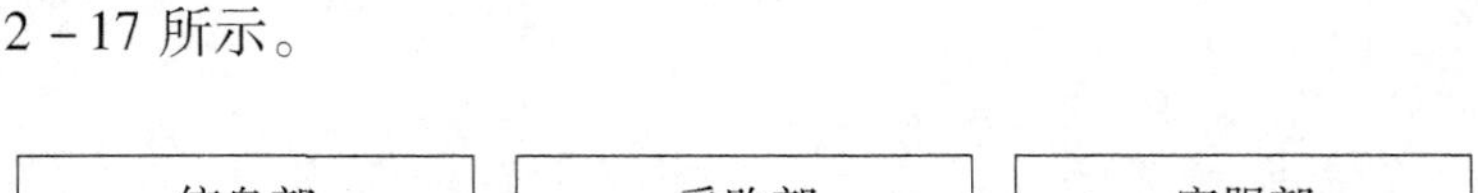

图 12－17　职能优化

12.6 课后思考

我国目前物流企业的规模普遍较小，物流信息化的普及率也不是很高。

物流是一个社会化的行业，物流企业需要与自己的上游和下游，与供应链协同运营才能更有效地提升运营效率和降低成本。同时，物流企业还面临着很多困难，例如，流动资金紧张、人工成本上升、客户对服务要求的提升等。面对这些问题，应采用一个基于互联网的平台进行运营，将自己的上游和下游连接在一起，提升运营效率。同时，平台应提供更多增值服务，例如，融资服务、外协运力寻找、运力调度 + 市场交易、实时货况追踪、路线优化和装载优化、订单签收 + 业务评价、承运商甄选等。物流企业的物流信息化，在未来是一种重要的领域，物流运营平台 + 众多的增值服务将成为重要趋势。

根据以上案例，思考以下问题：

（1）谈谈案例中，信息系统是怎么建立起来的，效益成本如何分析？

（2）对于中小型企业，如何建立一个简捷的信息系统？

13 我国冷链行业和企业物流标准化现状及发展思路

13.1 冷链物流行业标准化概述

13.1.1 行业和企业的标准化

标准化是指在经济、技术、科学和管理等社会实践中，对重复性的事物和概念，通过制定、发布和实施标准达到统一，以获得最佳秩序和社会效益。企业的标准化是以获得企业的最佳生产经营秩序和经济效益为目标，对企业生产经营活动范围内的重复性事物和概念，制定和实施企业标准，或贯彻实施相关的国家、行业、地方标准等主要内容的过程；而根据《中华人民共和国标准化法》的规定：由我国各主管部、委（局）批准发布，在该部门范围内统一使用的标准，称为行业标准。例如，机械、电子、建筑、化工、冶金、轻工、纺织、交通、能源、农业、林业、水利等，都制定有行业标准。

企业的标准化和行业的标准化水平息息相关，企业如果想要达到彻底标准化的目的，那么整个行业的标准整合必须达到很高的水平。通过实地对企业标准化现状的调研和现状分析，可以了解到企业标准化进程的最大阻力是行业内标准化的水平较低，进而导致了企业的标准化举步维艰。企业在尝试推行标准化的时候，都会从企业的客户群内部开始推行，进而形成一种整体的影响力，吸引更多的潜在客户为达到提高效率、节约成本的目的加入到标准化的大军中。由此可以看出，这里的关键点是企业与客户之间形成有效且有影响力的标准化群体，而这种群体形成的难易程度，一是看企业的影响力及号召力，二是看这种标准化推行的难易程度即客户对于此种标准化接受度的高低。前者与企业的关系较大，而后者则很大程度上取决于行业的标准化情况。因此，企业的标准化必须从行业的范围内考量，达到与本行业的高度协调和契合。

13.1.2 冷链物流行业现有标准

1. 冷链物流行业现有标准的分类统计

近年来，冷链物流标准化组织建设有质的突破。随着国内冷链物流市场的发展，冷链标准化建设工作被政府、协会和相关企业提上管理日程。上海、浙江等经济发达地区，相继制定或颁布了地方性冷链物流标准。由中国物流技术协会负责筹建的“全国物流标准化技术委员会冷链物流分技术委员会”于2009年经国家标准化管理委员会批复成立，标志着全国冷链物流标准化制定工作迈上了法制化建设轨道，冷链物流分技术委员会将扮演着冷链物流标准化领域的管理协调机构的角色。

据不完全统计，冷链物流标准近200项。我们根据标准的属性将已颁布标准划分为以下几类：冷链物流基础标准，冷链物流作业技术与管理规范，冷链物流服务质量管理标准，冷链技术方法标准，冷链设施设备标准，冷链物流服务信息标准，冷链物流安全、环保标准，冷链物流卫生标准，各类标准统计如表13－1所示。

表13－1　不同类别的标准数目统计

序号	标准类别	数目（个）
1	冷链物流基础标准	5
2	冷链物流作业技术与管理规范	57
3	冷链物流服务质量管理标准	3
4	冷链技术方法标准	13
5	冷链设施设备标准	54
6	冷链物流服务信息标准	4
7	冷链物流安全、环保标准	10
8	冷链物流卫生标准	45

从已颁布标准的层次结构看（见表13－2），国家标准有70项，地方标准有35项，行业标准有86项，行业标准所占比重最大，这主要和我国冷链物

流发展现状有关。我国冷链物流起步较晚，之前冷链物流多分布在不同的产业领域，所属管理归口部门也相应分布在不同产业领域，因此，已颁布的冷链物流标准多归口行业管理部门。

表 13-2　　不同类别的标准登记统计

标准类别	国家标准	地方标准	行业标准	合计
冷链物流基础标准	2	1	2	5
冷链物流作业技术与管理规范	14	16	27	57
冷链物流服务质量管理标准	1	0	2	3
冷链技术方法标准	4	8	1	13
冷链设施设备标准	18	1	35	54
冷链物流服务信息标准	0	0	4	4
冷链物流安全、环保标准	3	1	6	10
冷链物流卫生标准	28	8	9	45
合计	70	35	86	191

已颁布的冷链物流或与冷链物流有关的近 200 项标准中，涉及的冷链商品包括食品（果蔬花卉、水产品、肉及肉制品、奶及奶制品、速冻食品、冷饮、种子等）、医药（主要是生物制品）、其他产品（感光胶片、化工原料、化妆品等）。标准涉及的冷链过程包括：采收、储藏、运输、冷加工、配送和批发、零售、信息等各个环节，同时还涉及冷链过程中采用的设施设备、作业技术方法、检测方法以及卫生条件等。

2. 冷链标准制定单位统计

从冷链起草单位来看，起草单位主要包括冷链过程中相关的企业（生产企业、物流企业和商业流通企业）、高校、相关行业协会、社会标准化研究机构、相关政府管理部门等。例如，由医药商业企业浙江因特药业起草的 GB33/T 713—2008《药品冷链物流技术与管理规范》；由雨润和双汇等肉制品生产加工企业参与起草的 GB/T 21735—2008《肉与肉制品物流规范》；由农副产品批发企业北京锦绣大地农业股份有限公司起草的 GB/T 9828—2008《水果和蔬菜冷库中物理条件定义和测量》；由上海市食品协会、上海市冷冻食品行业协会、上海冷藏库协会等协会单位共同起草的 GB33/T 88—2007

《食品冷链物流技术与管理规范》；由福建省标准化研究所牵头、上海标准化研究院等科研单位参与的 GB/T 24616—2009《冷藏食品物流包装、标志、运输和储存》；由广东大学、中铁特货运输有限公司等单位参与的 GB33/T 22918—2008《易腐食品控温运输技术要求》；由商务部屠宰技术鉴定中心参与起草的 GB/T 20799—2006《鲜、冻肉运输条件》。

3. 托盘及周转箱标准

（1）托盘。

托盘的国家标准如表 13 - 3 所示，这些标准几乎把市场上不同材质的托盘都进行了规定。

表 13 - 3　　与托盘有关的标准统计

标准号	内容
GB/T 3716—2000	托盘术语
GB/T 2934—2007	联运通用平托盘主要尺寸及公差
GB/T 4995	联运通用平托盘性能要求和试验选择
GB/T 4996	联运通用平托盘　试验方法
GB/T 4822—1999	锯材检验
GB/T 23898—2009	木质平托盘用人造板
GB/T 17657—1999	人造板及饰面人造板理化性能试验方法
GB/T 699—1999	优质碳素结构钢

行业中使用量最大的托盘材质是木质托盘，因此这里举例出现有的两种木质托盘的示意图及尺寸图，两种托盘的材质基本相同区别在于形状的不同，一种是“川”字形，一种是周底形。具体的图形如下。

我国托盘标准把 1200mm × 1000mm 和 1100mm × 1100mm 作为我国托盘标准规格，并优先推荐使用 1200 × 1000mm 规格，以提高我国物流系统的整体运作效率（见图 13 - 1、图 13 - 2）。

近年来，我国标准托盘在保有量中的占比持续快速提升，其中 2016 年达到 27%，较 2015 年提高了 2%。我国商贸物流领域标准化水平快速提升，标准托盘占有率明显提高。据商贸物流标准化试点企业和重点推进企业数据测算，重点商贸物流领域托盘标准化率达到 65%，相关配套设备设施标准化水

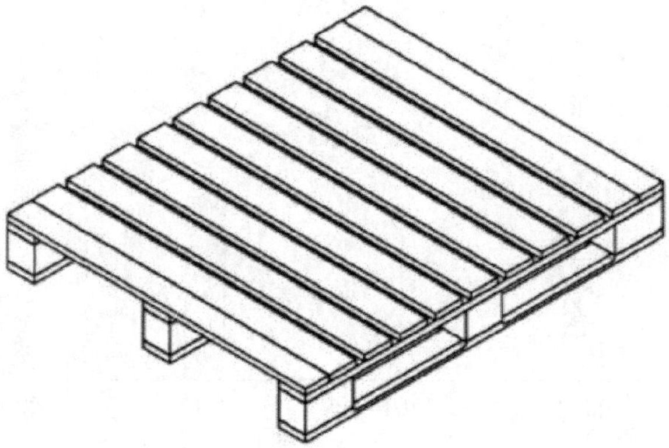

图 13－1　1200mm×1000mm（“川”字形）木质托盘

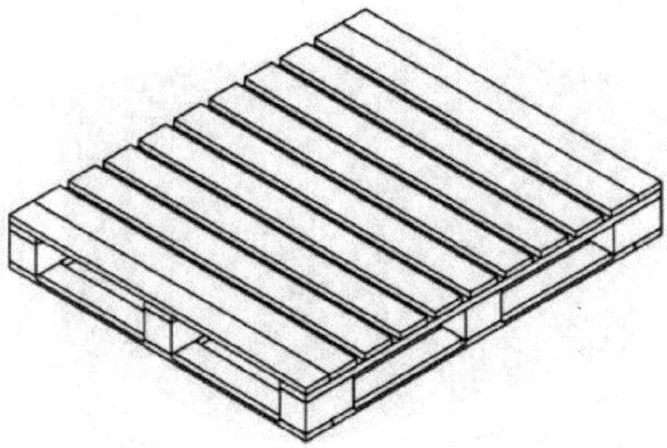

图 13－2　1200mm×1000mm（周底形）木质托盘

平提升明显，单元化物流器具应用逐步广泛。

2013—2016 年中国标准托盘市场占比情况如图 13－3 所示。

（2）周转箱。

周转箱是在实际作业中用来装载零散货品，方便装卸搬运和运输等操作。在中国，标准周转箱的结构通常是有盖或无盖的箱体，通用颜色为蓝色，不过可根据客户需求定制其他颜色，材质为 HDPE（高密度聚乙烯）全新料，所依据的标准为 ISO 9002 质量体系及 GB/T 5737—19951 国家标准，标准尺寸为：外规格 400mm×300mm×230mm、内规格 365mm×265mm×220mm，这与欧洲的标准相同，如图 13－4 所示。

周转箱规格众多，有 1～35 号不同尺寸的周转箱。值得注意的是这些周转箱拥有一些共性，那就是与标准托盘和标准的集装箱相配套。不过由于周

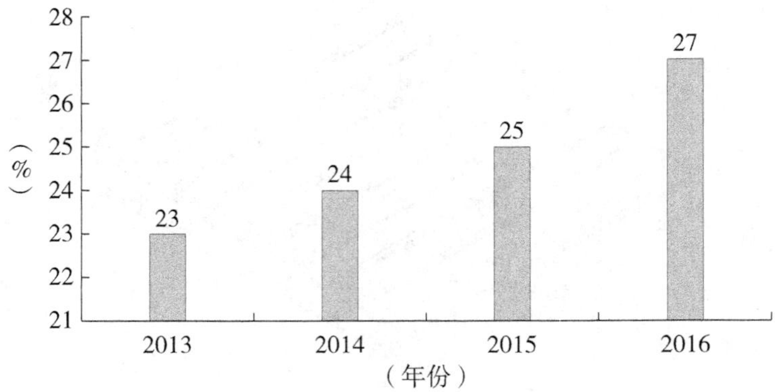

图 13－3　2013—2016 年中国标准托盘市场占比情况

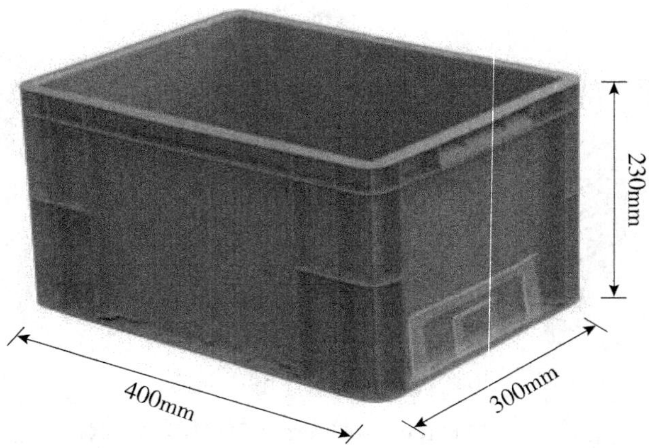

图 13－4　标准周转箱

转箱的使用十分频繁，使用期限比较长，制作成本也比较低廉，因此很多企业都是根据自己的情况制作，这些周转箱的尺寸可以很好地和企业内部的设施设备相结合，但是很难和其他企业的设施设备进行兼容，如果要进行周转箱的标准化，难度会更高。

4. 冷链行业标准化推行现状及特点

我国物流标准化工作起步较晚，近几年经各个有关部门的共同推动，物流标准化工作得到了一些重视，也取得了一定成绩，但同发达国家相比，我国的物流标准化还是相当落后。

（1）已有的物流标准推广应用缓慢。

尽管我国已经建立了物流标识标准体系，并制定了一些重要的国家标准，如《物流术语》《物流单元条码》《商品条码》《储运单元条码》《数码仓库应用系统规范》《大宗商品电子交易规范》等，但这些标准的推广和应用仍存在着严重的问题。比如，有些部门最初认为已陆续制定出台的各类国家标准可以规范物流条码应用，但几年之后，实际应用却不尽如人意。

（2）各企业之间的协同性不强，资源重购现象普遍。

各个不相关企业各自为政，作业过程中的工具（如托盘、周转箱）等各自购买，使得整个行业作业使用工具总量远远超出需求量。这无疑增加了企业的负担，降低了整个行业的盈利能力。

（3）保守经营，物流资源流动性差。

物流企业保守经营，最普遍的现象就是企业与其客户群形成稳定的运营体系，在这个体系内部标准通用。当然，这种方式无法使得企业很好地兼容其他客户，只能形成闭环保守的运营。据调查，目前我国拥有的托盘中超过一半在企业内部使用，如能建立全国性的托盘循环共用系统，可降低物流费用占国内生产总值比重的一个百分点，直接经济效益高达5000多亿元。保守经营也使得工具的流动受到干扰，流动水平低下，企业之间的工具保守使用，有时为了回收本企业的工具又要耗费很大的人力、物力。

（4）物流技术标准和物流作业标准不统一。

主要表现为各运输方式之间装备标准没有兼容性，降低了物流效率，限制了成本的节约空间；物流器具标准不配套，影响了货物在运输、仓储、搬运过程中的机械化及自动化水平的提高，从而影响了物流配送系统的协调运作；物流包装标准与物流设施标准之间缺乏有效衔接，严重地影响了运输工具的装载率、装卸设备的载荷率以及仓储设施的空间利用率。

（5）标准化较晚，行业中各企业工具规格不统一。

我国对于物流行业的标准化工作开展得较晚，市场上的很多企业都采用了各自的标准，进而导致现行行业中多种工具设施设备规格五花八门。例如，标准周转箱的国家标准是400mm × 300mm × 230mm，而据不完全统计市场上现有的周转箱规格大概有30多种。

（6）占有主导地位的企业尚不存在。

冷链物流行业具有散乱的特点，具体表现为企业的规模都不大，影响力也十分有限。行业内没有一个市场的标杆，行业内的任何企业都无法通过自身的影响力将行业标准贯彻下来或者充当市场的整合者。

总之，物流标准化有着重大的意义。要想物流系统的科学管理有效实施、物流系统的建设进程不断加快、我国物流系统和国际物流大系统顺利衔接、物流成本有效降低、物流系统的经济效益和社会效益不断提高，就必须先实现物流标准化。一个统一、规范的物流标准化体系正是目前我国所缺乏的，已经成为制约我国物流发展和影响物流效率提高的主要原因之一。如目前的食品行业，由于整个物流过程缺乏规范监管，各项操作混乱、技术手段使用不当等造成各类易腐食品的腐损率为15% ~30%，年经济损失达千亿元。因此，尽快开展食品冷链物流标准化建设以有效提升食品物流的管理水平、技术水平、物流效率，是提升我国食品流通整体水平的关键因素。此外，其他行业物流标准化工作的重要性也将越来越凸显并将引起人们的高度重视。

13.2 案例企业的标准化现状与必要性分析

13.2.1 企业简介

北京三新冷藏储运有限公司是一家专业从事全国干线运输、区域配送、仓库管理、零担混载等业务的第三方冷冻冷藏物流公司，是北京二商集团有限责任公司控股的中日合资企业。北京三新冷藏储运有限公司拥有40ft冷冻冷藏集装箱13辆、8t冷冻冷藏车16辆、3t冷冻冷藏车1辆、2t冷冻冷藏车25辆。

其公司的经营范围涉及冷藏、冷冻、保鲜食品及冷藏、冷冻、保鲜食品货物运输；货物储藏；道路货物运输；销售食品；销售针纺织品、服装、日用品、文化用品、体育用品、机械设备、五金交电、电子产品；贸易经济及代理；道路货运代理等方面，其中冷藏储运是主要的业务方向。主要客户有麦当劳、7－11、养乐多、麦德隆、面爱面、希杰、正大食品、伊藤洋华堂等。

1. 企业运输业务量情况

我们调研的是北京三新冷藏储运有限公司（以下简称北京三新）的长途运输事业部，该事业部主要负责食品生鲜的冷链运输，根据调研的结果，我们汇总了2013—2016年来的业务变化情况。具体变化情况如图13－5所示，可以看到业务量具有很明显的季节性变化，夏季达到高峰冬季落入谷底，其他时间比较稳定。此外，我们还可以注意到，每年的业务量变化情况不是特别大，业务量比较稳定，没有呈现明显的上升趋势或者下降趋势，这也说明北京三新长途运输事业部的运输客户群及业务种类比较稳定。

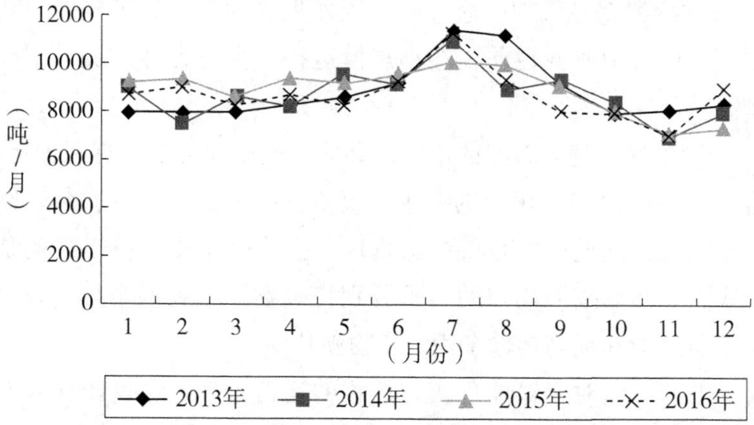

图 13－5　北京三新 2013—2016 年业务量

2. 企业运输业务模式

随着麦当劳在中国业务的纵深发展，北京三新承接的麦当劳的业务量也越来越多，服务的内容也越来越丰富。近三年来北京三新承接的麦当劳的运输量增长了一倍，营业额也增长了 100%。随着业务能力的大幅提高，北京三新已经从单纯从事干线运送的运输型企业发展成为一个真正意义上的第三方物流企业。从技术水平到管理水平、从硬件设施到软件系统北京三新都积蓄了足够的能量，不仅客户不断增加，业态形式也开始多样化。

目前北京三新除了干线运输、域内物流以外，还开展了混载运输、共同配送、冷冻冷藏仓库管理等业务形式。

（1）干线物流：干线物流主要以从仓库到 DC（配送中心）的点对点之间的运输以及由仓库到指定客户的配送业务为主体。由于各点之间的运输量较大，主要采用 40ft 集装箱车（20t）以提高效率。各城市的店铺配送主要采用 8t 车。此外作为干线物流的据点，北京三新在北京总部以外开设了上海、广州等事务所，以应对客户各地的业务需求。

（2）域内物流：主要以配送中心的业务管理及 8t 车、3t 车、2t 车的市内店铺配送为主要业务。其形式为 DCM（数据通信模块）体系的集约、共配物流。

（3）混载运输：主要是指冷冻、冷藏的混载，其特点是多个客户、多温层、多个运送点。北京三新 2015 年开始了北京—青岛—上海间的定期混载班车业务。从 2016 年开始利用各地方营业所进一步开展各大城市间的冷冻、冷藏温载业务以适应客户的需要。

(4) 冷冻冷藏仓库管理：通过吸取国外先进的仓库管理经验，北京市内的冷冻冷藏仓库管理业务目前正在小规模运行，主要为客户提供干线运输的延伸业务。

(5) 共同配送：随着客户的增加，共同配送成为可能。有两种运作形式，一是综合某一地区内多个用户的要求，统筹安排配送时间、次数、路线和货物数量，全面进行配送；二是仅在送货环节上将多家用户待运送的货物混载于同一辆车上，然后按照用户的要求分别将货物运送到各个接货点，这种配送有利于节省运力和提高运输车辆的货物满载率。

另外，北京三新对运输业务实行严格的运营管理，通过新导入专门的运输管理软件，从订单管理—运行管理—劳务管理—经费管理—对账业务等方面进行优化工作；同时还对车辆实施 GPS（全球定位系统）管理、温度管理、安全管理、突发事件处理预案等管理方法。

13.2.2 企业标准化现状

北京三新长途运输事业部在作业中所采用的标准种类和其所服务的客户保持一致，这也是其运营过程中的一个原则，比如说北京三新长途运输事业部的最大客户麦当劳的标准要求比已有的一些国家标准还要严格细致，进而北京三新长途运输事业部的采用标准也相对比较严格。具体标准采用原则如下。

麦当劳的主要物流服务提供商是美国夏晖食品有限公司（以下简称夏晖），麦当劳利用夏晖设立的物流中心，为其各个餐厅完成订货、储存、运输及分发等一系列工作。北京三新作为夏晖公司的外协运输合作企业，严格按照各门店的冷藏货订单执行配货运输。据负责人介绍，麦当劳的运营模式其实非常简单，其成功的秘诀就在于无论何时何地它都在不折不扣地按照既定的标准和程序运行，最终确保其产品品质的安全、新鲜。

北京三新既然纳入了麦当劳的冷链配送体系就得严格按照麦当劳的要求执行配送任务。《麦当劳（夏晖）运输安全的管理规定》是麦当劳对其第三方物流企业运输管理的具体要求。对装车、运输、运货过程中的每一个细节都进行了严格的规范，对车辆、设备乃至司机的着装和接交货物的用语都做了具体规定。麦当劳的冷链物流标准，涵盖了温度记录与跟踪、温度设备控制、商品验收、温度监控点设定、运作系统的建立等方面，即便是在手工劳动的微小环节也有标准进行把关。据负责人介绍，一台8t标准冷冻车，装车和卸车的时间被严格限制在5min之内，根据货品的需要还会使用一些专用的搬运器械以避免在装卸过程中出现意外的损失。

1. 北京三新托盘标准化现状

现在北京三新长途运输事业部所承运货物的托盘有以下几种材质：强塑钢筋板、强塑板、软塑一次性板、木卡板。所使用的托盘信息如表13－4所示。北京三新长途运输事业部所接触的托盘都是能够和货箱很好兼容的标准托盘，这些标准托盘的使用也为北京三新运输事业部带来了很大的便利。首先，在托盘回驶的过程中，避免了托盘分拣的环节，可以按照数量和材质直接归还客户相应的托盘，节约了大量的时间；其次，北京三新长途运输事业部可以以自身为媒介妥善处理托盘紧缺的紧急情况，提高运行效率，降低成本。但是值得注意的是虽然托盘是标准化的，标准化的目的却没有达到，这些托盘也仅仅是在客户内部使用，没有和客户群外部的交流，这就造成了虽然托盘可以和其他企业的托盘规格一样，但还是要用空车运托盘回去自己使用。

表13－4　不同材质托盘信息

材质	强塑钢筋板	强塑板	软塑一次性板	木卡板
承载重量（t）	>1.5	<1.1	0.7	0.65
成本（元）	2150	1100	10	40

2. 周转箱标准化现状

根据调研我们发现北京三新长途运输事业部在运营过程中所采用的周转箱有奶浆篮、面包篮和菜篮，其规格根据客户的不同也有很大的区别（见表13－5）。

表13－5　北京三新周转箱信息

种类	麦当劳	汉堡王
北部地区奶浆篮（mm）	460×360×230	无
南部地区奶浆篮（mm）	320×270×300	无
面包篮（mm）	550×55×50	700×600×80
菜篮（mm）	420×400×400	380×300×400

由表 13-5 可以看出，北京三新长途运输事业部在运营过程中使用的周转箱都是各个企业的标准，各个企业之间无法流通，只能点对点的单向使用，还需要有专门往回运输周转箱的过程。这个过程不仅无法帮助企业赚取任何费用，还消耗了大量的运输成本。此外，我们应当注意的是，这些周转箱规格的不一致意味着送还周转箱时，该长途运输事业部还需要对其进行分类，分别运送，这一过程又耽误了大量的时间、人力、物力等。

13.2.3 企业标准化益处及必要性分析

1. 益处分析

对于北京三新来讲，推行托盘、周转箱标准化的益处主要体现在以下几个方面。

（1）提高了公司的竞争能力。

随着各地纷纷成立标准化工作推进组织，提出了标准化推进工作措施和安排，北京三新积极参与，加大投入对设施、设备进行标准化改造，制定并实施与国家相关标准配套的企业规范和标准，可以使公司在竞争中更具有优势。同时，通过分析公司的主要客户，如麦当劳、汉堡王等，多是采用标准的工作流程，如果北京三新可以做到使用标准化的托盘和周转箱，那么也会符合客户的形象。

（2）降低公司成本。

如果北京三新长途运输事业部从运输到销售环节的作业量采用标准化的带板运输，在运输过程中只需要将货物连带托盘、周转箱一起搬运，卸货时也可以直接卸下。由于使用的托盘和周转箱都是同样规格的，在一个公司使用完毕后也可以继续装其他货物，循环利用。不仅装卸搬运的作业效率会提升，运营成本和一线搬运人员数量也可以相应下降。

（3）减少公司废弃托盘、标准箱数量。

调研发现，北京三新长途运输事业部堆积了很多用过的托盘和周转箱，这些托盘和周转箱虽然占地不大，但是很可能再也不会被使用，这就是一笔不必要的浪费。如果可以在公司全面实行托盘、周转箱标准化，那么运输过程中使用过的所有托盘将得到重复利用，这也符合现在流行的共享经济。

（4）降低装卸搬运人员的培训成本。

如果能实行标准化，北京三新在培训新员工的时候只用培训标准的装卸搬运方式，而不用考虑各种各样规格的托盘、周转箱造成的不同情况。同时在不断实践中也会总结出最省时、省力的工作流程，在培训时会减少培训时间，使新员工更快熟悉工作，从而减少培训人员的人工成本。

2. 必要性分析

通过图 13－6 对北京三新的资源分解，我们可以发现要想为客户提供一流的冷链物流服务，就离不开标准化。现阶段先是托盘和周转箱等储运工具的标准化，以后定会迎来更多工作流程上的标准化，所以，实施标准化对于企业是十分必要的。

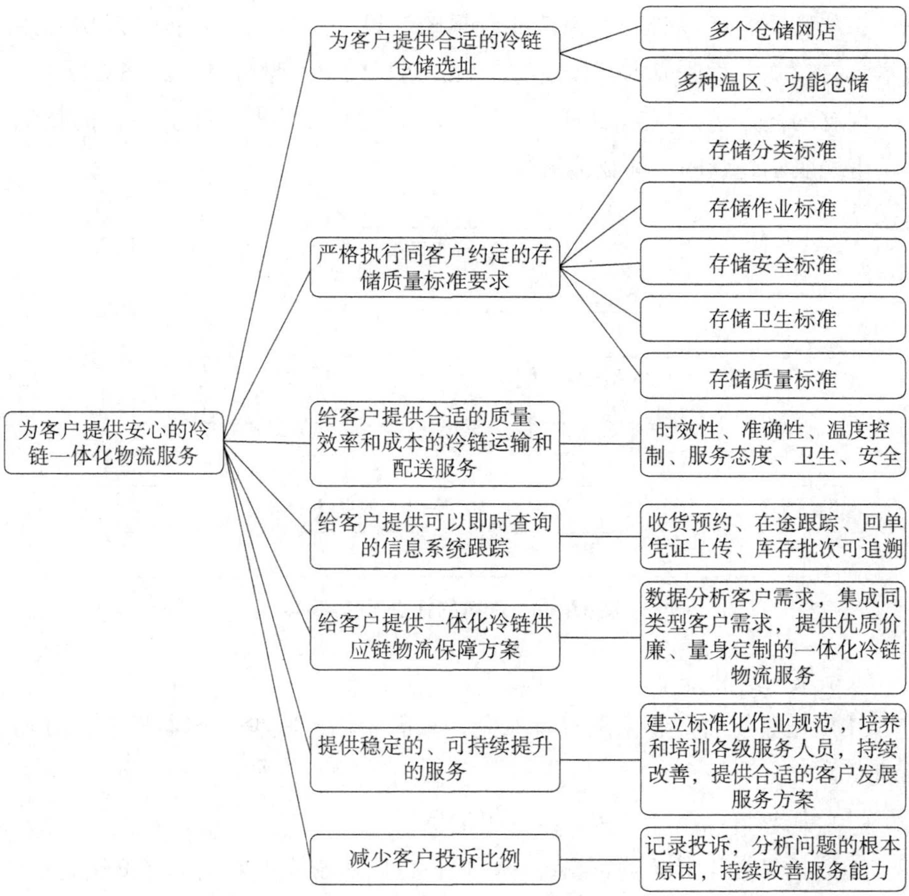

图 13－6　北京三新资源分解

13.3 案例解决方案

13.3.1 企业的标准化推行方案

对于北京三新存在的问题，我们有以下几种解决办法。

1. 将积留的托盘利用起来，建立一种小范围的循环共用体系

建立托盘循环共用系统是为了提高物流效率，支持托盘作业一贯化，在区域范围内实现托盘在供应链中共享使用所建立的运营服务体系。通过建立托盘循环共用系统，以托盘货物单元作为整体，实现从生产源头直至终端零售过程中每一个物流环节始终保持带盘作业，有利于避免无效的倒盘、折垛、码垛、装卸、搬运等劳动，降低托盘采购、维修、人工、货损、库房占用等成本，有效降低物流成本，提高物流系统运行效率，增加社会经济效益。

现有的托盘运作流程如图 13 - 7 所示，其中实线表示托盘的正向物流流程，虚线表示托盘的逆向物流流程。

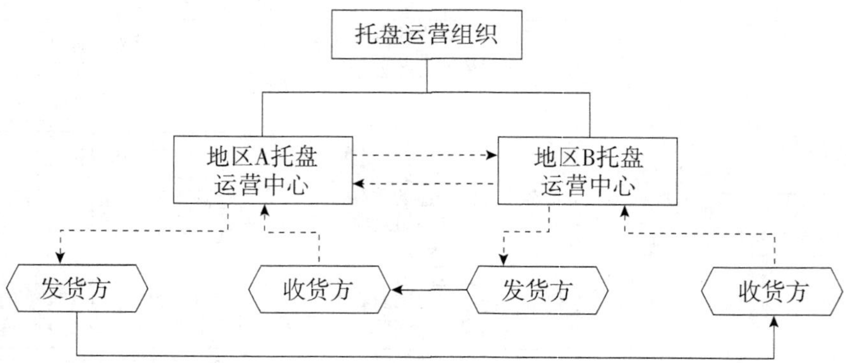

图 13 - 7 现有的托盘运作流程

该系统的优势如下。

（1）托盘使用企业无须持有托盘，只需租用，减少了初期投资，节约了管理成本。

（2）托盘可以循环利用，减少了浪费。

（3）托盘由托盘运营组织统一管理，可以实现规模效应，降低运营成本，减少不必要的空盘运输。

目前托盘共用系统的缺点在于：收货方只能将托盘返回本地的托盘运营中心，不能继续出租，造成了不必要的空盘运输。图 13－8 是改进的托盘运作流程，该流程中的收货方可以作为发货方利用收到的托盘发货。图中实线表示托盘的正向物流流程，虚线表示托盘的逆向物流流程。

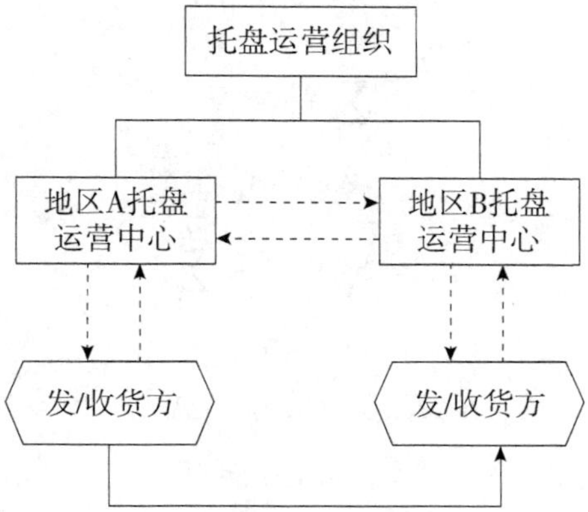

图 13－8　改进的托盘运作流程

（1）地区 A 的发货方甲从地区 A 托盘运营中心租用托盘，装载货物运送到地区 B 的收货方乙。

（2）若乙有货物发往地区 A，可向甲租用托盘，装载货物后发送到地区 A 的收货方丙。

（3）丙卸载货物后将托盘返回地区 A 的托盘运营中心，若丙有货物发往地区 B，可向乙租用托盘，如此继续。

改进的托盘共用系统与现有托盘共用系统相比，可减少至少两次空盘运输，能有效地提高托盘利用率，降低托盘回收费用。

以下用模型进行分析。

（1）将托盘共用系统内的所有托盘运营中心和收/发货方划分为两类：需盘点和供盘点。在改进的托盘共用系统中，发货方将货物送到目的地后可将托盘出租给需要租用托盘的客户，因此系统内的托盘运营中心和收/发货方均可作为托盘需求方或供给方。

（2）托盘需求方的所有需求均应被满足。若托盘供给方的可供给托盘不能满足需求，可向托盘共用系统外的托盘租赁企业租用托盘。

（3）托盘运输路线确定，且运输方式为单一确定的运输方式。

（4）仅考虑某一时间段内的最优托盘回收方案。

$$\min C = \min\left(\sum_{i=1}^{I}\sum_{j=1}^{J} C_{ij}X_{ij} + \sum_{i=1}^{I} C_h H_i + \sum_{i=1}^{I} C_i H_i\right) \tag{13-1}$$

s. t.

$$\sum_{j=1}^{J} X_{ij} \leqslant S_i + H_i \tag{13-2}$$

$$\sum_{i=1}^{I} X_{ij} \geqslant D \tag{13-3}$$

$$X_{ij} \leqslant A_{ij} \tag{13-4}$$

$$K_i = S_i + H_i - \sum_{j=1}^{J} X_{ij} \tag{13-5}$$

$$K_i \leqslant K_{oi} \tag{13-6}$$

$$X_{ij}, H_i, K_i, S_i, D_j, A_{ij} \in N \cup \{0\} \tag{13-7}$$

$$C_{ij}, C_h, C_i \geqslant 0 \tag{13-8}$$

$$i = 1, 2, \cdots, I, j = 1, 2, \cdots, J \tag{13-9}$$

其中：

C_{ij}—— 从供盘点 i 运送到需盘点 j 的单位运输成本；

X_{ij}—— 从供盘点 i 运送到需盘点 j 的托盘量；

C_h—— 向系统外租用托盘的单位租金；

H_i—— 供盘点 i 向系统外租用的托盘量；

C_i—— 供盘点 i 的单位库存成本；

K_i—— 供盘点 i 的托盘库存量；

S_i—— 供盘点 i 的托盘供给量；

D_j—— 需盘点 j 的托盘需求量；

A_{ij}—— 供盘点 i 到需盘点 j 的最大运输能力；

K_{oi}—— 供盘点 i 的最大库存量。

目标函数式(13 - 1) 表示托盘回收总成本(包括运输成本、向系统外租用托盘成本和库存成本) 最低。约束条件式(13 - 2) 为供给约束，约束条件式(13 - 3) 为需求约束，约束条件式(13 - 4) 为运输能力约束，约束条件式(13 - 5) 和式(13 - 6) 为库存能力约束。

假定改进的托盘共用系统中有 3 个托盘供给点($i = a,b,c$)，两个托盘需求点($j = d,e$)。从系统外租用托盘的租赁成本为 1 元 / 个。供盘点 a 的供给量为

100 个，供盘点 b 的供给量为 120 个，供盘点 c 的供给量为 200 个。需盘点 d 的需求量为 200 个，需盘点 e 的需求量为 300 个。其他参数如表 13－6 所示。利用 Lingo 软件求解托盘回收整数规划模型，经过 6 次迭代，得到全局最优解 1100 元，决策变量的解见表 13－7。

表 13－6　　算例参数值

供盘点	单位库存成本（元/个）	最大库存量（个）	运输成本（元/个）		运输能力（个）	
			需盘点 d	需盘点 e	需盘点 d	需盘点 e
a	1	200	2	3	100	300
b	2	220	3	2	200	0
c	3	300	4	1	100	200

表 13－7　　计算得出的最优方案

供盘点	需盘点		租赁托盘（个）
	d	e	
a	80	100	80
b	120	0	0
c	0	200	0

由上述可知，在托盘供给确定的情况下，托盘回收的最低成本为 1100 元。在表 13－6 数据中，供盘点 b 到需盘点 e 的运输能力为 0，最优方案（见表 13－7）中供盘点 b 不向需盘点 e 供应托盘；供盘点 c 到需盘点 d 的运输成本最高，最优方案中供盘点 c 不向需盘点 d 供应托盘；供盘点 c 到需盘点 e 的运输成本最低，最优方案中供盘点 c 向需盘点 e 供应 200 个托盘，受到了运输能力限制。模型考虑的是托盘回收总成本最低，而算例中供不应求，所以，期末各供盘点均没有库存。由以上分析可知，模型的解满足算例要求，托盘回收整数规划模型能有效地解决确定环境下的托盘回收问题。

2. 多余的周转箱移作他用，避免积压

在北京三新运输事业部有很多积压在场地上的周转箱，这些周转箱都是完好无损的，为了尽快使这些周转箱流动起来，可以把这些周转箱移作他用，比如交给当地的商贩用作暂时周转等。

3. 与合作的客户进行商议，尽量统一使用的标准

北京三新可以在现有的客户群里先行统一使用标准，然后随着客户源的开拓，将标准推广开来。这也是为标准化的推进做贡献。

4. 跳出自己的企业客户群，扩大客户群之间的交叉合作

北京三新现在的客户和业务范围十分固定，客户源的开拓也停滞不前，当然市场上很多的运输企业也是如此，也正是因为这样，标准化的推行才举步维艰，因此，北京三新可以和其他的稳定客户群之间加强交叉合作，进而打破保守经营的壁垒，减少在行业内部推行标准的难度。

13.3.2 行业的标准化推行方案

1. 构建冷链物流标准体系

构建冷链标准体系势在必行。冷链标准体系是我国冷链物流标准化工作发展的总体指南，有助于指导今后冷链物流相关标准研制工作的开展。冷链物流体系表的构建可以解决冷链标准化的一些基本问题：一是解决冷链标准基础薄弱和冷链物流标准水平不高的问题；二是冷链物流体系表的建立可以加强冷链标准的统一性、关联度，促进冷链物流标准的协调发展；三是为政府对冷链市场的管理提供依据；四是指导各类冷链相关企业实现自身的科学和规范管理。

从我国当前标准化建设现状来看，由于缺乏整体发展框架，标准之间协调性、标准制定的口径和标准的管理都相当混乱，因此，构建科学、合理、系统的国家冷链标准体系势在必行。

2. 推进基础标准制定工作

制定基础标准是当务之急。目前我国冷链物流市场混乱的一个重要原因就是基础标准的缺失。例如，由于基础行业准入标准的缺失，一些企业采用的设备和技术参差不齐；还有一些企业投资建设冷链基础设施，以提供优质的冷链服务，但也有一些企业投机取巧，不按标准建设牺牲服务质量，甚至不顾服务安全，采用价格手段争夺市场，使得投资建设企业投入成本难以回收，挫伤它们的积极性。此外，由于基础标准的缺失，如术语标准，一些已颁布的标准对基本概念的界定不清或不同标准中同一术语相差甚远，使得已颁布标准形同虚设，难以在企业中推广。

3. 明确冷链物流标准化工作的参与主体与分工

冷链标准化工作日益多元化，企业、行业协会、政府管理部门和高校科研单位应各自发挥相对优势，共同推进冷链物流标准化建设工作。冷链相关企业是起草冷链标准的主体之一，包括相关的冷链物流服务商、冷链技术装备商。参与冷链物流标准的制定企业应该走出企业看企业，积极整合社会资源，这样才能够在制定标准的过程中“站得高，看得远”，制定出的标准才能得到多数行业、企业的认可。

部门分割是目前亟待解决的问题，因为资源管理的体制性障碍直接造成了物流标准化管理工作的落后。政府部门在标准制定和推广方面应加大协调力度和政策支撑力度，保证标准工作的有序推进。一些院校和研究机构都已经参与到标准的起草中来，这些院校和机构有一定的研究基础，在标准制定过程中起到指导作用，在思路和框架的构建中扮演重要角色。但是，制定标准要力求切合实际和操作性强的原则，高校和科研机构要深入一些企业去进行调查研究，收集这方面的意见，真正做到产学研相结合，只有这样才能发挥科研机构和高校的科研优势，制定出适用、科学的冷链物流标准。

4. 引导企业积极参与物流标准化的制定与执行

首先，要对企业进行冷链物流标准化重要性的宣传和培训，让企业转变观念，自觉参与标准化的工作。企业具有物流运作中丰富的经验，又是标准的直接的需求和受益者，可以为标准的制定提供良好的素材。这样不仅可以使制定的冷链物流标准体系真正符合企业的需求，还可以使冷链物流标准的应用率得到提高。其次，政府和行业协会也可以出台各种政策和措施引导和鼓励冷链相关企业参与冷链物流标准化工作。

5. 协调冷链物流系统各分管部门的关系

冷链物流标准化建设是一个涉及多部门的系统工程，厘清冷链物流系统内部管理部门的关系对顺利推进冷链物流标准化建设工作的意义重大。尽管国家标准的行政主管部门是国家质检总局，但由于冷链物流跨越了行业，“冷标委”成立之前标准的归口管理大多数设在各个管理部门的标准化技术委员会，而这些标准要达成统一，需要进行很多协调工作，衔接难度非常大。

6. 提升社会冷链物流标准化意识

冷链物流在我国处于起步阶段，政府、企业、公众对冷链物流及其标准化认识不足，这是冷链物流标准化建设起步阶段的一大障碍。冷链物流相关协会的宣传对提升企业和相关部门的冷链物流意识起到了很大的推动作用。但仅靠相关协会一己之力难以持久推进我国冷链物流的标准化建设。社会冷链物流标准化意识的提升需要政府从政策上支持、公众和企业的积极参与和贡献。

7. 加快物流信息化的建设，提高信息系统的兼容

物流信息化是指物流企业运用现代信息技术对物流过程中产生的全部或部分信息进行采集、分类、传递、汇总、识别、跟踪、查询等一系列处理，以实现对货物流动过程的控制，从而降低成本、提高效益的管理活动。物流信息化是现代物流的灵魂，是现代物流发展的必然要求。信息系统可以把先进的管理理念、先进的流程设计和先进的标准固化下来。

此外，尤为重要的就是完善信息系统的可兼容性，避免在信息系统上形成信息孤岛，否则后期拓展业务时期又要承担巨大的转换费用。

8. 对于流动的物品，通过多种方式提高其流动性

在物流领域，对于在流通中扮演重要角色的物品和器具，要提高其流动性，打破企业的壁垒。比如，托盘和周转箱，现行的模式是在客户群之间流通，遇到点对点运输时，置物器具还要专门运回造成了一定的浪费，而建立更大范围的共用循环系统可以有效解决这些问题。

13.4 案例结论

物流标准化有着重大的意义。一个统一、规范的物流标准化体系正是目前我国所缺乏的，而这一问题已经成为制约我国物流发展和影响物流效率提高的主要原因之一。随着经济全球一体化进程的加快、国际贸易的发展，因我国物流标准化落后而受到制约的这一问题也将会越来越明显。

标准的最终目的是推动行业有序发展，有了共同的目标，就应该有共同的行动。冷链物流标准的制定和实施需要多方努力方能发挥其作用，尤其需要充分发挥行业协会的组织、引导。企业的积极配合和支持也是行业协会开展工作的主要条件。

13.5 课后思考

由于整个物流过程缺乏规范监管，各项操作混乱、技术手段使用不当等造成各类易腐食品的腐损率为15%～30%，年经济损失达千亿元。因此，尽快开展食品冷链物流标准化建设以有效提升食品物流的管理水平、技术水平、物流效率，是提升我国食品流通整体水平的关键因素。这更需要食品企业与冷链行业的共同努力，整合物流资源，实现物流工具装备的标准化、物流管理方式的最优化、各物流环节的协调化，才能提高冷链物流配送的效率，并与国际物流行业接轨。

根据以上案例，思考以下问题：

（1）谈谈案例中，托盘回收体系是怎样建立起来的。

（2）在我国的冷链物流中，已经做好的标准有哪些？

（3）您认为我国物流标准化推行的过程中，最大的难题是什么？

参考文献

［1］吴志华. 论学生实践能力发展［D］. 长春：东北师范大学，2006.

［2］傅维利，刘垒. 实践能力：含义、结构及培养对策［J］. 教育科学，2005（2）：52－56.

［3］潘文军. 物流专业实践教学体系建设研究［J］. 重庆交通大学学报（社会科学版），2007（8）：130－133.

［4］马乐，李楠，等. 基于能力结构的物流工程创新实践型人才培养体系建设探析［J］. 物流科技，2013（1）：32－36.

［5］兰洪杰，田源，汝宜红. 物流学：研究与创新［M］. 北京：电子工业出版社，2011.

［6］吴理门. 物流案例与分析［M］. 天津：天津大学出版社，2011.

［7］宋方，蒋长兵，黄顺泉，等. 现代物流案例教学与实例［M］. 北京：中国物资出版社，2007.

［8］田源. 仓储管理［M］. 北京：机械工业出版社，2016.

［9］王延喜. 校企共建大学生就业实习基地的改进研究［D］. 西安：西安理工大学，2011.

［10］魏娟，欧国立，邢占文. 基于交易成本理论的物流模式选择及物流纵向一体化演进［J］. 物流技术，2009，28（7）：140－143.

［11］陈倩倩，李波. 物流外包相关专用性投资决策和激励合同的优化设计［J］. 物流技术，2011，30（7）：101－104.

［12］王晓梅，朱新才，丁又，等. 滑块式分拣机分拣道岔的数学模型设计［J］. 机床与液压，2012（12）：51－55.

［13］邓慧珍. 基于车货匹配平台的生鲜农产品城区配送模式研究［D］. 长沙：中南林业科技大学，2016.

［14］姚国龙．基于精益物流的车货匹配综合评价与优化［D］．杭州：浙江工商大学，2016.

［15］王琬萱．基于移动互联技术的同城货运业务流程再造研究［D］．北京：北京交通大学，2016.

［16］王婷．“互联网+”时代公路运输车货匹配平台的发展［J］．综合运输，2015（12）：22-28.

［17］张宝友，朱卫平．标准化对我国物流产业国际竞争力影响的实证研究［J］．上海经济研究，2013（6）：50-59.

［18］孙明燕，兰洪杰，黄锋权．冷链定义浅析［J］．物流技术，2007（10）：29-32.

［19］安久意．我国冷链物流标准化现状及发展思路研究［J］．标准科学，2010（7）：9-13.

［20］万燕芳，李学工．发达国家冷链物流标准化经验及借鉴［J］．农业图书情报学刊，2014（4）：75-79.

［21］任建伟，章雪岩．基于改进托盘共用系统的托盘回收模型［J］．西南交通大学学报，2010（6）：482-485.

［22］王嵬．生鲜农产品冷链物流的标准化问题研究［J］．现代经济信息，2016（15）：338-339.

［23］AIP AKCAY，BAHAR BILLER，SRIDHAR TAYUR. Improved inventory targets in the presence of limited historical demand data［J］. Manufacturing & Service Operations Management，2011，13（3）：297-309.

［24］TAVA LENNON OLSEN，RODNEY P PARKER. Inventory Management Under Market Size Dynamics［J］. Management Science，2008，54（10）：1805-1821.